```
|||  ||  |  | | ||| ||||| ||| ||||||| ||  | ||
D1666599
```

Nebenwirkung Tod

NEUER
EUROPA
VERLAG

John Virapen

NEBEN WIRKUNG TOD

Neuer Europa Verlag
Leipzig

Die Deutsche Nationalbibliothek verzeichnet diese Publikation in der
Deutschen Nationalbibliografie; detaillierte bibliografische Daten
sind im Internet über http://dnb.d-nb.de abrufbar.

© Neuer Europa Verlag Leipzig GmbH, 3. Auflage August 2008
Umschlaggestaltung: Peggy Stelling
unter Verwendung eines Bildes von Jaimie Duplass©fotolia.com
Satz und Layout: Peggy Stelling
Druck und Bindung: Druckerei AJS
Printed in Lithuania
ISBN: 978-3-86695-920-0

Informationen über unser Programm erhalten Sie unter:
Neuer Europa Verlag · Nikolaistr. 33-37 · 04109 Leipzig
oder unter: www.neuer-europa-verlag.de

Mein besonderer Dank
geht an meine Familie, die mich bei der Arbeit
an diesem Buch ertragen hat.
An Olaf Nollmeyer fürs Zuhören und Fragenstellen,
fürs Recherchieren und fürs Schreiben.
Dank auch an Stefanie Rudolph für ihre Unterstützung.

Ich widme dieses Buch den ungezählten Opfern
der Pharmaindustrie sowie allen Kindern,
denen ein Schicksal als pillenschluckende Mastschweine
der Pharmariesen erspart bleiben möge – wozu ich mit
meinen Erinnerungen einen Beitrag zu leisten hoffe.

John Virapen

Inhaltsverzeichnis

John Virapen

John Virapen

Im Mai 2007

Eine seltsame Eigenart meiner Geschichte ist, dass sie immer neue Anfänge gebärt. Dieses Vorwort ist also das Vorwort zum Vorwort, und ich fürchte, es wird mit jeder neuen Auflage so gehen, dass immer neue Dinge, die mit meiner Vergangenheit aufs engste verknüpft sind, geschehen – und dann irgendwo Platz finden müssen in diesem Buch ...

Denn unglücklicherweise ist meine Vergangenheit in der Pharmaindustrie eine beinahe gespensterhaft sich selbst fortschreibende Geschichte, die durch die Gegenwart nicht nur ständig bestätigt wird, sondern mich selbst auch immer wieder auf eben jenes Spielfeld zerrt, von dem ich gehofft hatte, ich hätte es längst und für immer verlassen. Denkste.

Neuester Vorfall: Am 25. Februar 2007 nachts um 1:35, wie die Word-Statistik anzeigt, beende ich das vorletzte Kapitel zu meinen Memoiren. Ein Glas Cognac beendet den Tag, während ich endlich einmal entspannt zusehe, wie der Computer gemächlich alle Fenster schließt und das Brummen von Lüfter und Festplatte schließlich verstummen. Das Rauschen der Stille in meinen Ohren. Ich schlüpfe ins Schlafzimmer zu meiner Frau und meinem kleinen Sohn.

Später am Morgen klingelt mich ein Anruf aus Atlanta, USA aus dem Tiefschlaf. Verdammter Zeitunterschied! Am anderen Ende ist kein geringerer als Andy Vickery, einer der prominentesten und erfolgreichsten Anwälte in Prozessen, bei denen es um die Auswirkung psychotroper Medikamente auf Menschen geht – also um das, was man gemeinhin mit dem unschuldigen Wort „Nebenwirkungen" bezeichnet. Dazu gehören in meiner Geschichte Selbstmord, Mord und Amokläufe. Vickery ist zwar ein heller

Kopf, aber die Zeitdifferenz zwischen seinem Büro in den USA und meinem Haus in Süddeutschland hatte auch er nicht bedacht. Ich habe es ihm verziehen.

Jedenfalls ist Andy Vickery einer der wenigen Anwälte, die erfolgreich die Klagen von Geschädigten der Pharmaindustrie gegen die unglaublich potente Maschinerie der Pharmagiganten durchsetzen konnte. Vickery ist über das Internet auf mich aufmerksam geworden. Auf der Plattform *youtube* habe ich mich als ehemaliger Angestellter des Pharmariesen *Eli Lilly & Company* vorgestellt und das baldige Erscheinen dieses Buches angekündigt. Vickery wusste sofort, wen er da auf dem Schirm sah.

Am 10. März 2007 fliege ich nach Atlanta. Andy Vickery hat mich eingeladen, vor Gericht als Experte zu einem Selbstmord in den USA auszusagen. Ich kenne das Opfer nicht, nicht persönlich und auch nicht die genauen Umstände seines Todes. In den Kopf soll er sich geschossen haben. Ich höre seinen Namen, Porter, zum ersten Mal. „Ein seltsamer Zeuge", denken Sie vielleicht. Sie haben Recht. Denn ich bin mehr als nur ein Zeuge. Vickery hat Hinweise auf bestimmte Informationen, die für seine Mandantin, Porters Witwe, und ihre Klage wichtig erscheinen – aber keine Beweise. Hier komme ich ins Spiel. Denn Porter hatte nicht länger als eine Woche *Prozac®* eingenommen und war doch so weit aus der Bahn des Gewöhnlichen geworfen, dass ihm als einzig sinnvolle Wahl erschien, sich zu erschießen. Dabei war Porter ein erfolgreicher Geschäftsmann gewesen, nicht selbstmordgefährdet, hatte aber wegen persönlicher Probleme einen Arzt aufgesucht. Der hatte ihm leichthin *Prozac®* verschrieben. Sie wissen schon – ein kleiner „Stimmungsaufheller", nichts weiter. Tja, und nach einer Woche war Porters Stimmung so weit „aufgehellt", dass er sich den Kopf vom Hals schoss.

Der 10. März ist ein Samstag. Ich habe nur einen Tag Zeit, mich zu akklimatisieren. Am 12. März geht es los.

Zwei Tage lang nehmen sich zwei Anwälte des Pharmariesen *Eli Lilly*, meines ehemaligen Arbeitgebers, meiner an. Ihr Ziel: Der Versuch, mich als Person zu diskreditieren, um damit auch meine Zeugenaussage unglaubwürdig zu machen und diese besten Falles aus dem Verfahren auszuschließen. Denn was ich weiß und unter Eid aussage, ist Sprengstoff. Die beiden sollen die Bombe entschärfen.

Zwei volle Tage bearbeiten sie mich mit Detailfragen zu Vorfällen, die zehn und sogar zwanzig Jahre zurückliegen. Wie ein bizarrer Abfragetest in der Schule ... Meine Erinnerung trügt mich nicht – aber das Prozedere kostet Nerven und Konzentration. Immer wieder zieht sich einer der beiden zurück, um zu telefonieren und Daten abzurufen, mit denen sie mich in die Enge treiben wollen. Es gelingt ihnen nicht. Egal wie sehr eine derartige Befragung einen zermürbt – sagt man die Wahrheit, hält man letztlich durch. Ein Lügengebäude ist wackelig. In der eigenen Geschichte kenne ich mich aus, egal auf welchen brüchigen Steg sie mich führen, ich kippe nicht um. Zwei Tage lang kämpfen sie gegen mich nach allen Regeln ihrer seltsamen Kunst.

Schließlich, wie nebenbei, eine Schlüsselfrage, die gar keine Sachfrage ist.

„Warum tun Sie das, Mr. Virapen? Warum befassen Sie sich so intensiv mit der Vergangenheit? Warum wollen Sie das nicht alles einfach auf sich beruhen lassen?"

Entnervt, aber mit Entschlossenheit schleudere ich eine Fotografie auf den Tisch. Ein Portrait meines kleinen Sohnes. „Deshalb. Weil es mir um die Zukunft geht."

Einen Moment lang herrscht Stille in dem sachlich-kühlen Gerichtssaal. Kein Getuschel. Keine strategischen Absprachen. Kein Papiergeraschel. Die Akten bleiben einen Moment lang unberührt.

In diesen zwei Tagen haben sie mich noch einmal durch meine ganze Geschichte hindurch gejagt wie einen Stier durch ein spanisches Dorf. Danach bin ich eine Woche lang mental völlig leer. Sie haben mich geschafft – aber nicht besiegt. Sie haben keine Widersprüche gefunden, keine Lügen, nichts Falsches. Zwar behalten sie sich vor, später doch noch eine Verfügung gegen meine Zeugenaussage zu erwirken, lassen es aber schließlich bleiben.

Meine Zeugenaussage steht. Andy Vickery wird sie verwenden, um Porters Witwe bei ihrer Klage gegen *Eli Lilly* beizustehen. Aber wer weiß? Oft genug werden solche Prozesse in der Phase, in der es für den Pharmariesen heiß wird, in der er seine geheimen Akten offenlegen muss, in der Kenner des Innenlebens eines solchen Pharmariesen zu Wort kommen, gestoppt. In einer solchen Phase versuchen die Anwälte Goliaths normalerweise alles, um den Showdown vor Gericht abzubrechen und sich ins Halbdunkel der Hinterzimmer in Hotels zurückzuziehen – um die Sache außergerichtlich beizulegen. Einen Prozess, den sie nicht gewinnen können, legen sie außergerichtlich bei. (Und manchmal sogar Prozesse, die sie zwar gewinnen würden, in deren Verlauf aber ebenfalls unliebsame Fakten auf den Tisch kämen!)

Kaum einer der Kläger kann den Geldsummen, die von den Pharmariesen geboten werden, widerstehen. Der Konzern muss sich nun keine Blöße geben und kann nach außen das saubere Image der im Namen der Menschheit forschenden Pharmaindustrie aufrechterhalten.

„Ihren Mann bekommen Sie mit diesem Prozess nicht wieder, egal wie er ausgeht. Nehmen Sie zumindest diesen Scheck als Trost und, wer weiß, um vielleicht eines Tages noch einmal neu anzufangen ... Das Leben geht weiter.“

So oder ähnlich werden sie argumentieren. Falls sie damit Erfolg haben, wird auch der Kampf für die Zulassung meiner Zeugenaussage zum Verfahren umsonst gewesen sein.

Die Protokolle, der Videomitschnitt meiner Aussage – alles würde dann versiegelt und verschlossen. Und die Öffentlichkeit würde wieder einmal nichts von dem erfahren, was wirklich geschieht, wie der angebliche Stimmungsaufheller *Prozac®* einen Menschen zu einer Mordmaschine gemacht hat.

Wirklich nichts?

Nun, Sie halten in Händen, was ich im März 2007 in Atlanta zu Protokoll gab. Und noch viel mehr. Sollte mein unter Eid abgelegtes Zeugnis auf Eis gelegt werden und die Wahrheit über „*Prozac®* und Porter" auf der Strecke bleiben – dann wäre das bitter für diesen Fall. Für viele andere Fälle jedoch gilt meine Aussage ebenso. Denn, Sie erinnern sich, ich war nicht mit dem spezifischen Fall betraut, sondern als Experte in Sachen Psychopharmaka und Bestechung nach Atlanta eingeladen. Und was ich dort sagte, hat Bedeutung weit über den Fall Porter hinaus. Im Fall des Amokläufers Cho Seung Hui an einer Universität in Virginia wurde bekannt, er sei in psychiatrischer Behandlung gewesen – und ich kann mir vorstellen, was das heißen könnte. Es wird spekuliert, ob Psychopharmaka auch hier einen Menschen zur Mordmaschine machten. Um Spekulationen zu beenden sollten, statt außergerichtlicher Einigungen und einstweiliger Verfügungen, Fakten auf den Tisch, die Wahrheit!

Mein Flug nach Atlanta und die anderen aktuellen Fälle jedenfalls zeigen, wie wichtig meine Geschichte heute ist.

John Virapen, Mai 2007

Vorwort

Die Wahrheit,
die ganze Wahrheit
und nichts als die ganze Wahrheit,
so wahr mir Gott helfe.

Nacht für Nacht versammeln sich schattenhafte Wesen an meinem Bett. Irgendwann in den frühen Morgenstunden schleichen Sie ins Zimmer. Sie schlagen die Köpfe gegen die Wände, ritzen Arme und Hals mit Rasierklingen. Schweißgebadet erwache ich. Ich habe dazu beigetragen, dass diese Menschen, deren Schatten mich verfolgen, gestorben sind.

Ich habe den Tod von Menschen mit zu verantworten, die ich nicht kannte. Ich habe sie nicht eigenhändig getötet. Nein, ich war ein williges Werkzeug der Pharmaindustrie.

„Wirklich?" werden Sie fragen. „Ein Werkzeug waren Sie, Herr Virapen, bloßes Werkzeug wie dem Zimmermann der Hammer?"

Und Sie werden spöttisch lächeln. Sie haben Recht. Ich war mehr als das. Im Unterschied zum Hammer habe ich einen Willen. Aber, Hand aufs Herz, wie frei sind Sie in Ihren Entscheidungen wirklich? Die Manipulation des Willens durch die Pharmaindustrie spielt in meiner Geschichte eine wichtige Rolle. Und gibt es gefährlichere Werkzeuge als Menschen mit manipuliertem Willen?

Heute bin ich nicht mehr auf dem Spielfeld. Als Person war ich nicht so wichtig, sondern in meiner Funktion als Spielfigur. Wichtig war, dass ich funktionierte. Und das Spiel geht weiter. Andere funktionieren so, wie ich funktio-

John Virapen

nierte, tun, was ich tat. Sie als Patient sind allerdings noch immer auf dem Spielfeld. Sie sind die wichtigste Figur. Das Spiel ist auf Sie zugeschnitten. Und auf Ihre Kinder.

Nun werden Sie entgegnen, dass die Pharmakonzerne doch Gutes tun – sie forschen, um neue Medikamente zu entwickeln, die den Menschen helfen. Das behaupten sie gern, sagen es oft und laut. Sie produzieren Bilder mit blauem Himmel, darunter lachende Kinder, tanzende Alte. Die Menschheit lächelt. Doch das Bild stimmt so nicht. Leider. Es hat, um es milde auszudrücken, Flecken.

- Wussten Sie, dass große Pharmakonzerne 35.000 Euro pro Jahr und pro niedergelassenem Arzt aufwenden, um den Arzt dazu zu bringen, ihre Produkte zu verschreiben?[1]
- Wussten Sie, dass so genannte Meinungsführer – also anerkannte Wissenschaftler und Ärzte – mit teuren Reisen, Geschenken und ganz schlicht mit Geld gezielt bestochen werden, um über Medikamente, deren schwerwiegende oder gar tödliche Nebenwirkungen publik wurden, positiv zu berichten, um die berechtigte Besorgnis bei Ärzten und Patienten zu zerstreuen?
- Wussten Sie, dass es für viele neu zugelassene Medikamente nur Kurzzeitstudien gibt und niemand weiß, wie sich die längere oder dauerhafte Einnahme auf den Patienten auswirkt?
- Wussten Sie, dass Forschungsberichte und Statistiken, die zur Zulassung eines Medikamentes bei den staatlichen Gesundheitsbehörden nötig sind, so lange geschönt werden, bis durch das Medikament verursachte Todesfälle darin nicht mehr vorkommen?
- Wussten Sie, dass mehr als 75 Prozent der führenden Wissenschaftler in der Medizin von der Pharmaindustrie bezahlt werden?

• Wussten Sie, dass Medikamente im Handel sind, bei deren Zulassung Bestechung im Spiel war?

• Wussten Sie, dass die Pharmaindustrie Krankheiten erfindet und sie in gezielten Marketingkampagnen bewirbt, um den Absatzmarkt für ihre Produkte zu vergrößern?

• Wussten Sie, dass die Pharmaindustrie zunehmend Kinder im Visier hat?

Nein, vieles davon können Sie nicht wissen, denn die Pharmaindustrie hat ein sehr starkes Interesse daran, das alles geheim zu halten. Sollte doch etwas davon an die Öffentlichkeit gelangen, dann nur, wenn es sich gar nicht mehr vermeiden ließ – wie in dem Fall des Würzburger Pharmaherstellers *TeGenero* im Jahr 2006 in London.[2] Sie erinnern sich? „Explodierende Köpfe" war die Schlagzeile. Die Köpfe der menschlichen Versuchskaninchen schwollen innerhalb von zwei Stunden nach Einnahme der neuen Wunderpille auf Elefantenmenschgröße an. Irgendetwas ist schief gelaufen bei *TeGenero*. Nicht was das Anschwellen der Köpfe angeht. Das kümmert den Pharmamann nicht. Dass es aber publik wird – das ist ein echtes Problem. „Anfänger!" hätte ich ihnen in meiner aktiven Zeit zugerufen. *TeGenero* hatte dann keine Wahl, ist abgetaucht, hat Insolvenz angemeldet. Einem Global Player passiert das nicht.

Stets sind solche Fälle Ausnahmen. Oft wird behauptet, die Testpersonen seien ohnehin schwer krank gewesen. Man schiebt also ihnen die Schuld für einen Nierenausfall oder für ihr Ableben in die Schuhe! Und stets wird betont, wie nützlich die Medikamente für viele andere Menschen seien. Wie falsch beide Schutzbehauptungen sind, zeigt mein Buch.

Ich war ein Global Player

Ich spreche nicht als Außenseiter, nicht als Enthüllungsjournalist. Ich zeige nicht mit moralisch reinem, sozusagen sterilem Finger auf die Bösen da oben. Ich weiß, wovon ich spreche, weil ich aktiv beteiligt war. Ich war einer von ihnen.

Seit 1968 arbeitete ich für die Pharmaindustrie. Begonnen habe ich als kleiner *Repräsentant*, wie es offiziell heißt, der bei Ärzten Klinken putzte. Ich arbeitete mich hoch. Jede Stufe der Karriereleiter ist von dem Unwissen geprägt, in dem die jeweiligen Vorgesetzten ihre Angestellten belassen. Da ich aber immer höher stieg, erfuhr ich immer mehr. Und wurde selbst zum Täter. Dabei habe ich für unterschiedliche Firmen gearbeitet. Ich verließ eine Firma, um bei der nächsten in einer höheren Position einzusteigen. So ging es steil nach oben. Ich lernte einige multinationale Konzerne von innen kennen, Global Player wie *Novo Nordisk*, und wurde selbst Geschäftsführer in Schweden für einen anderen, *Eli Lilly & Company*.

Was die Produktpalette angeht: Mal ging es um die Wunderpille gegen Arthritis, mal um den Human-Insulin-Schwindel, auch um Verjüngungskuren (Wachstumshormone) und schließlich um die neue Psychopillenfamilie (SSRI), die man fälschlich auch Stimmungsaufheller nennt. Diese Medikamente sind aber alles andere als das. Sie treiben Menschen in den Selbstmord oder dazu, andere umzubringen. Diese gefährlichen Substanzen führen aber kein Nischendasein, im Gegenteil. Allein ein einziges Medikament erzeugt Milliarden Euro Umsatz. Pro Jahr! Jedes Jahr!

Seltsames Marketing und Bestechung

Ich habe für diese gefährlichen und weit verbreiteten Produkte Marketingkampagnen entwickelt und durchgeführt. Marketing beinhaltete dabei die ganze Spanne; angefangen mit teurem Nippes für Ärzte, Reisen für Meinungsführer, über Geld für gekaufte Artikel in wissenschaftlichen Fachzeitschriften, die Vorbereitung und Durchführung von wissenschaftlichen Kongressen, bis hin zu Bordellbesuchen für besonders pflegebedürftige Manager.

Und schließlich gehörte auch die Bestechung von Behörden zu meinem traurigen Repertoire. Einer dieser Fälle wühlt mich besonders auf. Denn dieser Fall hatte besondere Konsequenzen. Es war die Bestechung eines unabhängigen Experten der Gesundheitsbehörde.

Dass ich willig mitmachte, ist die große Last, die mich quält. Von Angst durchschwitzte Pyjamas – das ist der Motor für Selbsterkenntnis. Ich war ein Schwein. Ich habe die Zulassung von Medikamenten forciert, obwohl ich wusste, dass sie den Menschen schaden.

Heute bin ich 64 Jahre alt und lebe in Deutschland, in Schwaben. Ich bin verheiratet und habe einen kleinen Sohn, der mir das Teuerste auf der Welt ist. Die Pharmaindustrie ist ständig auf der Suche nach neuen, lukrativen Märkten. Heute sind es die Kinder. Ich habe Angst.

Nicht vor meinen ehemaligen Chefs, auch wenn ich weiß, dass andere, die auspackten, ihr Leben damit aufs Spiel setzten. Die Lobby der Pharmaindustrie ist sehr mächtig. Sie macht sich an Politiker und Richter heran und erpresst eine ganze Regierung, indem sie mit dem Abzug von Investitionen oder der Schließung von Standorten droht – schon

John Virapen

wird der Kanzler zahm, verkauft ist der letzte Skrupel. Die Einflüsse der Pharmaindustrie sind oft unsichtbar.

Vor einem Jahr etwa telefonierte ich mit der Lektorin eines bekannten deutschen wissenschaftlichen Verlages. Sie war sehr an meiner Geschichte, an diesem Buch interessiert. Das müsse ans Licht, sagte sie eifrig, darüber müsste die Öffentlichkeit endlich informiert werden. Sie war Feuer und Flamme.

Ich sagte: „Gut, dann drucken Sie das Buch."

Sie lachte herzhaft und sagte, das sei unmöglich – schließlich lebte der Verlag von Anzeigen aus der Pharmaindustrie. Dieser Verlag bringt medizinische Standardwerke heraus. Die Dame bat mich allerdings dringlich, ein Exemplar des Buches, sollte es je verlegt werden, an ihre private Adresse zu senden – sie wolle nicht das Vergnügen verpassen, die erste Leserin zu sein.

Ein Mann namens Alfredo Pequito[3] wurde für das Auspacken unbequemer Wahrheiten über die Pharmaindustrie mit dem Messer angegriffen. Er musste mit 70 Stichen wieder zusammengeflickt werden. Und das geschah nicht etwa in einem Dritte-Welt-Land oder in Los Angeles und nicht im vorletzten Jahrhundert des Wilden Westens, nein, es ereignete sich unter uns, inmitten der Zivilisation und sogar trotz massiven persönlichen Schutzes. Der Mann hatte in Portugal für den Deutschen Konzern *BAYER* gearbeitet, als Vertreter, also auf der Stufe der Hierarchie, auf der auch ich begonnen hatte, vor über dreißig Jahren. Er war einer jener Typen, die ständig bei den Ärzten auftauchen, mit Gratisproben, mit Bonbons und vielleicht ein bisschen mehr.

Meine Vergangenheit und die Zukunft meines Sohns

Solche Fälle ängstigen mich nicht. Nein, Angst habe ich davor, dass mein Sohn ebenfalls zu dem gemacht wird, wie die Pharmaindustrie den Menschen am liebsten sieht: zu einem willigen Pillenschlucker, der für erfundene und eingeredete Krankheiten Medikamente einnimmt. Tödliche Nebenwirkungen im Preis inbegriffen. Die Pharmaindustrie verändert das Denken der Menschen der kommenden Generationen.

Das ist keine Zukunftspanikmache. Es hat schon angefangen. Haben Sie von ADHS gehört? Nein? Im Volksmund heißt es *Zappelphilippkrankheit* oder *Hyperaktivität bei Kindern*. Kinder, die nicht still sitzen können, die dazwischenreden, die den Unterricht stören – die sich also schlicht wie normale, unangepasste Kinder verhalten – diese Kinder leiden laut der Pharmaindustrie unter einer schlimmen Krankheit, ADHS. Natürlich gibt es Medikamente dagegen. Sonst würde für diese Krankheit ja nicht so massiv und aggressiv geworben werden. *Ritalin®* ist eines der bekannteren Medikamente. *Strattera®* ein neueres, das aus dem Hause stammt, für das ich viele Jahre gearbeitet habe, *Eli Lilly & Company*. Niemand weiß bislang etwas über die Entwicklungsstörungen und Langzeitschäden, die *Strattera®* verursacht. Dennoch soll es täglich tausendfach den angeblich hyperaktiven Kindern verschrieben werden.

Dafür sorgt die Pharmaindustrie. Dafür habe ich auch gesorgt – nicht bei *Strattera®*, aber bei *Prozac®* (Fluoxetin), einem Vorläufer von *Strattera®*. Und *Prozac®* darf in Deutschland seit diesem Jahr selbst Kindern verschrieben werden (der Markenname für *Prozac®* in Deutschland ist *Fluctin®*). Man nennt das im Fachjargon *line-extension*: Ist ein Marktsegment ausgelutscht, nimmt man sich das nächste vor. Kinder sind auch nur ein Marktsegment. Jetzt sollen sie *Prozac®* schlucken – ein Medikament, das lebensmüde macht und aggressiv. So etwas dürfte gar nicht zugelassen werden. Wird es aber. Und ich weiß, wie man das hinbiegt.

Dass Sie mich nicht falsch verstehen: Umsatzmaximierung ist nichts Schlechtes und ich wäre der Letzte, der den Kapitalismus allein für die in diesem Buch beschriebenen schmutzigen Geschäfte mit der Gesundheit verantwortlich machen würde. Sollen sie gewinnorientiert sein, wenn sie Autos verkaufen oder Schrauben oder Joghurt, meinetwegen. In meiner Geschichte aber geht es um das leibliche und geistige Wohl der Menschen, dessen Zerstörung die Pharmaindustrie ganz bewusst in Kauf nimmt, um Geld und noch mehr Geld zu machen. Verstecktes Sterben, unbemerkter Tod.

Ein Auto, bei dem die Bremsen nicht, oder nur bei jedem zweiten Mal funktionieren, bei dem die Windschutzscheibe ab einer Geschwindigkeit von über 60 km/h aus dem Rahmen bricht oder bei dem die Abgase ins Fahrzeuginnere geleitet würden – solche Fahrzeuge kommen nicht auf den Markt. Medikamente mit vergleichbaren Defekten schon. Wie ist das möglich? Warum werden die Verbraucher besser gegen Pfusch am Auto geschützt als gegen Pfusch an ihrem Körper, an ihrer Gesundheit, an ihrem Leben?

Natürlich ist nicht die Pharmaindustrie in ihrer Gesamtheit schlecht. Schon weil ich nicht jedes Unternehmen kenne, kann ich so nicht urteilen. Aber die Suche nach tatsächlich ethisch reinen Firmen dürfte der Suche nach der Nadel im Heuhaufen gleichen. Pharmakologen haben einmal anders angefangen. Sie waren Zulieferer der Medizin. War damals die Suche nach Heilung einer Krankheit das Motiv ihres Forschens, ist es heute das Diktat des

Umsatzes. Welcher Wirkstoff bringt mehr Geld? So lautet die Frage. Besonders, da angeblich neue Wirkstoffe ja zu höheren Preisen verkauft werden dürfen. Ob diese Medikamente wirken, ob ihr Schaden größer ist als ihr Nutzen – wen kümmert's?

Alles eine Frage des Preises

Es ist alles eine Frage des Preises – dies ist die wichtigste Botschaft meines Buches. Sie erreichen, was Sie wollen, Sie verbiegen jedes Rückgrat und unterlaufen jede legale Grenze, wenn Sie nur den richtigen Preis kennen – und ihn zu zahlen bereit sind. Dabei muss es sich nicht um astronomische Summen handeln, wie mein Beispiel mit *Prozac®* zeigt, und auch in anderen Fällen waren die Summen zwar hoch bzw. die Güter zwar wertvoll – aber nicht exorbitant. Zur Bestechung benötigen Sie eine Menge Gefühl. Sie darf nicht plump sein. Gepflegter Small Talk ist ebenso wichtig wie der Preis selbst.

Die staatlichen Behörden werden Sie und auch meinen kleinen Sohn nicht vor den kriminellen Strukturen in der Pharmaindustrie retten. Behörden sind bestechlich, Experten sind bestechlich und Ärzte sind es auch. In gewissem Sinn ist jeder Mensch korrumpierbar. Jeder Vater, jede Mutter weiß das. Vater und Mutter manipulieren das Kind mit dem Versprechen, es könne abends noch länger Fernsehen – wenn es nur jetzt seinen Teller leer esse. Umgekehrt stellt ein Kleinkind umgehend sein Gequengle ein, sobald es bekommt, was es will. Das liegt im Rahmen des Alltäglichen. Die Vorgänge, von denen ich Ihnen aber berichte, sind strategisch geplant und Teil der staatlichen Verfahren, wie sie auch Teil des Businessplans eines Pharmakonzerns sind. Es handelt sich nicht um Zufälle. Und es geht heute weiter wie eh und je. Im Besonderen mit Psychopillen, die Weiterentwicklungen jenes Stoffes sind, dem ich zum Durchbruch verhalf, dem ersten Blockbuster. An wessen Bett sich diese Tote wohl drängt:

Am 7. Februar 2004 erhängte sich eine neunzehnjährige Studentin mit einem Schal in einem Labor des Pharmakonzerns *Eli Lilly* während einer klinischen Studie.[4] Selbstmord, sogar unter klinischen Bedingungen! Wahnsinn. Dieser war aber nur einer aus einer ganzen Reihe von Suiziden. Und einer der wenigen, über welche die Öffentlichkeit etwas erfuhr. Die junge Frau war zu Beginn des Versuchs völlig gesund. Die Teilnahme an den Versuchen sollte helfen, das Studium zu finanzieren. Um ganz sicher zu gehen, wurden Menschen mit jedem Anzeichen von Depressionen sogar von den Versuchen ausgeschlossen. Obwohl das zu testende Medikament doch für Depressive zugelassen werden sollte!

Die Selbstmorde wurden, wie immer, geheim gehalten, so lange es nur ging. Würde man in irgendeiner Sekte durch chemische oder andere Methoden der Gehirnwäsche junge, gesunde Menschen in den psychischen Wahnsinn treiben, aus dem einzig der Selbstmord als Lösung erschiene – man würde diese Sekte sofort verbieten. Zu Recht. Nicht so die Forschungslabors der Pharmaindustrie. Und nicht so die noch größeren Labors, als die man die Millionen von Patienten bezeichnen kann, denen man solche schlecht getesteten und lebensgefährlichen Drogen unter vielversprechenden Namen unterjubelt. Sie sind Teil dieses Laboratoriums. Und Sie zahlen dafür. Manchmal auch mit Ihrem Leben.

Hat man Sie darüber informiert?

Produktive Beunruhigung

Es gibt also jeden Grund zur Beunruhigung. Dass es nicht bei dieser Beunruhigung, bei diesem unbestimmt flauen Gefühl bleibt, sondern dass Sie aktiv werden – das ist mein Wunsch. Dazu können auch alle jene Leute in der Pharmaindustrie beitragen, die wie ich genug von den Lügen ihrer Bosse und von ihren eigenen Lügen haben, bei denen sich, ganz altmodisch, das Gewissen regt.

Nach der Lektüre werden Sie mich vermutlich nicht besonders mögen. Verurteilen Sie mich. Sie können nicht härter zu mir sein, als ich es selbst bin. Sie werden aber Ihre Arztbesuche, die Verschreibungspraxis der Ärzte, die neuesten Nachrichten aus der Wissenschaft, Forschungsberichte und wissenschaftliche Symposien, Fachmagazine, staatliche Empfehlungen sowie die Sicherheit von Zulassungsprozeduren für neue Medikamente anders sehen. Ganz anders.

Der Aufbau des Buches

Der erste Teil des Buches handelt von dem Aufstieg eines Kindes aus einem Winkel der so genannten Dritten Welt auf die globale Bühne eines Pharmariesen.

Der zweite Teil zeigt den Wandel der Pharmaindustrie zur korrupten Traumfabrik in den frühen Achtzigern des 20. Jahrhunderts – und meinen Anteil daran. Zudem beschreibe ich die Weiterentwicklung der unethischen Verkaufsstrategien der Pharmaindustrie bis in die Gegenwart.

Im dritten Teil finden Sie meine Vorschläge zur Verbesserung des Patientenschutzes, ein Glossar der wichtigsten Begriffe sowie Adressen für weitere Informationen.

Öffentliche Aufmerksamkeit – nichts scheut die Pharmaindustrie mehr als das. Denn negative Presse – in klinischen Versuchsreihen sich aufschlitzende Patienten, Probanden mit zu Ballons anschwellenden Köpfen – das hat Auswirkungen auf das Allerheiligste der Pharmaindustrie, nämlich auf den Umsatz. Die Öffentlichkeit, also SIE, sind der Hebel, etwas zu verändern. Helfen Sie mit, diese Machenschaften zu stoppen. Sie haben die Macht dazu.

John Virapen

Kapitel 1
Wie ich wurde, was ich bin

Ich bin – seit ein paar Monaten erst – vierundsechzig Jahre alt. Wenn Sie ein Foto von mir sehen, werden Sie nicht glauben, dass ich Schwede bin, es steht aber unter der Rubrik „Staatsangehörigkeit" in meinem Personalausweis. Auch spreche ich fließend Schwedisch, obwohl es nicht meine Muttersprache ist. Geboren bin ich in Britisch-Guyana, einem Land, das in vielerlei Hinsicht den größtmöglichen Kontrast zu Schweden bildet – und auch zu Deutschland, wo ich heute lebe, verheiratet in dritter Ehe mit einer deutschen Frau. Ich bin Vater eines dreijährigen Sohnes. Er ist der Stolz meines Alters. Zugleich bin ich sehr besorgt um ihn, wenn ich an seine Zukunft denke und daran, welche Gefahren ihm drohen – Gefahren, die ich selbst mit verursacht habe.

Kein Mensch ist von Natur aus skrupellos, auch ich nicht. Dass ich mich jahrzehntelang für die schmutzigen Geschäfte der Pharmaindustrie einspannen ließ, ohne „Nein" zu sagen oder auch nur aufzubegehren, ja ohne mich überhaupt aufzuregen – ist unverzeihlich. Vielleicht aber nicht ganz unerklärlich. Es gibt ein Strickmuster, nach dem schon meine Kindheit verlief. Das Strickmuster der Macht und des Machtmissbrauchs.

Meine Kindheits- und Jugenderinnerungen sollen mich nicht reinwaschen. Biografie ist keine Entschuldigung. Sie kann aber erklären helfen, warum ich in die Fallen tappte, die für mich aufgestellt waren und warum es so schwer fiel, mich daraus wieder zu befreien.

John Virapen

Aufwachsen in Britisch-Guyana

Geboren wurde ich in einem kleinen Dorf in Britisch-Guyana, das damals, wie der Name schon sagt, eine Kolonie Großbritanniens war. Meine Haut ist dunkel, ich bin indischer Abstammung, und das, obwohl Britisch-Guyana (das heute unabhängig ist und nur noch Guyana heißt), an der Nordostküste Südamerikas liegt. Meine Urgroßeltern kamen als so genannte Kulis (Arbeiter) nach Südamerika: In Indien wurden sie als „freiwillige Sklaven" angeworben. Die Neue Welt schilderte man ihnen in den buntesten Farben und versprach ein Leben als freie und wohlhabende Menschen – zumindest nach Abarbeitung der Kosten für die Überfahrt (für die sie das Geld natürlich nicht hatten).

Wie viele andere Versprechen der Weißen an die Farbigen, erwies sich auch dieses als leer.

Arbeit gab es auf den Zuckerrohrplantagen ohne Unterlass. Man fand Wege, sie an sich zu binden. Zuerst schufteten sie für die Kosten der Überfahrt. Diese waren vom jeweiligen Besitzer willkürlich festgelegt und damit nie zu knapp bemessen. Das Essen, die Kleidung und das Dach über dem Kopf – das alles musste abbezahlt werden und für nichts gab es Listenpreise. Es dauerte, bis meine Vorfahren sich ihre Freiheit erkauft hatten. Von den Segnungen und den unglaublichen Reichtümern der Neuen Welt hat meine Familie nie etwas gesehen. Sie blieben arm, blieben Menschen zweiter Klasse in einem Kolonialstaat, auch wenn wir offiziell britische Staatsbürger waren.

Die zweite starke Macht im Land neben den Kolonialherren war die katholische Kirche. Meine Eltern waren längst zum Katholizismus übergetreten, doch es war weder ihr Glauben noch ihre Überzeugung, die sie dazu trieb – es war schlicht eine Frage des Überlebens. Wer minderwertig und arm ist, der stellt sich besser gut mit den Mächtigen. Er ist auf sie angewiesen.

Mein Vater war Fischer, meine Mutter trug den Fang zum Markt, wir Kinder halfen dabei. Wir waren sechs, zwei Mädchen und vier Jungen. Dazu kam noch der Sohn der besten Freundin meiner Mutter, den sie nach dem Tod der Freundin adoptiert hatte. So etwas war damals selbstverständlich – man half einander, man gab Acht aufeinander, Familien und Freunde hielten zusammen.

Mein Vater erkrankte schwer. Ohne Fischfang kein Einkommen. Mein ältester Bruder warf sich für uns in die Bresche. Er übernahm das Boot. Damit brachte er ein großes Opfer und machte uns allen ein Geschenk, denn meine Eltern waren fest entschlossen, ihren Kindern den Weg in ein besseres Leben zu bahnen. Jeden Penny sparten sie, investierten ihn in unsere Ausbildung. Da nun der älteste von uns Brüdern aber den Part des Ernährers übernommen hatte, würde er das Privileg einer guten Ausbildung nie genießen. Wir alle verdanken ihm sehr viel.

Als ich drei Jahre alt war, zogen wir in die Hauptstadt um, die an der Küste lag, wie alle Siedlungen in Guyana damals. An unserem Alltag änderte der Umzug nicht viel, das Meer war weiterhin das bestimmende Element. Wir fanden feste Kunden für unsere Fänge. Dennoch sah ich meine Mutter in all den Jahren nie ein neues Kleid tragen oder sonstige Dinge nur für sich kaufen. Sie hielt dergleichen für Luxus und Luxus für unnötig. Mein Vater und sie waren Analphabeten und entschlossen, den Söhnen ein Studium zu ermöglichen. Alles andere war unwichtig.

Trotz der einfachen Lebensumstände hatte ich eine glückliche Kindheit. Ich liebte den Schlamm, tobte am Strand und verbrachte ganze Tage auf dem Boot. Und ich war ein großer Cricket-Fan. Wir Kinder genossen viele Freiheiten. Die ganze Stadt war unser Spielplatz, das Meer lag vor der Tür, die Bäume hingen voller Früchte und immer schien die Sonne. Vom wahren Leben – oder war dies das wahre Leben – wussten wir noch nichts.

In der Schule änderte sich das. Ich war fünf Jahre alt. Zeit für den Ernst des Lebens, entschied meine Mutter. Morgens um drei weckte sie mich: Krabben fangen am Strand. Während sie die Krabben auf dem Markt verkaufte, ging ich zum Unterricht.

Das frühe Aufstehen und die Arbeit draußen am Meer störten mich nicht – mit der Schule aber, das war etwas anderes. Lernen fiel mir leicht. Ich bin mit einer schnellen Auffassungsgabe gesegnet. Daher kam schnell der Punkt, an dem ich das Gefühl hatte, die Schule könne mir nichts mehr beibringen – zumal es sich um eine katholische Schule handelte. Die Nonnen faselten viel von Himmel und von Hölle, doch die Fragen die mich beschäftigten, blieben unbeantwortet. Warum waren manche Menschen arm und andere reich? Warum waren dunkelhäutige Menschen weniger wert als Weiße? Die Standard-Antwort: Zweifel am bestehenden System ist Sünde.

„Tu es, denn sonst …"

Endlich hatte die Schule für mich doch noch eine Lektion fürs Leben parat, an einem Sonntag. Da auch die katholische Schule und das dazugehörige Priesterseminar zu den guten Kunden meiner Familie zählten, hatte ich ein besonders eifriger Katholik zu werden, denn schließlich war es lebenswichtig, guten Eindruck bei den Herren zu schinden. Also wurde ich Chorknabe (singen liebte ich wirklich), Messdiener (was erträglich war) und ging zur Sonntagsschule, die hauptsächlich aus Katechismusunterricht bestand. Die Priester waren freundlich und geduldig. Brav lernte ich, aber ohne Überzeugung. Einer der Priester war eine Art Vaterfigur für mich geworden – er brachte mir manchmal Leckerbissen aus der Küche mit, lobte meinen Eifer und widmete mir besondere Aufmerksamkeit.

Ich war stolz. Für einen dunkelhäutigen Jungen wie mich war es etwas ganz Besonderes, so bevorzugt von einem Weißen behandelt zu werden. Dass bei diesen Unterrichtsstunden nie andere Schüler dabei waren, dass es exklusive Einzelstunden waren, schien ein weiteres Zeichen meiner neuen Stellung. Auch als der Priester mir immer häufiger in die Wangen kniff, den Kopf tätschelte und mich umarmte, dachte ich dabei nichts Böses.

Eines Tages nach dem Unterricht erzählte er mir mit großem Ernst, mein Körper sei sündhaft. Er bedürfe der Reinigung. Ich hatte keine Ahnung, was er meinte. Wieder umarmte er mich, streichelte mich. Er war ein großer Mann mit Sommersprossen, ein hagerer Ire. Ich reichte ihm gerade bis zum Bauch. Als er mich unter Heilsbeschwörungen fest an seinen Körper drückte, hielt ich die Luft an. Ich war damals ein guter Taucher. Er schob seine Hand in meine Hose. Ein Versehen? Weiter murmelte er die Litanei von der Austreibung der Sünde. Er ließ nicht locker bis ich energisch zurückwich. Jetzt erst hatte er meinen Unwillen bemerkt. Er stellte die Beterei ein und sagte im Plauderton, beinahe gutmütig: „Deine Familie liefert doch den Fisch für die Schule und das Priesterseminar, nicht wahr? Ich wette, sie wären nicht froh, wenn sie deinetwegen den Auftrag verlieren würde."

Er brauchte gar nichts mehr zu sagen. Er änderte den Ton. „Also hör auf mit dem Theater, denn sonst..."

Ich war erst fünf, aber ich begriff genau: „Ich habe die Macht. Du bist wehrlos. Tu es, denn sonst..."

Da war ich, der starre kleine Junge mit der verwischten Kleidung, der sich mit einer Hand an die Mauer stützte, um nicht umgeworfen zu werden. Mit jeder Sekunde, die sich der hagere Priester an mir zu schaffen machte, verdampfte etwas in mir, verschwand etwas von meinem Menschsein, wurde ich mehr Untertan, Spielzeug, Ding. Hinterher schenkte er mir einen hölzernen Rosenkranz. Als Trost. Das nächste Mal bekam ich ein Gebetbuch. Dann und wann mal eine Münze.

Einen Monat ging das so. Und jedes Mal, wenn ich versuchte seine Übergriffe abzuwehren, erinnerte er mich an die Verhältnisse. Unsere ganze Familie war also von der Laune der Priester abhängig. Übrigens war ich nicht der einzige dunkelhäutige Junge, dem es so erging, und er nicht der einzige Priester dieser Art. Ich weiß, dass meine Brüder dieselbe Behandlung zu erdulden hatten, auch wenn damals keiner von uns auch eine Silbe über die Lippen brachte. Wir nahmen es hin. Das war eben der Preis, den wir zu zahlen hatten – dafür, dass wir arm waren, minderwertig und machtlos.

Doch dann fasste ich einen Entschluss. Ich schwänzte die Sonntagsschule. Spielte stattdessen Cowboy und Indianer im Park, stahl Früchte von den Obstplantagen vor der Stadt, schlug Bälle auf dem Cricketfeld. Wann immer meine Mutter das mitbekam, wurde sie wütend und holte den Gürtel hervor. Sie hatte ja keine Ahnung, welche Art von Ausbildung ihrem Sohn in der Sonntagsschule zu Teil wurde. Sie war besorgt, ich würde meine Chance auf ein besseres Leben sinnlos vertun. Ich ertrug ihre Strafpredigten stoisch. Lieber spürte ich den Gürtel meiner Mutter auf dem Hintern, als die Finger des Priesters in meiner Hose.

Schließlich hatte meine Familie genügend Geld zusammen, um meinen zweitältesten Bruder zum Studium ins Ausland zu schicken. Ein stolzer Tag für uns alle, denn er war der erste aus unserer Familie, der Guyana verließ. Nordirland war sein Ziel. Die Katholiken von der Schule hatten ihm versprochen, die dortige Kirche würde ihn aufnehmen und sich um ihn kümmern. Die Leere der Versprechungen der Weißen. Als er in Nordirland ankam, war mein Bruder mutterseelenallein. In seinem ersten Brief an uns schrieb er, er fühle sich fremd und gleichzeitig sei alles sehr vertraut. Anderes Land, anderer Kontinent – und doch war alles wie immer: Er gehörte zur minderwertigen Sorte Mensch und wurde auch so behandelt. Trotzdem schaffte er es, das Medizinstudium zu beginnen.

Europa, die erste

Als ich zwölf Jahre alt war, hatte meine Mutter genügend Geld für die nächste Fahrkarte in die bessere Welt gespart. Eine meiner Schwestern lebte inzwischen mit ihrem Mann in London. Ich sollte bei ihr wohnen und die Oberschule dort abschließen. Einige andere Bekannte reisten in dieselbe Richtung und gaben unterwegs auf mich Acht. Für mich war es ein einziges großes Abenteuer. Der Flug nach Barbados. Die Überfahrt nach Genua auf einem Schiff, der SS Surriento, das so groß war wie alle Fischerboote unserer Stadt zusammen. Es hätte die höchsten Gebäude, die ich kannte, noch überragt. Dann die Zugfahrt über die Alpen. Schneebespitzte Berge. Über die Felder und durch die Städte nach Calais. Ich hatte Angst einzuschlafen, ich fürchtete Kleinigkeiten zu verpassen, so kostbar war mir alles. Es war überwältigend! Wie ein Schwamm sog ich alles auf – Sprachen, Gerüche, Speisen und Gewürze, seltsame Gebräuche. Es war wie ein Rausch.

Umso enttäuschter war ich, als ich in London ankam. Trotz der desillusionierenden Briefe meines Bruders aus Irland hatte ich mir die Stadt wie das Wunderland vorgestellt, in meinen Träumen waren alle reich und frei. Milch und Honig. Doch auch ich lernte schnell, dass hier die gleichen Gesetze galten wie in Guyana. Meine Haut war noch immer dunkel, unübersehbarer Makel. Den Weißen genügte ein Blick, um mich einzuordnen. Keine Zeit, überhaupt den Mund aufzumachen. Sie wussten nicht, ob ich intelligent war oder dumm, freundlich oder unhöflich, geschickt oder ein Trampel. Was zählte all das auch? Denn eines wussten sie: Ich war weniger als sie.

Zu alledem vermisste ich die Sonne meiner Heimat, das Meer, die Leichtigkeit und Freundlichkeit, die ich von zu Hause und von unseren Leuten kannte. Wir waren fröhlich gewesen, trotz unserer Armut. Hier in London spürte ich nichts Derartiges. Mein Heimweh war stärker als mein Ehrgeiz und ich sagte meiner Schwester, dass ich nach Hause wollte. Schließlich, zwei Jahre später, reichte das Geld für eine weitere Reise und mein Wunsch wurde erfüllt.

So richtig glücklich war darüber allerdings niemand – am allerwenigsten ich selbst. Ich kam bei meiner zweiten Schwester unter, die mittlerweile ebenfalls geheiratet hatte und mit ihrem Mann, einem Apothekenbesitzer, in einer Stadt an der Grenze zu Holländisch-Guyana lebte. Ich beendete die Oberschule und fing an, mit Gelegenheitsjobs ein wenig Geld zu verdienen, indem ich auf den Fischerbooten oder in der Apotheke meines Schwagers aushalf.

Das war keine Apotheke wie man sie heute kennt – mein Schwager stellte die meisten Tinkturen und Salben selbst her und führte auch kleine medizinische Tests durch. Das war das erste Mal, dass ich mit der Pharmazie in Berührung kam. Ich lernte Hustensäfte zu mixen und Salben zu rühren.

Eine ungeliebte Aufgabe, die meist mir überlassen blieb, waren die Urintests auf Zuckerwerte für Schwangere. Man hielt nicht wie heute ein Teststäbchen in das Glas mit der Flüssigkeit. Das ganze ähnelte eher einem primitiven Testaufbau, einem Versuch im Chemieunterricht. Hier wie dort ging es auch eines ums andere Mal schief. Dann sprudelte es, schwappte aus dem schmalen Hals des Reagenzglases und spritzte über meine Kleidung.

Ich war hin- und hergerissen. Wollte ich ein Leben wie ich es kannte fortführen? Ich wäre auf der sicheren Seite geblieben – aber auch in einer Umgebung, die mir nur begrenzte Aufstiegsmöglichkeiten bot. Wollte ich für den Rest meines Lebens Urinproben untersuchen – oder war ich stark genug, in London meinen Weg zu gehen und wie mein Bruder Medizin zu studieren? Diese Stadt, die, obwohl sie mich abgewiesen hatte, in meinen Träumen noch immer das Wunderland war. Oder zumindest das Tor zum Wunderland. Ich gab London eine zweite Chance.

Ein Jahr später hatte ich selbst genug zusammengespart für die große Fahrt. Unter den Fittichen meiner Schwester machte ich das Abitur. Dann zog ich zu meinem Bruder nach Nordirland, um Medizin zu studieren wie er, wie meine Familie es geplant hatte. In den Semesterferien nahm ich jeden Job an, den ich kriegen konnte. Seltsam – es waren immer die weißen Studenten, die die lukrativen Nebenjobs bekamen – Assistenz bei einem Professor, Hilfslehrer in der Ferienschule oder Reiseführer. Für Kulis wie mich blieben die Jobs, die sonst keiner wollte – Erntehelfer bei den Bauern auf dem Land, Bus- oder Zugschaffner. Manchmal hatte ich Glück und konnte nebenbei einen Auftritt als Sänger ergattern – zumindest mein Chortraining in der katholischen Schule machte sich nun bezahlt.

Erstes Verkaufstraining

So verflogen vier Jahre und ich schaffte das medizinische Vordiplom. Weil die Jobaussichten in London besser waren, zog ich zurück zu meiner Schwester. Ich hatte Glück und bekam einen Sommerjob als Busschaffner auf der Isle of Wight. Arbeitsbeginn sollte erst in einer Woche sein, also genoss ich meine Freiheit und ließ mich durch die Stadt treiben. An einer Straßenecke sprach mich ein Amerikaner an. Er war gut gekleidet, um die dreißig, freundlich.

„Hey, suchst du einen Job?" fragte er.

„Hab schon einen", erwiderte ich einigermaßen stolz.

„Ach ja?"

Er zog den Kopf in den Nacken zurück und ließ den Blick langsam an mir herabgleiten, so als betrachte er einen fauligen Fisch.

„Als was denn?"

Der Amerikaner blähte die Backen.

„Busschaffner auf der Isle of Wight."

Der Amerikaner prustete los. Dass Leute von oben auf mich herabsahen, war ich gewohnt. Dass sie mir das Gefühl gaben, dumm zu sein, war neu. Dieser Amerikaner hatte scheinbar Mühe, neben dem Lachen auch noch die Silben seiner Worte zwischen den gebleckten Zahnreihen hervorzuschieben.

„Bus-fahr-kar-ten-ver-käu-fer, was? Auf die Art und Weise wirst du sicher bald Millionär." Er war wohl der Meinung, einen noch größeren Witz gemacht zu haben als eben ich.

„So schlecht ist der Job nicht", entgegnete ich. „Und du, was hast du denn überhaupt anzubieten?"

Der Amerikaner beruhigte sich jetzt Gott sei Dank. Er legte mir die Hand auf die Schulter. „Komm, ich spendier' dir was zu Trinken."

Es sollte generös klingen. Das Bier schlug ich nicht aus. Ich folgte ihm zum nächsten Pub, wo er mir seinen Deal erklärte. „Du kennst doch die großen amerikanischen Zeitungen und Zeitschriften, oder?", fragte er. „TIME Magazine, Vanity Fair, Vogue ... Wir verkaufen Abos dafür. Europa ist ein ganz heißer Markt."

Nicht schlecht. Ich hatte Erfahrung im Fischverkauf, und Fische wurden in Zeitungen eingewickelt. Sicher würde ich auch Zeitungen verkaufen können.

„Was zahlt ihr?" fragte ich.

„Nun, wir reisen viel herum. Unterwegs schlafen unsere Leute in schicken Hotels und das Essen ist auch umsonst. Und dann gibt's natürlich eine dicke Provision. Je mehr du verkaufst, desto mehr verdienst du."

Das war tatsächlich eine Aussicht, die sich mir bei den Busfahrscheinen nicht bot. Eine Frage hatte ich allerdings noch. „Gibt's denn in Europa so viele Leute, die gut genug Englisch verstehen, um die Zeitungen auch zu lesen?"

Wieder sah er mich an, als wäre ich geistig minderbemittelt.

„Nein", meinte er lässig. „Wir erzählen ihnen natürlich, dass sie die Magazine in ihrer Sprache bekommen."

„Oh. Und dann bekommen sie doch die englische Ausgabe?"

Ich war naiv. Mein Gott, war ich naiv.

Er wurde deutlicher. „Junge, sie bezahlen bar im Voraus."

Das „im Voraus" buchstabierte er wie einem Grundschüler das Diktat. Jetzt machte es klick: Die Abonnenten würden überhaupt gar keine Zeitschrift zu sehen bekommen. Weder in ihrer Sprache noch in Englisch noch in Esperanto. Der Job bestand darin, Leuten das Geld aus der Tasche zu lügen. Ich war nicht überzeugt.

„Du bekommst alles, was du brauchst", warb er weiter. „Einen Anzug, Krawatte, eine Hochglanzbroschüre und ei-

John Virapen

nen schicken Ausweis. Du erzählst ihnen, dass du ein armer Student bist und dir so dein nächstes Semester verdienst. Dir fressen sie aus der Hand. So wie du aussiehst."

Ich wusste nicht, was mein Aussehen damit zu tun hatte, auf eine solche Idee war ich bezüglich meines Aussehens noch nie gekommen. Der Amerikaner hatte mich nicht überzeugt. In jenem Sommer glaubte ich noch fest daran, meine Ziele mit harter, ehrlicher Arbeit zu erreichen. Also lehnte ich sein großzügiges Angebot ab und fuhr eine Woche später auf die Isle of Wight, um den englischen Sommer in Bussen zu verbringen. Das Geld, das ich verdiente, schickte ich meinem Bruder in Irland und meiner Schwester in London, bei der jetzt auch meine Mutter wohnte. Für mich behielt ich nur das, was ich für Kost und Logis brauchte. Nachdem der Vertrag ausgelaufen war, kehrte ich nach London zurück.

Schicksalswink

Nach diesem arbeitsreichen Sommer freute ich mich darauf, mal wieder tanzen zu gehen. Eine meiner Lieblingsdancehalls war der *Empire Ballroom* am Piccadilly Circus. Der *Empire Ballroom* wurde an jenem Abend zum Wendepunkt. Wäre ich an jenem Abend nicht dorthin gegangen, sondern in eine der anderen unzähligen Tanzhallen, mein Leben wäre ganz anders verlaufen. Mit ziemlicher Sicherheit wäre ich nie in Schweden gelandet.

Ich stand im *Empire,* das wie immer voll war, konnte mir nicht einmal einen Drink leisten und die Zukunft streckte ihre Fühler nach mir aus. Wie so oft im Leben eines Mannes in Gestalt einer Frau. Schlank, hochgewachsen, blonde

Haare, helle Haut, blaue Augen, kurz, ein Traum – und normalerweise unerreichbar.

Natürlich war ich damals kein Chorknabe mehr – immerhin schrieben wir die frühen Sechziger und die Jugendrevolution hatte bereits ihren Anfang genommen. Dennoch hatten die englischen Mädchen mir meinen Platz und meinen Rang stets sehr klar gezeigt. Mein exotisches Aussehen machte mich zwar interessant, doch vor allem deshalb, weil der Hauch des Verbotenen mitschwang. Es war ein Zeichen von Rebellion, sich mit dem „Kuli" abzugeben – so lange alle Beteiligten wussten, dass er der Kuli blieb.

Ganz anders sie. Sie war etwas ganz Besonderes. Wir blickten uns an, kurz. Öfter. Ich ging hin und forderte sie zum Tanz auf – damals tanzte man noch paarweise und bat die Dame mit einer Verbeugung auf die Tanzfläche – und sie lächelte offen und freundlich. Nichts in ihrem Verhalten zeugte von einem Gefühl der Überlegenheit. Sie interessierte sich für mich als Person, als Mensch, nicht als ein exotisches Spielzeug. Das war neu für mich.

Wir tanzten zur Musik der Live-Bigband, dann setzten wir uns an die Bar. Wie gern hätte ich sie eingeladen, doch ich besaß keinen Penny. Es war mir mehr als peinlich, als sie dann die Drinks für uns beide bezahlte. Sie jedoch schien es für ganz normal zu halten. Ich erzählte ihr, dass dies mein letzter Abend in London sei und ich tags darauf zu einer großen Europareise aufbrechen würde. Auch sie war nur als Touristin in London. Sie kam aus Schweden. Spät in der Nacht, nach angeregter Unterhaltung und ein paar langsamen, romantischen Tänzen, trennten wir uns. Sie schlief auf einem Boot, ich hatte meine wenigen Habseligkeiten bei einem Bekannten untergestellt, wo ich den Rest der Nacht verbrachte.

Bittersüßer Abschied. Sie gab mir ihre Adresse in Schweden und lud mich ein, sie zu besuchen. Ich versprach ihr jeden Tag zu schreiben – ein Versprechen, das ich tatsächlich

John Virapen

hielt. Wir hatten beide das Gefühl, dass dies kein Abschied für immer war, dass uns mehr verband, als wir sagen konnten. Ich hatte mich verliebt.

Zeitschriftenverkauf auf römisch

Am nächsten Morgen brach ich auf. Als ich nach Rotterdam kam, waren die Amerikaner schon weitergezogen. Ich stellte mich also an die Straßenecken und sang. Manchmal reichten die Münzen für ein ordentliches Abendessen und ein Dach über dem Kopf, manchmal durchstöberte ich die Abfalltonnen hinter Restaurants nach Essbarem und schlief unter Brücken. Manchmal engagierte mich jemand vom Fleck weg für einen größeren Auftritt und ich verdiente genug, um mir eine Fahrkarte zu leisten, meistens ging ich zu Fuß oder fuhr per Anhalter.

Auf diese Weise reiste ich kreuz und quer durch Europa und kam schließlich nach Rom. Hier traf ich die Amerikaner wieder, und diesmal – nach einer längeren Zeit von Mülltonnen-Menüs und Kopfsteinpflaster-Betten – war ich bereit, mich auf ihr Spiel einzulassen. Schnell stellte sich heraus, dass das „schicke" Hotel, mit dem der Boss geworben hatte, eine heruntergekommene Kaschemme über einem Nachtclub war. Das Essen war eher knapp bemessen. Aber immerhin stammte es nicht aus einer Mülltonne. Außerdem hatte ich vor, nur für ein paar Wochen dabei zu sein, um dann mit meiner „dicken" Provision nach Griechenland überzusetzen. Ein kurzfristiger Zustand sollte es sein, doch diese Vorstellung war schnell abgehakt.

Wie versprochen bekam ich eine Hochglanzbroschüre, in der die angebotenen Zeitschriften abgebildet waren, und einen sehr offiziell aussehenden Ausweis, den ich mir in einem Plastiketui um den Hals hängte. Ich bekam eine Krawatte und ein Jackett und übte meine Geschichte ein:

„Guten Tag, wären Sie bereit, einem Studenten weiterzuhelfen? Ich habe ein fantastisches Angebot für Sie ...“

Sie kennen die Masche sicherlich. Der Unterschied zu heute lag nur darin, dass wir damals das Geld gleich an der Haustür kassierten. So vertrauensvoll waren die Menschen in jener Zeit noch. Es war dennoch kein leichter Job, von morgens bis abends Klinken zu putzen. Mit Bussen wurden wir in die vielversprechenden Viertel gefahren und wehe, man erwischte uns untätig. Meine Erfolgsquote war nicht schlecht. Wie der Boss vorausgesagt hatte, schien mein Aussehen dazu beizutragen, dass die Leute Mitleid hatten.

Den täglichen Brief an mein Mädchen in Schweden vergaß ich über all dem nie. Wir hatten Rom abgegrast, die Amerikaner wollten weiterziehen, doch leider nicht in meine Richtung, also bat ich um die Auszahlung meiner bisher angesammelten Provision.

Der Boss schüttelte den Kopf. „Das Geld gibt's erst, wenn wir zurück sind in London“, sagte er.

„Ich will aber nach Griechenland“, erwiderte ich stur.

„Du bist ein freier Mann, du kannst jederzeit gehen.“

Der Boss war ein wirklich großzügiger Mann. Aber er setzte darauf, dass ich ohne Geld nicht weit kommen würde. Ich nahm ihn jedoch beim Wort. Am nächsten Tag reiste ich weiter in Richtung Riviera.

John Virapen

Bis an die Grenzen Europas

Meine weitere Reiseroute führte mich in den Mittleren Osten. Dort versuchte ich die alte Abo-Masche, aber die fehlenden Utensilien, keine Broschüre, kein Anzug, ließen meine Erfolge gegen Null sinken. Doch je weiter und je länger ich reiste, desto größer wurde auch die Sehnsucht nach meinem Mädchen in Schweden. So lange ich in Europa unterwegs gewesen war, hatte ich Briefe von ihr erhalten, wann immer ich eine Adresse hatte, an die sie schreiben konnte. Jetzt aber hatte ich schon seit einem halben Jahr nichts von ihr gehört.

Also änderte ich meine Reiseroute Richtung England und stieß in Brüssel erneut auf die Amerikaner. Noch immer bestand die Gruppe aus etwa fünfzehn jungen Männern. Manche waren inzwischen neu dazugekommen, manche kannte ich noch aus Rom. Hauptgrund, mich der Gruppe wieder anzuschließen, war ein junger Kanadier, mit dem ich mich in Rom angefreundet hatte und der mich wie einen verlorenen Bruder begrüßte. Nachdem ich mich so lange allein durchgeschlagen hatte, war es eine Wohltat, einem Menschen zu begegnen, dem etwas an mir lag. Ausgestattet mit den Insignien des seriösen Aboverkäufers, machte ich auch wieder bessere Geschäfte. Da die Bosse vorhatten, in der folgenden Woche nach London zurückzukehren, hielt ich es für das Beste, mir von ihnen wenigstens die Überfahrt zahlen zu lassen. Dass ich von der legendären Provision nie etwas zu sehen bekommen würde, war mir längst klar.

Schweigegeld

Am letzten Abend bevor wir nach Oostende zur Fähre gebracht werden sollten, schlenderte ich am Hotelzimmer von einem der Bosse vorbei. Die Tür stand offen, auf dem Tisch lag ein dickes Bündel Geldscheine. Dollarnoten. Weit und breit war niemand zu sehen. Ich zögerte nur kurz, betrat das Zimmer und nahm das Geld. Ich fand, dass es mir zustand. Zurück in meinem Verschlag stopfte ich das Bündel in die Unterhose, griff Koffer und Gitarre und verfrachtete sie in ein Schließfach am Bahnhof. Ich hatte es genau geplant. Ich kehrte ins Hotel zurück. Am nächsten Morgen steckte ich die Dollarscheine in meine kleine Umhängetasche. Ich erschien ganz harmlos am Bus, obwohl mein Herz vor Nervosität raste.

Natürlich war der Verlust des Geldes inzwischen bemerkt worden. Die Bosse schäumten vor Wut. Dass der Dieb das Geld bei sich trug – eine solche Dreistigkeit trauten sie keinem von uns zu. Deshalb durchsuchten sie weder uns, noch unser Gepäck. Die Stimmung im Bus war, sagen wir mal, angespannt.

Als wir von der Autobahn abfuhren und über immer kleinere Straßen und Wege schließlich an einem einsamen Wäldchen anlangte, wurde mir bang. Dass die Amerikaner nicht zimperlich waren, wenn es darum ging, ihre Vorstellungen durchzusetzen, hatte ich früher schon mitbekommen. Doch diesmal fühlten sie sich persönlich angegriffen. Sie wollten ein Exempel statuieren und normalerweise wäre die Wahl sicherlich auf mich gefallen. Ich war der einzige Dunkelhäutige in der Gruppe. Dass es nicht mich traf, habe ich nur dem Umstand zu verdanken, dass es einen Jungen in der Gruppe gab, dem ein noch größerer Makel anhaftete. Er war zwar weiß, aber schwul.

John Virapen

Ohne Vorreden zerrten die Amerikaner ihn aus dem Bus und schlugen ihn vor unseren Augen zusammen. Niemand sagte oder tat etwas – auch ich nicht, obwohl ich der Einzige war, der mit absoluter Sicherheit wusste, dass der Geprügelte das Geld nicht hatte. Das war das erste Mal in meinem Leben, dass mein Handeln – besser: mein Nicht-Handeln – einem Anderen schadete. Und das ist noch viel zu schwach ausgedrückt. Der Junge hatte Glück die Prügelei zu überleben. Mir war elend.

Ich schrie nicht: „Lasst ihn in Ruhe, ich habe das Geld!" Ich hatte Todesangst.

Ich war sicher, ich würde den Wald nicht mehr verlassen. Die Schläge der Amerikaner. Wir anderen schwiegen. Zwischen den Schlägen ohrenbetäubende Stille. Nur ein leises Windsseufzen lief durch die Bäume. Mit jedem Schlag, den sie dem armen Kerl versetzten, verlor ich an Selbstachtung.

Es war ein furchtbarer Tag, ein schwarzer Tag. Denn auch nachdem ich die Hände des Priesters ertragen, nachdem ich manches Mal nur durch Stehlen, Betteln oder Betrügen meinen Weg gemacht hatte – erst in jener Stunde in einem belgischen Wald verlor ich meine Unschuld.

Endlich ermüdete die Prügelei die Amerikaner. Beim Schlagen war die Wut verdampft. Sie wischten mit den Ärmeln über Gesicht und Nacken, drehten sich um und bestiegen den Bus. Wo sie mit ihm aufgehört hatten, lag der Junge noch immer. Der Wald war still. Wir anderen kletterten ebenfalls in den Bus zurück. Den Rest der Fahrt sprach niemand ein Wort. Alle starrten leer vor sich hin. Als wir endlich auf der Fähre waren, fieberte ich dem Ablegemanöver entgegen. Im letzten Augenblick wollte ich zurück an Land springen. Das war mein Plan gewesen seit ich das Geld gestohlen und meine Reisesachen im Schließfach verstaut hatte. Ich stand am Heck, nervös, wartete, dass die Motoren endlich ansprangen.

„Hey, John, was machst du denn hier? Denkst du an Schweden? Die andern sind alle an der Bar."

Der Kanadier. Ihm hatte ich von meinem Schwedenmädchen erzählt. Vor Schreck kippte ich beinahe rücklings über die Reling. Er sah meine Unruhe sofort. Vielleicht war ich unter meiner natürlichen Bräune sogar blass geworden.

„Was ist denn los?" fragte er. „Du siehst aus, als hättest du einen Geist gesehen."

Er wusste nicht, wie richtig er lag. Jener Geist aber war der Abgrund meiner eigenen Seele. Und davor konnte nicht einmal ich davonlaufen.

„Ich fühl mich nicht so gut, brauche frische Luft."

Gelogen war das nicht. Er blickte mich besorgt an. Dann dämmerte es ihm.

„Oh, verdammte Scheiße."

Es war keine Frage, er wusste, dass ich das Geld hatte. In diesem Moment zogen die Motoren an. Die Vibration, die durchs Schiff lief, erreichte meine Fußsohlen. Ich beobachtete, wie sich der Schiffsrumpf langsam vom Pier löste. Zehn Zentimeter. Zwanzig. Der Kanadier sah mich an. Ein halber Meter. Hätte er versucht mich festzuhalten, ich hätte mich nicht gewehrt. Ich war zu keiner Regung fähig, so lange er vor mir stand. Er blinzelte und ich sah, dass er Tränen in den Augen hatte. Plötzlich riss er mich an sich, umarmte mich und stieß mich gegen die metallene Reling. „Geh!" drängte er. „Hau ab."

Ich sprang. Ich habe ihn nie wiedergesehen.

Ich fuhr zurück nach Brüssel, zu meinem Koffer im Schließfach. Auf der Toilette hatte ich einen Moment Ruhe. Ich zählte das Geld. 3.000 Dollar! Ich war reich. Und hatte mich noch nie so mies gefühlt. Das Papier der Dollarnoten, die in meinen Händen beim Zählen gegeneinander rieben, machte dasselbe Seufzen wie die Bäume in jenem belgischen Wald. Die Umhängetasche, in der das Bündel steckte, wog Tonnen.

Deshalb war ich auch irgendwie erleichtert, als mir die Tasche in Brüssel auf dem Bahnhof gestohlen wurde. Meine Hände hatten sich im Tragegurt verfangen, als ich versuchte den Koffer aus dem Schließfach herauszuziehen. Ich hatte sie auf den Boden gelegt. Als ich den Koffer oben herauszog und ebenfalls auf dem Boden abstellte, war die Umhängetasche weg. Ich starrte auf den Fleck, an dem eben noch mein Schweigegeld gelegen hatte. Der Vorfall war die Bestätigung. Es konnte nicht tiefer gehen. Mein Körper war taub.

Der gute Einarmige von Travemünde

Ich wusste nicht wohin. Von meinem Mädchen in Schweden hatte ich nichts mehr gehört. Mein letzter, teurer Telefonanruf lag bereits ein Jahr zurück. Und was hätte ich jetzt sagen sollen? Dass sie noch auf mich wartete, wagte ich nicht zu glauben. Aber was wenn doch?

Per Anhalter schlug ich mich in Richtung Hamburg durch. Es war Herbst, es regnete, es war kalt. Ich kramte wieder mal in Abfalltonnen und zitterte mich in feuchte Scheunen durch die Nacht.

In Travemünde angekommen, hatte ich den Nullpunkt erreicht. Nichts war wichtig. Die Zukunft am allerwenigsten. Hunger und Kälte ertrug ich nicht länger, Blasen an beiden Füßen machten jeden Schritt zur Qual.

Travemünde lebt von Touristen. Die Hauptsaison aber war längst vorüber, die noblen Hotels lagen da wie entgrätete, ausgenommene Fische. Ich sah die vielen leeren Zimmer und sollte selbst eine weitere Nacht in Regen und Kälte zubringen. Da kam mir die Idee, mich einfach in eines der schicken Hotels einzubuchen und ganz früh am Morgen durch das Fenster abzuhauen. Aber ich wachte in der Nacht nicht auf – ich war zu erschöpft und schlief bis spät in den Morgen. Da ich nichts mehr zu verlieren hatte, schlüpfte ich in meine Klamotten, die ich am Abend ausgewaschen und über der Heizung zu Trocknen gehängt hatte, und ging in den Frühstücksraum, wo ich das umfassendste Frühstück auf der Karte bestellte. Die Henkersmahlzeit schmeckte. Kaffee, frische Brötchen, Aufschnitt, Eier – Köstlichkeiten, die sich in Mülltonnen nicht finden. Einzig der Gast am Nebentisch störte meinen Genuss. Schon die ganze Zeit starrte er zu mir herüber. Ein Kriegsversehrter, er hatte nur einen Arm. Aber das war keine Entschuldigung, meine letzte Mahlzeit in Freiheit zu verderben. Als er schließlich aufstand und sich an meinen Tisch setzte, wurde ich rüde.

„Was wollen Sie?"

„Junger Mann. Sie haben weder das Geld für die Übernachtung noch für all das, was Sie hier vor meinen Augen in sich hineinstopfen", erwiderte er.

„Na und ...", pampte ich zurück „ ... ist das Ihr Problem?"

Er lächelte.

„So ist es", antwortete er freundlich und entspannt, beinahe mit einem heiteren Lächeln.

Kein Groll, keine Ironie. Er sagte es fast bedauernd: „Dieses Hotel gehört mir."

Das war zu viel. Tränen liefen mir übers Gesicht. Dieses Heulen aus der Kindheit, an dem man fast erstickt. Ich erzählte ihm meine Geschichte. Er saß da und hörte zu. Nachdem ich ihm all meine großen und kleinen Sünden gebeichtet hatte, erzählte ich ihm von meinem Mädchen in Schweden.

„Liebst du sie?" fragte er sachlich.

John Virapen

„Spielt das noch eine Rolle? Ich habe ihr jeden Tag geschrieben, aber ich weiß eigentlich gar nichts von ihr ..."

Der Einarmige mochte offensichtlich keine Lamentos. Er war Pragmatiker.

„Warum rufst du sie nicht an?"

Ich wusste nichts zu sagen. Er führte mich in sein Büro, auf dem Tisch das Telefon. Der Einarmige ließ mich allein. Ich hatte ihre Nummer nicht oft gewählt, aber die Finger hakten sich ohne einen Gedanken in die Wählscheibe. Eine Frauenstimme. Dieser schwedische Stimmklang. Die Mutter? Ich stellte mich höflich vor und fragte nach der Tochter. Der Name war offenbar korrekt. Sie rief nach ihr.

„Wer ist es denn?"

Ihre Stimme im Hintergrund. Wie aus einem paradiesischen Garten.

„Irgendein John. John Virapen."

Geraschel am Telefonhörer, dann war sie selber dran. Ihre Stimme.

„Wo bist du?"

„Travemünde."

Ich brachte nur das eine Wort heraus. Langes Schweigen folgte. Natürlich wusste sie, Travemünde war der Absprung nach Schweden.

„Du kommst?", fragte sie.

Aber die Frage klang zugleich auch nach einer Feststellung. So etwas wie Hoffnung keimte in mir auf. Sie hatte vom Kommen gesprochen.

„Willst du mich denn sehen?"

Sie kicherte. „Natürlich!"

Und der nächste Satz hallte wie ein Echo den ganzen Tag in mir:

„Wann kommst du?"

Als ich nach einer Ewigkeit aus seinem Büro heraustrat, fragte der Einarmige schmunzelnd: „Du fährst also nach Schweden?"

Seine Fragen waren Feststellungen.

„Ja."

„Geld für die Fähre?" fragte er und kannte die Antwort. Ich aber hatte meine Worte wiedergefunden.

Ich sagte fest: „Habe ich nicht."

Er zog seine Brieftasche hervor. Mit den notwendig umständlichen, wenngleich geübten Bewegungen des Einhänders fingerte er zweihundert Mark heraus und sprach seinen Segen. „Geh nach Schweden. Triff deine Freundin. Ich mag dich. Du hast Talent. Du wirst es für irgendetwas brauchen. Es wäre schade, wenn jemand wie du sein Leben vergeudet." Damit überreichte er mir das Geld.

„Und hör auf zu heulen", sagte er. „Nimm das Geld und mach was draus. Das ist mir Dank genug."

Am nächsten Morgen stand ich auf der Fähre nach Schweden. Ich lehnte an der Reling des Oberdecks und hatte die Augen geschlossen. Nase voran in den frühen, salzigen, von Schweden her wehenden Meerwind.

Neue Heimat – Schweden

Sie holte mich in Trelleborg ab, obwohl der Hafen immerhin drei Stunden von ihrem Wohnort entfernt lag. Sie war genauso schön, genauso herzlich und genauso warm, wie ich sie mir in den über eintausend einsamen Nächten der letzten dreieinhalb Jahre vorgestellt hatte. Als wäre es das Selbstverständlichste auf der Welt, nahm sie mich mit nach Hause, stellte mich ihren Eltern vor und verkündete, sie liebe mich und fortan würde ich bei ihnen wohnen. Ihre Mutter lächelte, schloss mich in die Arme und verwöhnte mich wie einen eigenen Sohn.

John Virapen

Popstar JayVee

Ich war perplex. Dass sie mich überhaupt so freundlich aufnahmen, war schon ein Wunder. Dass sie mich ohne Herablassung behandelten, wie einen gleichgestellten Menschen – nicht zu fassen! Derselben Haltung, die mich an meinem Mädchen im *Empire Ballroom* so beeindruckte hatte, begegnete ich überall in Schweden. Natürlich war ich immer noch das Stadtgespräch, denn damals gab es dort kaum dunkelhäutige Menschen. Aber die Leute wollten nur meine Geschichte erfahren, wollten in den langen, dunklen Winternächten von Stränden, an denen immer die Sonne schien und von Bäumen, an denen stets reif die Früchte baumelten, hören. Niemals aber wurde ich wie ein Mensch zweiter Klasse behandelt. Niemals war mir eine Möglichkeit verschlossen, nur weil ich dunkelhäutig war. Die Schweden wussten offenbar nicht, was Kulis waren. In kürzester Zeit lernte ich Schwedisch. Hier wollte ich bleiben.

Ich hatte den Ehrgeiz, meinem Mädchen etwas zu bieten. Ich machte mich auf die Suche nach einem Job. In der Arbeitsvermittlung gab es die Rubrik „Musik und Kunst." Ich trug mich als Sänger ein. Eine Woche später fragte eine Band an, ob ich mit ihnen proben könne. Damit begann meine Karriere als Popstar. Hier war meine Hautfarbe ein Bonus. Wir bekamen einen Plattenvertrag. Ich ging auf Tournee und gab Autogramme. Die Single schaffte es in die Charts! Ich habe noch die Zeitungssauschnitte, Schwarz-Weiß-Fotografien mit scharfem Kontrast, die dick gepunkteten Zeitungsbilder jener Zeit. Ich stehe auf einer kleinen Bühne, nicht höher als einen halben Meter, die Rückwand nicht mehr als zwei Schritte hinter mir, irgendein Musikkeller, ein kleiner Schuppen, aber vorne, an der Rampe: junge Mädchen, die ihre Arme nach mir ausstrecken!

Ich höre noch heute den rumpeligen Sound der über-forderten Lautsprecher. Ich sang Engelbert Humperdinks „Please release me" und Tom Jones' „The green green grass of home". Hits der alten Tage, die heute niemandem mehr etwas sagen. Am liebsten war mir „Wonderful World". Denn die Welt war schön.

Ich verdiente Geld. Richtiges Geld. Gutes Geld. Ich machte meinem Mädchen einen Heiratsantrag und wir zo-gen in eine eigene Wohnung.

Als unsere kleine Tochter zur Welt kam, ein Wunschkind, war ich der stolzeste Vater der Welt.

Als ich eines Tages von einer achtwöchigen Tournee zu-rück kam, fing mein fünf Monate altes Kind an zu schreien, als ich mich über sein Bett beugte. Da wurde mir klar, dass ich eine andere Arbeit suchen musste. Meine Familie, mei-ne eigene Familie, war das Wichtigste. Noch.

Meine Frau unterstützte mich darin. Ihr war es wichtiger, mich in der Nähe zu haben, als in Geld zu schwimmen. Also gab ich meine Gesangskarriere auf und versuchte es mit Gelegenheitsjobs. Ich begann Englischnachhilfe zu geben. Ein regelmäßiges Einkommen war das immer noch nicht, aber es hielt uns über Wasser. Wir bekamen ein zweites Kind, einen Sohn. So glücklich ich war viel zu Hause zu sein und die Kinder um mich zu haben – das Geld wurde knapper. Ich wollte meiner Familie so gern mehr bieten als nur meine Anwesenheit.

John Virapen

Kapitel 2
Mein Einstieg in die Pharmaindustrie

Wenn unser Hausarzt kam (damals hießen diese Ärzte noch deshalb so, weil sie tatsächlich Hausbesuche machten), um nach unseren Kleinen zu sehen, sprachen wir oft auch über Medizin. Er sah, wie wir lebten und ich erzählte von mir. Ich erzählte von meinem medizinischen Vordiplom und den brach liegenden Studienplänen. Bei einem seiner Besuche drückte er mir einen Zettel mit einer Telefonnummer in die Hand. „Mein Bruder arbeitet als medizinischer Berater für die Pharmaindustrie. Die suchen immer Leute. Rufen Sie doch mal an, vielleicht ergibt sich was."

Anwerbung als Pharmavertreter

Es ergab sich tatsächlich etwas. Zwar fand ich schnell heraus, dass ein medizinischer Berater jemand war, der übers Land reiste, um den niedergelassenen Ärzten die Medikamente seiner Pharmafirma zu verhökern – aber das störte mich nicht. Es hatte ja doch mit Medizin zu tun. Die notwendigen Voraussetzungen brachte ich auch mit: medizinische Vorkenntnisse, Verkaufstalent und eine umgängliche Persönlichkeit. Dass auch meine Erfahrungen als Schwindler und Hochstapler sehr nützlich sein würden, das ahnte ich damals noch nicht.

Ich bekam den Job und ein sechsmonatiges Medizin-Training, das ich dank meines Studiums leicht bewältigte. Darauf ein weiteres halbes Jahr Einführung in die Produkte meines neuen Arbeitgebers. Wir erfuhren alles über die Medikamente, die wir bei den Ärzten vertreten sollten. Nun ja, nicht wirklich alles, denn Nebenwirkungen und fehlgeschlagene Studien sind nicht gerade die beste Werbung. Diese Informationen hält man von den Vertretern fern. Die Wahrheit verkauft sich nicht. Stattdessen erhielten wir ein umfangreiches Verkaufstraining. Auch hier fühlte ich mich wie zu Hause. Immerhin hatte ich nicht-existente Zeitschriften verkauft. Reale Pillen waren dagegen ein Klacks.

Sie gaben mir eine Landkarte, in der mein zukünftiger Bezirk eingezeichnet war, und einen Volvo 244. Damals eine Luxuskarosse. Mein erster eigener Wagen! Als ich zu Hause vorfuhr und meine Frau das erste Mal im Auto mitnahm, wäre ich vor Stolz beinahe geplatzt.

Dazu kamen ein großzügiges Gehalt und ein noch großzügigeres Spesenkonto. Wenn ich übers Land zu meinen Ärzten fuhr, stieg ich in den guten Hotels ab und bestellte die teuersten Gerichte. Ich wurde ein Gourmet. Dank meines Exotenstatus erinnerten sich die Ärzte gern an mich und meine Geschichten, brachte ich doch tropisches Flair in ihre Praxen. In einem Wort: Die Geschäfte liefen gut.

Ich war sicher, mein Leben hatte sich jetzt endlich zum Besseren gewendet.

Verkaufsquoten und Tricks

In den ersten Jahren arbeitete ich für kleine Firmen. Wir verkauften zum Beispiel einmal etwas gegen Durchfall. Es gab einen von der Firmenleitung ausgeschriebenen Wettbewerb, wer die meisten Gratisproben an den Mann brachte. Es war den Ärzten nicht erlaubt, mehr als eine Packung pro Besuch oder pro Monat anzunehmen. Das hemmte den Absatz. Ich war ehrgeizig. Zwar war ich als Dunkelhäutiger in Schweden kein minderwertiger Mensch mehr, dennoch wollte ich besser sein als die anderen. Und würde ich den Wettbewerb gewinnen: Wie stolz wäre da meine Frau. Ich ließ mir also etwas einfallen.

„Bald kommt ja wieder die Magen-Darm-Grippezeit", bemerkte ich gegenüber dem Arzt, der die Probepackung gerne angenommen hatte.

„Wäre doch eigentlich praktisch, wenn Sie gleich Vorrat für mehrere Patienten hätten. Die sind doch dankbar, wenn sie nicht erst noch zur Apotheke müssen, sondern die Packung gleich von Ihnen mitbekommen."

Der Arzt nickte.

„Ja, schon, aber Sie wissen ja, ich darf nicht ..."

Er war zögerlich, also ermunterte ich ihn.

„Das Problem lässt sich lösen. Es ist nur zum Wohl und im Interesse Ihrer Patienten. Sehen Sie hier, ich habe Ihnen ein paar Quittungen mehr mitgebracht, eine für diesen Monat – und die hier sind für die nächsten Monate. Meiner Firma ist es egal, ob ich jeden Monat komme oder Ihnen gleich alle Proben hier lasse. Ihre Patienten aber brauchen das Mittel jetzt. Was meinen Sie?"

Achselzuckend unterschrieb er die vordatierten Quittungen. Nach Ablauf der Wettbewerbszeit hatte ich alle anderen Vertreter weit übertrumpft. Ich gewann kleine

Manschettenknöpfe mit meinen Initialen darauf. Goldene Manschettenknöpfe. 18 Karat. Ich besitze sie heute noch.

Dieser Trick war, naja, jedenfalls nicht illegal. Es ging in diesem Fall auch nicht um viel. Aber der Mechanismus war bereits da. Verstehen Sie? Diese kleinen Geschenke, etwas zu haben, was der andere nicht hat, etwas erreicht zu haben, was andere nicht erreicht haben – Konkurrenz. Und Belohnungen. Beides bringt Sie dazu, die Grenzen auszuloten, die Grenzen des Erlaubten. Und wenn Sie die Grenzen gut kennen, dann kennen Sie auch die unbewachten Abschnitte. Bei denen es nicht wehtut, wenn man sie mal überschreitet. Weil es ja keiner merkt. So fängt es an. Steigt man in der Hierarchie auf, werden auch die Aufmerksamkeiten größer und damit auch die Erwartungen. Und die Tricks, die man anwenden muss, um den Erwartungen noch gerecht zu werden, den Status zu halten, die werden auch aufwändiger. Schritt für Schritt.

Die Kombination unserer medizinischen Grundausbildung mit dem ständigen Verkaufstraining war sehr effektiv, denn wir machten das Beste aus unserem Wissen. Im Sinne des Umsatzes. Lautete eine der Nebenwirkungen eines Medikamentes, sagen wir eines Medikamentes gegen Kopfschmerzen etwa, „Gewichtsabnahme", dann verkauften wir das als Vorteil:

„Wäre es nicht toll, wenn all ihre übergewichtigen Patienten nicht nur keine Kopfschmerzen mehr hätten, sondern sogar auch schlanker würden?"

So verschrieb der Arzt das Kopfschmerzmittel auch Leuten, die gar keine Kopfschmerzen hatten. Und das, obwohl das Mittel für diese Anwendung explizit nicht zugelassen war. Off-Label-Marketing heißt das heute. Ein wichtiger Umsatzfaktor, der in manchen Fällen neunzig Prozent der Verkäufe eines Medikamentes ausmacht!

Show & Tell

Bei einer Informationsveranstaltung für Ärzte, auf der auch ich eines unserer Produkte vorstellte, zeigte einer meiner Kollegen eindrucksvoll, wie man sein Publikum verblüfft und beeindruckt – ohne Informationen preiszugeben. Sein Produkt (*Simethicone®*) war ein Mittel gegen Blähungen, ein Thema, über das niemand gerne spricht. Statt also viele Worte zu machen, trat er ans Podium, stellte ein Bierglas darauf, goss wortlos eine Flasche Bier hinein, holte eine Schachtel seines Produkts hervor, entnahm ihr eine Pille und warf sie ins Glas. Die Schaumkrone sank und verschwand. Binnen einer halben Minute entwich die Kohlensäure vollständig, das Bier wurde schal. Er blickte kurz in die Runde und sagte:

„Sehen Sie, so wirkt unser Medikament." – und verließ den Raum.

Das wäre sicher eine harmlose Anekdote, wüsste ich nicht, dass das gleiche Show & Tell-Prinzip, (also das „mach nicht viele Worte, sondern zeig, was du meinst"-Prinzip) auch bei viel gefährlicheren Medikamenten eingesetzt wird. Anstatt detailliert zu informieren, wird mit Effekthascherei und großen Versprechungen gezielt desinformiert.

Das erscheint plump und durchschaubar. Doch die Wirkung auch dieser kleinen Demonstrationen beruht auf der Kraft des Bildes – Sie haben ja mit eigenen Augen gesehen, dass die Schaumkrone tatsächlich einstürzte! Das ist doch unwiderlegbar! Es war wirklich so!

Was die Demonstration aber beweisen soll, ob der Magen mit einem Glas Bier überhaupt vergleichbar ist – solche Fragen klingen schwieriger als das, was mit den Augen zu sehen doch so simpel war. Die Metapher narrt den Verstand.

Mein Kollege beispielsweise führte seinen kleinen Trick immerhin vor studierten Leuten auf. Noch viel schwieriger ist es für einen Patienten, der leidet, im Gespräch mit einem Arzt derartigen Metaphern auf den Grund zu gehen. Allzu leicht glaubt man dem Bild. Wer denkt schon daran, dass es sich hier um ein Verkaufsgespräch handelt? Halten Patienten die Situation nicht für ein vertrauliches Arzt-Patienten-Gespräch? Der leidende Laie nimmt den Rat des wissenden Fachmannes mit größter Offenheit und voller Vertrauen in dessen Kompetenz und ehrliche Absicht auf.

Trotz unserer Schulungen im medizinischen Bereich waren und blieben wir also Verkäufer. Das gleiche gilt für die Konzernleitungen. Selbst wenn es dort studierte Mediziner oder Pharmakologen gibt: Sie handeln doch bloß wie Verkäufer. Ließe sich ihr Verhalten anders erklären?

Profile

Jeder Vertreter führt Buch über die Ärzte in seiner Region. Die erste Kategorie des Profils befasst sich mit seiner Praxis: Welche Art Patienten kommen dorthin? Welche Krankheiten sind häufig? Und am wichtigsten: Welche Medikamente verschreibt er gerne? Das sagt einem ein Arzt natürlich nicht einfach so. Dafür bedarf es zunächst eines guten Kontaktes. Um diesen effizient herstellen und halten zu können, sind Informationen anderer Art nötig, wie Alter, verheiratet oder ledig, Kinder, alle Geburtstage. Sie brauchen Anknüpfungspunkte. Je mehr, desto besser. Welche Hobbies, Lieblingsautos, Lieblingsweine, Lieblingsmusik? Alle Vorlieben und Abneigungen. Man erstellt ein psychologisches Profil. Das gehört zur Technik, zum Handwerk.

All das sind Ansatzpunkte für ein Gespräch. Die Karteikarten dienen dem Vertreter aber auch als Gedächtnisstütze. Er muss ja sehr vielen Leuten das Gefühl vermitteln können, sie bedeuteten ihm etwas.

Wer sich verstanden fühlt, ist geneigter dem Vertreter zuzuhören. Es entsteht eine persönliche Ebene und es wird schwieriger, den Vertreter das nächste Mal wegzuschicken, von Mal zu Mal. Wer eine Geburtstagskarte bekommt, fühlt sich als Mensch anerkannt. Vielleicht sogar als Freund. Und Freunden vertraut man, nimmt ihre Ratschläge an.

Welche Träume hat der Freund? Welche ganz konkreten Träume, etwa einen Urlaub im Süden, ein neues Auto oder Geld für den Ausbau des Hauses? Die Pharmaindustrie stellt die Mittel bereit. Offiziell heißt es: „Wir geben sehr viel Geld für die Entwicklung eines neuen Wirkstoffes und für die Forschung aus."

Naja, eines weiß ich sicher – hier jedenfalls wird wirklich eine Menge Geld ausgegeben: In der Schaffung und Erhaltung von loyalen Verbindungen zu den Ärzten.

Man nennt es Marketing und ich habe nichts dagegen einzuwenden, wenn man in anderen Wirtschaftszweigen so verfährt. Hier aber handelt es sich um Arzneimittel und um die Gesundheit der Patienten. Erwarten Sie nicht von einem Arzt, dass er sachlich entscheidet? Dass er sich vom medizinischen Forschungsstand leiten lässt? Wäre es in Ordnung, wenn die Grundlage seiner Entscheidung für ein bestimmtes Medikament stattdessen die Tatsache ist, dass der Pharmavertreter beim letzten Besuch eine Gratisprobe davon auf seinem Schreibtisch zurückließ? Oder dass der Arzt sich in der Woche zuvor bei einer Flasche seines (vom Vertreter mitgebrachten) Lieblingsweins so schön über den letzten Segeltörn unterhalten hat?

Gerne würde ich sagen: Nein! Natürlich lässt sich ein studierter Mensch von derlei Schnickschnack nicht beeinflussen. Dann wären aber die 35.000 Euro[5], die die Pharmaindustrie pro niedergelassenem Arzt für diese Art von Geschenken ausgibt, herausgeschmissenes Geld. Seit wann aber schmeißen wirtschaftlich denkende Konzerne Geld zum Fenster heraus?

Arztgeschenke

Ein weiteres Mittel, den Ärzten ständig unsere Firma und unsere Produkte in Erinnerung zu bringen, waren die vorgefertigten Rezeptblöcke. Wir hatten Verschreibungsblöcke, die in einem wertvollen Ledereinband steckten. Darauf in der richtigen Ecke die Adresse des Arztes. Ebenfalls stand natürlich der Name unseres Produktes darauf. Unterschreiben, abreißen und überreichen – fertig! Wozu also noch umständlich nach einem Alternativ-Produkt suchen und mühsam von Hand ein neues Rezept ausschreiben?

Wenn ich heute darüber schreibe, klingt es fast lächerlich. Im Alltag aber ist es eine wichtige Macht – die Macht der kleinen Gewohnheiten. Heute, im elektronischen Zeitalter, ist das sogar noch viel einfacher, fast beneidenswert einfach. Denn mit vorgedruckten Rezeptblöcken geben sich die Pharmaunternehmen nicht mehr ab. Heute gibt es Patientenverwaltungssoftware für den Computer der Arztpraxis.

Dort trägt der Arzt nur noch die Beschwerden ein, also z.B. *Frau Müller klagt über Kopfschmerzen* – schon blinkt mitten auf dem Bildschirm das „passende" Medikament derjenigen Firma, die den Arzt mit der Software beschenkt hat. Und es verschwindet auch nicht so einfach wieder von der Bildschirmfläche. So lange nicht, bis es endlich als Rezept ausgedruckt wird.

John Virapen

In der täglichen Routine des Arztes, der im Akkord arbeitet, ist eine solche Arbeitserleichterung willkommen. Bald ist die Hand an die entsprechenden Bewegungen gewöhnt und der Arzt verschreibt nun, ohne überhaupt noch darüber nachzudenken, die Produkte dieser Firma.

So beschreibt es beispielsweise auch der Internist Dr. Wilhelm Redenbach in einer PANORAMA-Reportage des *Ersten Deutschen Fernsehens:*[6]

„Ich verordne mir jetzt ein ASS, also Aspirin-ähnliches Präparat. Jetzt erscheint die Sponsorfirma als Auswahl, ich bestätige, es erscheint immer noch die Sponsorfirma, beim Weiterbestätigen immer noch – zur Vorbereitung auf das Rezept – erscheint die Sponsor-Firma. Und es erscheint ein Hinweis, ob ich damit einverstanden sei, dass der Apotheker das entsprechende Medikament von der Firma herausgibt. Voreingestellt ist ein ‚J‘, also ‚Ja‘. Wenn ich jetzt durchbestätige, wird automatisch das Präparat, das ich herausgesucht habe, von der Sponsorfirma ausgegeben. Trotz des Hinweises auf ‚Ja‘ und ‚Nein‘, finde ich, ist es so programmiert, dass man dazu neigt, im Arbeitsstress, wenn's schnell gehen muss, dann einfach durchzubestätigen."

Dazu kommt, dass bei vielen dieser Programme möglicherweise erst die Helferin am Drucker das fertige Rezept sieht. Alles ist hier vom Hersteller optimiert.

Und wie nennt man so was? Vielleicht so, wie es Professor Gerd Glaeske von der Universität Bremen, der ebenfalls in dieser Fernsehreportage zu Wort kam, nannte:

„Der Hersteller führt mich im Prinzip in der Software auf sein bestimmtes Produkt und offensichtlich wird es von vielen Ärztinnen und Ärzten nicht erkannt. Sie empfinden diese Information als die vergleichende Information, die sie möchten, und merken im Prinzip nicht, dass sie auf Glatteis, im Prinzip also von den Firmen in eine falsche Richtung gelenkt werden. Und das nennt man ja wohl Manipulation."

Schon in der Diagnose springen diese Programme an und übernehmen bis zum ausgedruckten Rezeptzettel sämtliche Schritte. Das zeigt uns ein Allgemeinarzt, der ebenfalls in besagter Reportage zu Wort kam:

„Der Patient ist da, ist diagnostiziert, ich hab meine Diagnose, die trage ich jetzt ins System ein. Jetzt habe ich meine Diagnose drin, bestätige dieselbe und habe dann sofort hier ein Präparat auf dem Bildschirm, was mir jetzt vorgegeben wird, und das geht im Prinzip sofort aufs Rezept und das geht in den Druck und dann ist es im Prinzip verordnet."

Besonders geschickt: Während mit einem O.K.-Klick der Pharmasponsor ins Geschäft kommt, muss der Arzt, wenn er ein anderes Produkt verschreiben will, den gesamten Vorgang erst mal abbrechen. Was die wenigsten tun.

„Jetzt sitzt der Patient da, der möchte raus, das Wartezimmer ist voll, ich möchte weitermachen. Ich muss das Rezept gegebenenfalls löschen, ich muss ein neues Rezept aufrufen, ich muss es neu ausfüllen mit meinem Wirkstoff und noch mal drauf achten, dass nicht der von einer Firma drauf ist. Das ist einfach so viel Arbeit, dass ich manchmal sage, komm lass es sein, es geht auch so."

In den sechziger Jahren in Schweden taten wir im Prinzip das gleiche. Die Quacksalberei ist im Grunde geblieben. Das heutige Verfahren ist nur noch umfassender geworden. Einfach beneidenswert. Gerne hätte auch ich Patientensoftware verteilt, die mir die Arbeit abgenommen hätte. Denn diese Software kann ja zugleich auch Profile über das „Klick-Verhalten" der Ärzte protokollieren. Wir dagegen mussten selber ran, mit handgeschriebenen Profilen auf Karteikarten, mit Kreativität und Erfindungsreichtum.

John Virapen

Auf der Erfolgsschiene

Mittlerweile war ich fast wieder genauso häufig unterwegs wie zu meiner Popstar-Zeit. „Zu Hause" lag nun auch woanders. Wir waren umgezogen. Mein Vertreterbezirk umfasste Südschweden und bald konnte ich für meine Familie ein Haus kaufen. Ein eigenes Haus, sogar mit Garten, mit hohen Fenstern, wie ich es liebe. Ein kleines Paradies für unsere Kinder und für meine Frau. Vorbei die Zeiten der engen Zwei-Zimmer-Wohnung, in der es feucht war, wenn es draußen wochenlang regnete und die Wäsche nicht trocknete. Jetzt gab es ein großes Spielzimmer für die Kinder, darin Unmengen von Spielzeug, das ich von meinen Vertretertouren mitbrachte. Oft war ich fort und brachte immer etwas mit. Darauf konnten sich meine Kinder verlassen. Wir hielten Haustiere und meine Frau leistete sich ab und zu einen Babysitter.

Ich hatte das Gefühl, meiner Familie alles zu geben, was sie glücklich machte. Die Blicke der Kleinen, wenn ich die Kiste mit Geschenken auf dem Boden abstellte! Daher wurde es mir wichtiger, noch mehr Erfolg zu haben, noch mehr Geld zu verdienen, noch schneller aufzusteigen – anstatt zu Hause zu sein und mit den Kindern zu spielen. Anstatt zu Hause zu sein und mit meiner Frau vor dem Kamin zu sitzen. Diese Momente wollten verdient sein. Ich liebte die Heimkehr mehr als das Zu-Hause-Sein. Den Moment, da ich die Haustür öffnete – mit all meinen Geschenken und Abenteuern im Gepäck.

Erfolg macht süchtig nach mehr Erfolg. Das gute Leben, die großzügigen Spesenkonten, all das stieg mir zu Kopf. Ich hatte es genossen, in Travemünde in einem Fünf-Sterne-Hotel zu übernachten, selbst wenn ich damit rechnen musste, den Genuss mit dem Gefängnis zu bezahlen. Jetzt gehörte der Genuss eines Fünf-Sterne-Hotels zu meinem Alltag. Er stand mir zu. Endlich bot mir das Leben seinen Reichtum an und ich griff mit beiden Händen zu. Auch dort, wo ich mich vielleicht hätte zurückhalten sollen: beim Körpereinsatz.

Brücken zum Arzt

Ein wichtiges Bindeglied zwischen Arzt und Patient sowie zwischen Arzt und Vertreter sind die Arzthelferin und die Sekretärin. Die Kontaktaufnahme läuft über sie. Die Sekretärinnen von niedergelassenen Ärzten und die Krankenschwestern in Kliniken waren einfache Ziele für uns Vertreter, sie erfüllten die Brückenfunktion hervorragend. Sie hofften stets, zum Essen eingeladen zu werden, besonders von mir, dem Exoten.

Sie sahen ja, wie freizügig wir mit Geschenken umgingen. Natürlich luden wir sie ein. Und, naja, Essen ist eine sinnliche Angelegenheit, Kerzenlicht, exquisite Küche, betörender Wein.

Anfangs hielt ich mich zurück, blieb eisern. Ich dachte an meine Frau, an meine Kinder, an unser Haus. Ich wusste sie alle drei gut aufgehoben. Meine Frau hatte alles, was sie brauchte. Ich hatte selbst dafür gesorgt. Meine Stellung hatte mir das ja erlaubt. Die Stimme meines schlechten Gewissens jedenfalls wurde immer leiser, immer schwerer verständlich, der Duft der Verlockung direkt vor meiner Nase dagegen immer unwiderstehlicher. Ein Flirt? Warum nicht, ist doch harmlos, schadet ja keinem. Kleines Küsschen zum Abschied? Auf die Wange. Kein Problem. Und so kam eins zum anderen.

Einmal hatte ich eine schwierige Nuss zu knacken, ein Arzt mit vielen Patienten, weil er der einzige in einem abseits gelegenen Dorf war. Er hatte ein enormes Einzugsgebiet. Die Leute kamen lange Wege übers Land gefahren, um sich von ihm behandeln zu lassen. Als ich ihn das erste Mal besuchte, brauchte ich einen ganzen Nachmittag, um ihn zu finden. Die Praxis hatte er geerbt und sie noch ein paar Jahre zusammen mit seinem Vater betrieben, um den Patientenstamm zu erhalten. Ein schrulliger Typ, wahrscheinlich liebten die Leute genau das an ihm. Viele Patienten sprachen mit einer Ehrfurcht von ihm, die eher einem Heiler als einem Arzt gebührt hätte. Er hatte schlohweißes Haar, das ungepflegt wirkte, war von gedrungener Gestalt, muskulös, eher ein Holzhacker als feingeistiger Mediziner. Vermutlich also genau richtig für die Gegend. Sein Blick war forschend und wach.

„Vertreter", sagte er, nachdem ich mich vorgestellt hatte. „Ich empfahl Ihnen bereits am Telefon, sich den langen Weg hierher zu ersparen. Ich brauche nichts. Habe alles. Sie können gehen. Auf Wiedersehen. Meinen Segen für die Rückfahrt haben Sie."

Und er betätigte eine Handklingel, welche die Sekretärin herbeirief, die mich hinausbegleitete. Ich war beeindruckt. Ich hatte einen ganzen Tag gebraucht, um hierher zu kommen und das sollte das Ergebnis sein? Die Männer und Frauen im Wartezimmer sahen mich mit großen Augen an, denn es war deutlich, dass ich nicht aus der Gegend war und mein Besuch andere Gründe hatte als ein Gebrechen.

Die Sekretärin war hübsch. Ich verwickelte sie in ein Gespräch, indem ich ihr ein Kompliment machte. Sie nahm es an und setzte sich zurück an ihren Tisch. Daneben lag ein offensichtlich alter Hund mit schütterem Fell. Ich sprach die Sekretärin auf das Tier an. Es war ihr Hund. Ja, er war alt. In letzter Zeit war es schneller mit ihm bergab gegangen, daher hatte sie ihn – sie machte eine Handbewegung in Richtung Tür zum Sprechzimmer – gebeten, den Hund mit zur Arbeit bringen zu dürfen. Der Kauz hatte es erlaubt. Ich verfolgte die Spur mit dem Hund zunächst nicht weiter. Es war später Nachmittag, nicht mehr allzu viele Patienten saßen in dem holzgetäfelten Wartezimmer. Ich legte eine Hand leicht auf die Tischplatte, spielte mit dem Telefonkabel und fragte die Dame ganz direkt, ob sie für den Abend schon etwas vorhabe. Sie errötete, beugte sich über die Schreibmaschine und verneinte kopfschüttelnd. Ich schlug ihr vor, mit mir essen zu gehen. Sie zögerte. Es war kein Papier in der Schreibmaschine. Ich wusste, es gab nichts zu schreiben. Ich ließ also nicht locker: Immerhin hätte ich noch eine lange Rückfahrt vor mir, sagte ich, das Treffen mit dem Arzt war erfolglos verlaufen.

„Leisten Sie mir ein wenig Gesellschaft", bat ich sie schließlich. Da konnte sie nicht nein sagen. Ich setzte mich zu den Patienten ins Wartezimmer, kritzelte Kringel in meinen Notizblock und lächelte ihr hin und wieder zu, während sie ihre Arbeit erledigte und das Wartezimmer sich leerte. Als der letzte Patient hereingerufen wurde, machte ich ein Zeichen. Draußen würde ich auf sie warten.

Ich machte einen kleinen Spaziergang ums Haus, das unmittelbar am Waldrand gelegen war. Der abendliche Duft des schwedischen Waldrands. Endlich trat sie aus der Tür ins Dämmerlicht heraus. Ich ging zu ihr, um sie zu meinem Wagen zu führen. Sie lachte und sagte, es gebe hier weit und breit kein Restaurant, keine Kneipe. Daran hatte ich nicht gedacht. Für einen Moment wusste ich nicht, was ich sagen sollte. Sie übernahm.

„Kommen Sie zu mir?" fragte sie.

Ich war einverstanden und wollte sie schon wieder zu meinem Auto geleiten. Sie jedoch hielt mich zurück, fasste mich an der Hand und führte mich ums Haus herum. Sie wohnte im ersten Stock der Praxis. Der Hund war schon oben. Obwohl ich ihn gar nicht aus der Praxis hatte hi-

　　　　　　　　　　　　　　　John Virapen

nauslaufen sehen. Erst am nächsten Morgen sah ich, dass es innen eine Treppe gab, die die Praxis mit der Wohnung verband. Sie jedenfalls leerte den Inhalt einiger Büchsen in eine Pfanne, ich holte Schnaps aus meinem Wagen, wir aßen und tranken und schließlich fragte sie mich, woher ich stamme. Ich sagte es ihr. Daraufhin küsste sie mich. Ich fragte sie, woher sie stamme. Sie sagte, aus der Gegend, und küsste mich erneut. Ich hatte nichts dagegen. Und plötzlich war es mir klar.

Ich sagte: „Du bist die Tochter des Kauzes?"

Sie lachte und küsste mich.

Jetzt war ich mutig: „Und dein Hund hat Verstopfung."

Richtig getippt! Der Abend nahm seinen Lauf und am nächsten Morgen verabreichte ich dem Hund eines unserer Mittelchen gegen Verstopfung. Ich fuhr ins Büro zurück. Noch am selben Tag rief sie mich an.

„Stell dir vor", sagte sie begeistert „der Alte – nein, nicht der, der Hund, meine ich – er hat wieder ..."

Die Wunderheilung des Hundes hatte auch den alten Kauz beeindruckt. Er hatte sich zuvor vergeblich um den Hund bemüht. Nun wollte er mich also sprechen. Halleluja! Er lud mich dringend zu sich ein. Einer solchen Einladung zu folgen, war mir schon rein professionell eine Selbstverständlichkeit und besonders in diesem Fall. Der Mann vertrat unsere Produkte seitdem mit der größten Überzeugung.

Vertrauensfrage

Warum sind die Ärzte eigentlich so wichtig für die Pharmaindustrie? Warum investiert man so viel Geld, um ihre Loyalität zu gewinnen? Nun, obwohl einige Medikamente frei verkäuflich sind, müssen die meisten Medikamente doch die Hürde der ärztlichen Verschreibung nehmen. Das Verschreibungsverhalten eines Arztes ist also das Spiegelbild des Umsatzes des Pillenherstellers. Der Pillenhersteller muss den Mittler zwischen sich und dem Kunden gewinnen – Vertrauen aufbauen.

Das Verhältnis zwischen Arzt und Patient ist im Wesentlichen ebenfalls ein Vertrauensverhältnis. Jedenfalls von Seiten des Patienten. Er muss sich öffnen und erzählen, wo der Schuh drückt. Der Patient muss den Oberkörper frei machen, muss sich zeigen. Dafür braucht es eine Menge Vertrauen. Dieses Vertrauen in den Arzt als Menschen erstreckt sich dann automatisch auch auf das Vertrauen in die Medikamente, die dieser Arzt ihm verschreibt. Auf eben diesen Vertrauenstransfer zielen die Bemühungen der Pharmaindustrie. Sie rekrutieren Ärzte sogar von den Universitäten, indem sie ihnen das Studium bezahlen.

Was meinen Sie, wessen Wohl wird dieser Arzt nun wahren? Und wie fiele Ihre Wahl aus? 35.000 Euro – das ist eine Menge Geld, die man nicht einfach ausschlägt.

Den alten Kauz herumgekriegt zu haben war jedenfalls ein weiterer kleiner Erfolg. Wie hatten mir ältere Kollegen ein hämisches Grinsen mit auf den Weg gegeben, als ich das erste Mal zu ihm hinausfuhr. Und nun war er einer meiner besten Kunden und ich war bei ihm (und bei seiner Sekretärin) jederzeit willkommen!

Ich war euphorisch. Meine Frau wird mich misstrauisch angesehen haben. Ich bemerkte es nicht. Ich bemerkte, dass sie die Früchte meines Erfolges, die Geschenke, Gehaltserhöhungen irgendwie gleichgültig hinnahm. Das gefiel mir nicht. Und die Kinder sagten brav „Hallo Papa" und verschwanden in ihren Zimmern. Ich zögerte die Heimkehr auf eine immer spätere Uhrzeit hinaus.

Wir Vertreter trafen uns nach der Arbeit immer in einer bestimmten Kneipe. Auch die Vertreter anderer Branchen kamen da hin. Ich weiß nicht, wie es dazu kam, dass diese Kneipe sich zu einer Szenekneipe für Klinkenputzer entwickelt hatte. Jedenfalls hatten wir Pharmavertreter bei den anderen den Ruf weg, detailversessene Spinner zu sein. Womit sie nicht ganz Unrecht hatten – wenn man an unsere ausgefeilten Profilmethoden denkt. Jedenfalls hatten sie genauso wie wir ihre kleinen Geschenke für die Kundschaft, die sie rumkriegen sollten. Und sie hatten – beruflich bedingt – wohl auch eine Menge Sex. Jedenfalls fragten sie ständig bei uns nach Mitteln gegen Geschlechtskrankheiten an. Wir bevorrateten ganze Apotheken im Auto. Und tauschten die entsprechenden Sachen gegen das, was sie hatten. Kleine Taschenrechner zum Beispiel, das war damals etwas ganz Besonderes. Geschenke für zu Hause.

Meine Geschenke ernteten aber immer weniger Applaus. Was stimmte nur nicht? War ich zu Hause, gab es Streit, Vorwürfe, Tränen, Frust! Die wenige Zeit, die ich überhaupt zusammen mit meiner Frau verbrachte, stritten wir. Ständig musste ich mich verteidigen: Lebte sie nicht in einem schönen Haus, weil ich das nötige Kleingeld dafür heranschaffte? Konnten die Kinder nicht Reit- und Ballettunterricht nehmen, Tennis spielen, die gute Ausbildung genießen, weil mein Erfolg das absicherte? Zurück in eine Zwei-Zimmer-Wohnung zu ziehen, nur weil meiner Frau mein Lebensstil, wie sie es nannte, nicht passte – dazu war ich nicht bereit.

Rome revisited

Stattdessen flog ich nach Rom. Die Reise würde beweisen, dass ich alles richtig gemacht hatte. In Rom hatte ich während meiner Wanderjahre einen Tiefpunkt erlebt. Jetzt aber sollte mich die Stadt so kennenlernen, wie ich wirklich war! Ich suchte ein schönes Hotel und dann einen Herrenschneider. Er fertigte meinen ersten maßgeschneiderten Anzug. Maßanfertigung! Handarbeit! Einzelstück! Nichts zwickt, keine Falten, jede Naht sitzt wie angegossen. Trägt man einen solchen Anzug, fühlt man sich groß. Ich blieb dem Mann treu. Seitdem habe ich nie wieder woanders einen Anzug gekauft. Für einen neuen Anzug flog ich immer nur nach Rom.

In diesem Anzug war ich gewappnet für eines jener Restaurants, aus dessen Mülltonnen ich einst gegessen hatte. Diesmal trat ich durch den hell erleuchteten Eingang an den Empfang. Diesmal wartete ein aufmerksamer Kellner auf mich. Höflich und flink führte er mich an den besten Tisch. Ohne die Speisefolge gelesen zu haben, mich allein an den Preisen orientierend, bestellte ich das teuerste Menü auf der Karte. Sechs Gänge. Dazu Kerzen für meine Feier. Jeder Biss Genuss und Genugtuung. Ich blieb bis spät in die Nacht.

Schließlich trat ein Mann an meinen Tisch. Er bat um Entschuldigung, wolle keinesfalls stören. Nur dies müsse er fragen: Ich käme ihm irgendwie bekannt vor – ob ich schon einmal vor längerer Zeit hier gegessen hätte? Der Mann war der Besitzer des Restaurants. Ich bat ihn, sich zu mir an den Tisch zu setzen. Er holte eine Flasche Grappa, eine jener Flaschen, die man als Hausmarke erkennt, schmucklose Heiligtümer, schenkte zwei Gläser ein und ich begann. Gern erzählte ich meine Geschichte, ganz anders als in Travemünde natürlich, diesmal, ich gebe es zu, mit einem gewissen Stolz. Er erhob sein Glas.

„Junger Mann", sagte er, „ich bewundere Sie. Bitte betrachten Sie sich als eingeladen. Ich bin sicher, es liegt eine glänzende Zukunft vor Ihnen."

Er sollte Recht behalten. Aber nicht alles, was glänzt, ist auch erstrebenswert.

Kapitel 3
Einstieg bei einem Global Player

Zehn Jahre lang hatte ich meinen Karriereweg bei kleineren Pharmafirmen beschritten, da klopften 1979 die ganz Großen an meine Tür. Man bot mir einen Job bei *Eli Lilly & Company*, Nordic Area, an. Damit war ich verantwortlich für ganz Skandinavien. Wow!

Schweden war das Sorgenkind von *Eli Lilly*. Geringer Bekanntheitsgrad, kaum Akzeptanz der Produkte, magere Umsätze. Die weite Leere schwedischer Landschaften spiegelte sich in den Kassen wider. Weil ich als Produktmanager die Jahre vorher im nordischen Raum zu tun gehabt hatte, kannte ich die Problemlage in Schweden recht gut. Auf einem meiner Geschäftsflüge schrieb ich meinem Vorgesetzten einen Vorschlag auf, in dem ich darlegte, was meiner Meinung nach geändert werden sollte. Allem Anschein nach waren meine Vorschläge überzeugend und sie machten mich zum Verkaufsmanager in Schweden. Das gefiel mir.

Vertretertraining á la Virapen

Ich, der ich als kleiner „medizinischer Berater" angefangen hatte, war nun der Chef einer solchen Truppe. Aus meiner Zeit bei der Konkurrenz wusste ich, was deren Vertreter so auf die Beine stellten. Wir mussten unbedingt besser sein. Meine schwedischen Jungs führten eindeutig ein zu ruhiges und gemütliches Leben. Sie machten nur einen Arztbesuch am Tag! Sie hätten fünf machen sollen. Ein Witz! Ich nahm mir meine Vertreter zur Brust.

Es waren etwa vierzehn Vertreter für Schweden da. Das Land war aufgeteilt in Gebiete, für jedes war einer zuständig. Diese Aufteilung des Reviers in Gebiete folgt derselben Logik im kleinen wie im globalen Maßstab. *Lilly* beispielsweise teilt die Welt in fünf Bezirke ein. Sie blicken auf ihre Weltkarte und sehen, statt der verwirrenden Anzahl von Geografien, Ländern, Kulturen, politischen Systemen und Religionen, die Welt als einen überschaubaren Marktplatz im Lego-Stil. Vereinfachung ist das Prinzip.

Die Burschen jedenfalls hatten sogar Sekretärinnen, die ihre Anrufe erledigten. Was taten diese Typen überhaupt? Nicht viel. Sie kosteten vor allem Geld – Firmenwagen, Spesen und freitags ab Mittag saßen sie zu Hause. Zumindest verursachten sie keine großen Telefonkosten. Das sollte sich ändern. Ich setzte mich in ihrem Büro neben sie und wenn es sein musste, stieg ich zu ihnen auf den Bürosessel, ich ließ sie ihre Adressbücher aufschlagen und die Ärzte anrufen.

„Den habe ich schon angerufen – er sagte, er hätte keine Zeit."

Da waren sie bei mir an den Falschen geraten. Ich fuhr mit ihnen zu den Ärzten. Wir kauften Blumen, die sie einem Arzt, dessen Frau Geburtstag hatte, überreichen konnten. Unsere Karteikarten waren Ausgangsmaterial für die kleinen Sketche und Einlagen, Material für ganz alltägliche Kleinigkeiten, die menschliche Kommunikation ausmachen und die Nähe erzeugen. Das ist zwar plump, aber Blumen, besonders, wenn sie gut riechen, schmeißt keiner raus. Man ist nicht grob zu Blumen. Man lässt sie ein. Man muss sich um sie kümmern. Man sucht eine Vase für sie.

„Was denn, keine Vase hier in der Praxis?"

Arzt, Sekretärin, Auszubildende – alle klappen Türen auf, laufen kreuz und quer, kommen sich in die Quere, entschuldigen sich, lachen, „das gibt's doch nicht, so was ..."

„Okay, dann kaufen wir euch eine ..."

Eine heitere, eine blumige Verlegenheit breitet sich aus. Der Pharmavertreter bewegt sich plötzlich ganz natürlich in diesem fremden Raum, in der Praxis des Arztes, der zuvor am Telefon noch so abweisend geklungen hatte. Die Patienten im Wartezimmer sehen den Strauß und geben ihm gute Noten – wie schön gebunden, wie elegant verpackt, wie geschmackvoll ausgewählt. Der Arzt kann nicht griesgrämig bleiben. Nicht bei soviel Zartheit und plötzlicher Vertraulichkeit zwischen allen Beteiligten – Patienten, Arzt und dem Pharmavertreter, der hier in so kurzer Zeit für so viel gute Laune gesorgt hat zwischen all den bleichen, steifen, bandagierten und hustenden Leuten. Jedes noch so kleine Event schafft Nähe und baut Brücken.

Ich kümmerte mich persönlich um meine Vertreter, kümmerte mich um ihre Persönlichkeiten. Für einige wurde ich eine Art Vaterersatz. Männer haben ja selten richtige Väter. Sie kamen zu mir, um über ihre Probleme zu sprechen, zu Hause, mit der Frau. Ich ließ sie meinen väterlichen Stolz spüren, wenn meine Lektionen erste Früchte trugen und lud sie am selben Abend zu einer Flasche Wodka ein. Ich erzeugte Loyalität. Mir gegenüber. Der Firma gegenüber. Das ist mein Geschäft. So verfuhr ich mit allen meinen Leuten.

Einer meiner Vertreter war ein kleiner, dicklicher Kerl mit einer Halbglatze und Brille und als ich ihm erzählte, wie man mit Arztsekretärinnen essen geht, um wichtige Informationen fürs Profil zu erhalten, zuckte er nur mit den Schultern.

„Selbst wenn ich überhaupt so weit käme, sie einzuladen, sie würden sich totlachen", sagte er. Er schien aber nicht allzu unglücklich darüber zu sein. Und was mir noch besser gefiel: Er blieb fokussiert, dachte weiterhin ans Geschäft: „Ich habe eine andere Idee. Es ist doch sowieso ziemlich zeitaufwendig, über Land zu fahren, um die ganzen Ärzte abzuklappern. Warum sorgen wir nicht dafür, dass sie zu uns kommen? Wir könnten zum Beispiel eine jährliche Weinprobe veranstalten, ganz exklusiv aufgemacht, dann hätten wir sie alle auf einem Haufen."

Hervorragende Idee. Ich gab sie an meine Chefs weiter und bekam den Segen und die nötigen Mittel. Fortan hatten meine Vertreter wieder eine neue Möglichkeit, sich ständig bei den Ärzten in Erinnerung zu bringen: Einladung zur Weinprobe, die Weinprobe selbst, danach ein Treffen, um regelmäßig ein paar Flaschen des neuen Lieblingsweins vorbei zu bringen.

Umsatz hoch drei

Mein Training mit den Vertretern in Schweden trug jedenfalls Früchte. Die Verkäufe stiegen, seit ich 1981 für *Lilly* in Schweden als nationaler Verkaufsmanager begann, bis 1988 von 700.000 US-Dollar auf 15 Millionen US Dollar pro Jahr an. Das ist mehr als das Zwanzigfache! Mein Gehalt wurde jedes Jahr angehoben. In der konzerninternen Bewertung betrachtete man mich als „Achiever" – den Überflieger. Nach einem Jahr hob man mich in den Chefsessel. Ich war jetzt Geschäftsführer der *Eli Lilly & Company* in Schweden.

Für diese rasante Umsatzsteigerung war nicht einmal ein Blockbuster nötig gewesen – den Ausdruck gab es ja auch noch gar nicht. Das Marketing jener Zeit war gewissermaßen altbacken. Wie auch meine Mitarbeiterführung. Die Methoden sind aber egal, sie wechseln mit der Mode, mit den Beratern, die in die Konzerne kommen und uns die neuesten Neuigkeiten aus der Sozialpsychologie oder der Gehirnforschung nahebringen. Alles Unsinn! Im Grunde bleibt es bei Lehren wie denen des katholischen Priesters, die robust, simpel und erfolgreich sind.

„Tu es, denn sonst ... nimmt dein Kollege die Belohnung für den Quotensieger mit nach Hause! Und während er seiner Frau einen Goldring überstreift, setzt deine dich auf Dosenfleischdiät! Also – wer von beiden willst du sein?"

Meine Beziehung zu meinen Jungs blieb bis zu meinem letzten Tag bei *Eli Lilly & Company* (und zu manchen von ihnen noch bis heute) exzellent. Zu meinem vierzigsten Geburtstag hatten die Burschen eine Überraschung für mich parat. Wir waren auf unserem alljährlichen nationalen Treffen in einem Hotel außerhalb von Kopenhagen. Champagner, gutes Essen, ich sang. Als das Dessert serviert wurde, stürmten ein paar von den Jungs meinen Tisch, packten mich und banden einen Schal um meine Augen. Ich sagte: „Okay, Leute, ich trage einen teuren Anzug, werft mich bitte nicht in einen Swimmingpool oder so was. Ich bin kein guter Schwimmer."

Sie führten mich durch die Hotellobby, dann verlor ich die Orientierung. Wir blieben offenbar in dem Gebäude, es ging durch Gänge und über Treppen, sie stießen und zogen mich wie einen bockigen Esel. Schließlich warfen sie mich in ein Zimmer und verschlossen die Tür hinter mir. Alles war still. Ich nahm die Augenbinde ab. Ich befand mich immer noch im Hotel, in meinem Zimmer, ich erkannte meine Sachen auf dem Tisch, eine Hose, die ich über den Fernseher gelegt hatte. So weit war alles klar. Ich drehte mich um. Nackt auf meinem Bett lag eine zwanzigjährige blonde Hure. Ich war einigermaßen geschockt und wusste nicht, was ich tun sollte. Ich fing also an zu reden. Es stellte sich heraus, dass sie Studentin in Kopenhagen und dies ihr Nebenjob war. Wir unterhielten uns, als sie mich plötzlich unterbrach und sagte: „Die Jungs haben mich nur für eine Stunde bezahlt. Sie haben noch zehn Minuten."

Ich erwiderte: „Für die Liebe nehme ich mir mehr Zeit."

Ich hörte ein Rascheln vor der Tür und zog sie auf. Im Hotelflur standen meine Leute und feixten. Ich drehte mich zu der Studentin zurück und sagte höflich: „Hören Sie, Sie haben noch eine Menge zu tun – aber bitte nicht in meinem Zimmer." Sie zogen ab und feierten in einem anderen Zimmer weiter.

So erfolgreich ich im Beruf auch war – das eheliche Band wurde immer dünner. Meine Frau und ich lebten längst jeder für sich, zwangsläufig eigentlich, da sich mein Leben überall abspielte, nur nicht zu Hause. Mit meiner Beförderung zum Geschäftsführer war der Umzug nach Stockholm verbunden, dem Firmensitz der Konzernzentrale Schweden. Meine Frau und die Kinder zogen jedoch nicht mit um. 1984 ließen wir uns scheiden. Ich nahm mir eine schicke Wohnung. Wenn ich gerade nicht geschäftlich um die Welt flog, verbrachte ich meine wenige Freizeit in den Bars von Stockholm. Ich fühlte mich immer mehr wie der heimatlose Tramp, der ich in Travemünde gewesen war. So erfolgreich und doch irgendwie ein Versager. Mein Alkoholkonsum stieg mit meiner zunehmenden Unzufriedenheit.

Mein unregelmäßiger und ungesunder Lebenswandel bescherte mir ein Problem, mit dem ich noch heute zu kämpfen habe: Ich bekam Diabetes. Am Anfang ahnte ich nichts davon, wunderte mich nur, dass ich so schnell erschöpft war. Ein paar Mal wurde ich bei Vorträgen wegen Unterzuckerung ohnmächtig. Zwei Jahre quälte ich mich so herum, bis ein befreundeter Arzt mir riet, mich mal auf Zucker untersuchen zu lassen. Es war so schlimm, dass ich gleich Insulin spritzen musste, aber wenigstens erreichte ich damit wieder halbwegs meine alte Form.

Wie besessen kniete ich mich in die Arbeit – denn wenigstens dort war ich ein Überflieger.

Meinungsführer kaufen

Hatte ich vorher an Ärzte kleine Anreize in Form von Ledermappen, Füllern und vorausgefüllten Rezeptblöcken verteilt, standen mir jetzt ganz andere Mittel zur Verfügung. Ich brauchte nicht mehr dafür zu sorgen, dass niedergelassene Landärzte unsere Produkte verschrieben – jetzt ging es eine Ebene höher darum, wissenschaftlich arbeitende Ärzte dazu zu bringen, positiv über unsere Produkte zu schreiben – zum Beispiel in medizinischen Fachzeitschriften.

Hokuspokus-Ärzte

Diese Forscher sind die so genannten Meinungsführer, die wir uns sorgfältig aussuchten und geschickt auf unsere Seite zogen. Nicht etwa, indem wir sie wissenschaftlich von der überlegenen Qualität unserer Produkte überzeugten. Nein, wir bezahlten sie dafür.

Einer dieser Meinungsführer zum Beispiel, ein Spezialist für Schmerztherapie, der für die Gesundheitsbehörde in Schweden arbeitete, erhielt ein festes Gehalt dafür, dass er uns angeblich beriet, unsere Broschüren durchsah und die Vertreter schulte. Seine Nische war bereits eingerichtet, eine Institution seit Jahren, als ich in Schweden Chef wurde. Ich sah ihn aber nie, er hatte kein Büro, sein Name tauchte in keinem Sitzungsprotokoll auf. Er wurde nur dann aktiviert, wenn es schlechte Presse über uns und unsere Produkte gab. Unerwartete Nebenwirkungen, unreine Substanzen, siechende Patienten, das war schlechte Presse. Prompt schrieb er in medizinischen Fachblättern positive Artikel über uns – die Ärzteschaft war beruhigt und konnte fortfahren, unsere Vertreter vorbehaltlos wie eh und je zu empfangen. Genau das tat er für *Distalgesic®* (Wirkstoff: Dextropoxyphen), ein Schmerzmittel, ein Opiod, das zu der Zeit massiv eingesetzt wurde. Es gab Berichte über Selbstmorde im Zusammenhang mit dem Medikament in den Medien. Für mich als Geschäftsführer ein Ärgernis. Zeit, meinen Spezialisten für Schmerztherapie zu *aktivieren*. Er schrieb in einem der wöchentlich erscheinenden medizinischen Journale irgendetwas, das zu helfen schien – „alles nicht so schlimm" usw. Die Tagespresse schrieb die Artikel der Fachpresse brav ab und die Welt war wieder auf Linie gebracht. Die Aufregung ebbte tatsächlich ab. Ich war froh, dass das Tagesgeschäft weitergehen konnte.

Doch die Bezahlung für diesen Auftrag erforderte besondere Anstrengung. *Eli Lilly* schickte mich dafür nach Seattle zu einer wissenschaftlichen Konferenz über Schmerzbekämpfung. Ich flog hin. In meiner Jackettasche ein Umschlag. Während der Konferenzpause begab ich mich an die Bar in der Lobby dieses exquisiten Hotels. Ich erwartete meinen Spezialisten für Schmerztherapie, der den Auftrag hatte, sich ebenfalls an der Bar einzufinden. Er kam. Ich grüßte ihn. Ich sagte, ich hätte einen Umschlag für ihn. Er errötete leicht, vielleicht war es aber auch nur die Wärme an der jetzt übervollen Bar, ich lachte, er lachte und er fragte generös, ob ich etwas trinken wolle. Ich nahm das Angebot an und während wir auf die Drinks warteten, überreichte ich ihm den Umschlag mit dem Scheck.

„Das ist für Sie", sagte ich.

„Danke", erwiderte er so gelassen, als hätte ich ihm gerade das Schälchen mit den Erdnüssen gereicht. Um „Peanuts" ging es hier aber nicht.

Warum aber musste ich nun ausgerechnet in Seattle diesen Umschlag übergeben? Der Steuer wegen. Natürlich wurden diese Gelder von *Eli Lilly* verbucht. Ich vermute, unter der Rubrik „Forschungsgelder". Was ja auch irgendwie stimmte. Der Mann war schließlich Wissenschaftler, und Einnahmen in den USA waren für meinen Spezialisten für Schmerztherapie steuerlich günstiger.

Die Konzerne, für die ich arbeitete, sind keine Einzelfälle. Ich bin kein Einzelfall. Die Empfänger der guten Gaben sind keine Einzelfälle. Das Wort Bestechung suggeriert eine Ausnahmesituation, doch die oben geschilderte Praxis gehört in der Pharmaindustrie zum Alltag. Ganz normales Marketing? Wenn es dabei doch nur nicht um Medikamente und damit um die Gesundheit und das Leben von Menschen ginge!

Dies ist ein Beispiel für den fehlenden Respekt für menschliches Leben. Das Fälschen von Informationen – hier die Fehlinformierung in Fachblättern – was wird da wirklich geglättet? Todesfälle werden kaschiert. Siehe die neunzehnjährige Studentin, die ich im Vorwort erwähnte. Die Möglichkeit, dass weitere Leben gerettet werden, wird vergeben. Absichtlich. Planvoll. Welchem ethischen Standard folgt der Konzern? Und welchem ich?

Gruppenfoto
mit Meinungsführer

Auf dem Foto sehen Sie das *Lilly*-Center, aufgenommen von einer Bühne im Hauptquartier von *Eli Lilly* in Indianapolis. Im großen Auditorium befinden sich nur etwa fünfundzwanzig Männer und Frauen, eine exklusive Gruppe, gut gekleidet, sorgfältig frisiert, sitzend und stehend, Namensschilder auf den Jacketts. Meinungsführer aus aller Welt. Alle lächeln.

Ganz links hinten stehe ich. Mit einem Grinsen übers ganze Gesicht, inmitten „meiner" Gruppe. Sie wird auf den jährlichen Kongress der Amerikanischen Gesellschaft für Diabetes, einer riesigen Produkt- und Wissenschaftsmesse, vorbereitet. Deshalb ist es wichtig, dass jeder einzelne von ihnen zufrieden ist und lächelt. Das ist mein Teil der Arbeit. Ihr Teil ist es nun, auf dem mehrtägigen amerikanischen Kongress über unsere Produkte zu sprechen. Mit der Autorität des Wissenschaftlers. Dafür haben wir sie eingeflogen, dafür bezahlen wir ihnen den Hotelaufenthalt und das Nebenprogramm. Dafür wird jeder von ihnen betreut. Nicht erst heute. Wir pflegen auch diese Kontakte über Jahre hinweg. Meinungsführer sind unersetzlich. Auch die Bildunterschrift ist interessant. Es heißt hier:

„Gäste von *Eli Lilly & Company* – Programm Internationale Gesellschaft für Diabetes/Meinungsführer".

Man könnte sich ja fragen: Ist „Meinungsführer" ein Titel, den einer erwirbt wie einen Doktortitel? Was macht einen zum Meinungsführer? Woran erkennt man den Meinungsführer? Eines ist sicher: Wer auch immer auf diesem Foto lächelt, wird spätestens ab jetzt Meinungsführer sein. Sonst hätten wir ihn ja nicht eingeladen – oder? Wer in einem so

John Virapen

illustren Kreis aufgenommen ist, wer an prominenter Stelle auf einem solch riesigen Kongress sprechen darf – der kann nicht anders als wichtig, ein Führer sein. Und durch die Kontakte, die wir ihm mittels unseres Programms und mittels der Teilnahme am Kongress erst ermöglichen, steigt er im allgemeinen Ansehen noch höher.

ts of Eli Lilly and Company   INTERNATIONAL DIABETES CARE   January 19 – 28, 1987
ADA/OPINION LEADER PROGRAM

Meine Meinungsführer und ich.

Die Rolle der Meinungsführer kann nicht hoch genug eingeschätzt werden. Meinungsführer sind echte Autoritäten. Was sie sagen, gilt. Egal, wie die Fakten aussehen und wo die Wissenschaft steht.

Der Medizinbetrieb in Deutschland ist ein Paradebeispiel für Autoritätshörigkeit. Man wähnt sich in Wilhelminischer Zeit. Mit dieser Meinung stehe ich nicht allein. Lesen Sie den folgenden Ausschnitt aus einem Feature des *Deutschlandfunks* zum Thema *evidenzbasierte Medizin,*[7] also einer Medizin, die sich auf überprüfbare Fakten stützt.

„*Worauf stützt sich die Medizin denn sonst?*" möchte man fragen. Eben.

„Viele Therapien und Medikamente werden von Ärzten verschrieben, obwohl sie wissenschaftlich nicht hinreichend überprüft worden sind. Für Patienten kann das fatale Folgen haben: Herzkranke wurden jahrelang mit Pillen gegen Herzrhythmusstörungen behandelt. Die brachten zwar die Herzen in Takt, aber auch tausende von Patienten um. Aufgrund sorgfältiger Studien kennt man die Zusammenhänge erst heute."

Merkwürdig – oder? Die „sorgfältigen Studien" wurden erst hinterher gemacht. Oder aber, denn „sorgfältige Studien" verlangt ja jede Zulassungsbehörde, die relevanten, unappetitlichen Daten sind irgendwie übersehen worden.

„Vor solchen Schäden will die so genannte evidenzbasierte Medizin Patienten schützen. Dieses junge Fach verbindet klinische Erfahrung mit systematischer Forschung. [...] Erst seit kurzem existiert ein unabhängiges Institut, das Medikamente und Therapien nach wissenschaftlicher Evidenz bewertet."

Unbegreiflich – oder? Ein solches Institut existiert erst seit kurzem!

„Nur wenige Krankenhausmediziner und niedergelassene Ärzte setzen die Erkenntnisse konsequent um, denn die Bewegung stößt bei Pharmaindustrie, Chefärzten und manchen Patienten auf Widerstand."

Das liege auch daran, schließt der Kommentar, dass die Strukturen der Medizin in Deutschland sehr starr und hierarchisch seien. Was der Meinungsführer vorgebe, werde von allen rangniederen Ärzten blind befolgt. Und Meinungsführer sind, wie wir gesehen haben, nicht unbedingt an Evidenz interessiert. Haben Sie es schon gemerkt: Wir sind auf dem Hühnerhof! Hackordnung ist das ordnende Prinzip. Und mein Job war es, die Obergockel bei Laune zu halten.

John Virapen

Kapitel 4
Benoxaprofen – der erste Blockbuster geht ins Rennen

Die rasante Umsatzsteigerung hatte ich mit bereits vorhandenen und bewährten Medikamenten geschafft – mit alten Hüten. Das damalige Marketing zielte hauptsächlich auf die Ärzte. Doch jetzt, als Geschäftsführer für *Eli Lilly* in Schweden, wurden mir die Ziele noch viel höher gesteckt. Ich nahm die Herausforderung an.

Anfang der achtziger Jahre plante *Eli Lilly*, ein neues Medikament gegen Arthritis herauszubringen. Der Wirkstoff, um den es ging, hieß Benoxaprofen, ein Entzündungshemmer, der besser wirken sollte als alles bisher Dagewesene.

Strategiewechsel Blockbuster

Ein Strategiewechsel hatte im Konzern, in der gesamten Pharmaindustrie, stattgefunden. Es ging nicht mehr darum, von den bekannten Medikamenten hier und da ein paar Schachteln mehr zu verkaufen. Ziel war diesmal, den Markt komplett an sich zu reißen. Unser Blockbuster sollte alle bekannten Medikamente der Konkurrenz verdrängen. Mein Auftrag lautete, Benoxaprofen als Wundermittel zu vermarkten. Klingt nach Quacksalberei?

Was das Budget anging, so konnte ich aus dem Vollen schöpfen. Die Geschenke für die Ärzte wurden teurer. Blumensträuße und Rezeptblöcke waren Vergangenheit – jetzt gab es Schmuck, richtig teure Spirituosen, erlesene Düfte, wertvolle Kunst.

Meine Arbeit begann, bevor das Medikament in Schweden überhaupt zugelassen worden war. Jedes Land hat seine eigene Zulassungsbehörde für Medikamente. In den USA ist es die FDA, die *Food and Drug Administration*, in Deutschland heißt die zuständige Behörde *Bundesinstitut für Arzneimittel und Medizinprodukte* usw.

Mein Wissensstand war, dass der neue Wirkstoff Benoxaprofen auch in Schweden kurz vor der Zulassung stand und ich mit dem Marketingfeldzug beginnen sollte. Der Produktname des Medikaments würde in Schweden *Opren®* lauten, das stand schon fest. In den USA wurde es als *Oraflex®* verkauft, in Deutschland unter dem Namen *Coxigon®*. Der Wirkstoff war, wie gesagt, immer derselbe: Benoxaprofen.

Überdrehte Werbung

Ich legte los. Ich bereitete alles dafür vor, die Meinungsführer auf unsere Seite zu bekommen und organisierte zum Beispiel ein feudales Symposium in einem Fünf-Sterne-Hotel auf einer von Stockholms Inseln. Die Menüfolge war exquisit, durchs Programm führte ein bekannter TV-Star, ich organisierte eine Band und trat schließlich selbst auf. Ich sang für unsere Leute! Schließlich war ich mal ein Popstar gewesen. Zwischendurch gab es kleine Vorträge zu unserem neuen Medikament, allesamt gehalten von Fachleuten, über deren positive Meinung wir uns 100-prozentig sicher waren. Zu einer Feier laden Sie niemand ein, der ihnen nicht freundlich gesonnen ist. Das Ganze hieß dennoch „Symposium" und lief unter der Bezeichnung „wissenschaftlicher Kongress".

Die Stimmung war berauschend. Die Getränke auch. Mit einem Schlag hatte ich unzählige begeisterte Meinungsführer, die unserem neuen Wundermittel geradezu entgegenfieberten und ihre positive Meinung überall verbreiten würden. Mit den Meinungsführern auf der eigenen Seite erzielt man einen Schneeballeffekt.

Zeitgleich liefen unter Geschäftsführern anderer Länder ähnliche Aktionen. Nun mag man vielleicht einwenden, dass nicht jeder Wissenschaftler und jeder Arzt bestechlich ist und unkritisch einem Medikament applaudiert, das er noch gar nicht kennt und das noch nicht einmal zugelassen ist. Sicher. Aber wir machen es den Betreffenden verdammt schwer, kritisch zu bleiben. Unsere Absatzzahlen belegen das.

Richard Smith, ein unabhängiger Kopf, kritischer Journalist und Mitherausgeber des *British Medical Journal* (das bei der späteren Aufdeckung der Todesfälle in Verbindung mit Benoxaprofen eine wichtige Rolle spielte), hat sich mit dem Problem von Meinungsmache und Meinungskauf in einem Artikel befasst. Er war von *Lilly* zu einer Präsentation eingeladen worden und wurde wie üblich verwöhnt:

„[...] Meine Frau und ich wurden in einem noblen Hotel untergebracht, auf Kosten der Firma, und sehr gut behandelt [...]."[8]

Und hier schildert er aus seiner Perspektive, wie Werbung und Umsatz bei Benoxaprofen zusammenhingen:

„*Lilly* zeigte mir die Werbespots, die zur Markteinführung von Benoxaprofen in den einzelnen Ländern gezeigt werden würden. Ich fand sie völlig übertrieben: Patienten mit schwerer Arthritis wurden vor der Behandlung mit dem Medikament gezeigt – und nachher tanzten sie. Die Botschaft war, dass Benoxaprofen nicht nur die Symptome der

Krankheit milderte; es machte die Krankheit rückgängig. Ich war skeptisch ob dieser Behauptung, und selbst wenn darin ein Fünkchen Wahrheit war, fand ich die Filme völlig überdreht."[9]

Natürlich waren sie überdreht. Diese Filme waren ja auch nicht für ein Cannes-Kunstfilm-Publikum gemacht. Und dass sie bewirken, was sie sollen – das würden sie eindrucksvoll beweisen.

In seiner Beschreibung zeigt sich auch die Tendenz der Pharmaindustrie zur marktschreierischen Behauptung, mehr zu bieten als ein bloßes Medikament, mehr zu können als bloß Symptome zu lindern oder gar Krankheiten zu heilen – nämlich ein Lebensgefühl zu vermitteln und der Menschheit das Tanzen zu lehren. Diese Ausweitung der angeblichen Wirkung eines Medikamentes auf mehr als auf „bloß" medizinische Indikationen ist ein wichtiges Merkmal der neuen Blockbuster-Strategie.

„Als das Medikament später in Großbritannien herauskam, [...] gab es Berichte über ein WUNDERMITTEL. Diese massive Werbung sorgte dafür, dass das Medikament rasch überall verschrieben wurde."[10]

„Rasch" ist gut: In den Ländern, in denen Benoxaprofen bereits zugelassen war, stieg die Verschreibungsrate von anfänglich 2.000 bis auf 55.000 Verschreibungen – 55.000 Verschreibungen pro Woche! Wöchentlicher Umsatz: eine halbe Million US-Dollar.

Zusammenfassend sagt der Mann – und das mögen viele von den Ärzten und Meinungsführern gedacht haben, mit denen ich zu tun hatte:

„Deine Meinung wird zwar vielleicht nicht gekauft, aber es erscheint unhöflich, kritische Dinge über Leute zu sagen, die so gute Gastgeber waren."[11]

Ich rieb mir die Hände. Bei so guten Vorlagen im restlichen Europa konnte ja auch in Schweden gar nichts mehr schief gehen. Wir erwarteten täglich den Startschuss, die

Nachricht, dass Benoxaprofen jetzt auch in Schweden zugelassen war.

Mitten in meinen fiebrigen Marketingaktivitäten hörte ich beiläufig, gerüchteweise, dass bei den klinischen Studien für das Zulassungsverfahren in Dänemark Probleme aufgetreten waren. Schädliche Nebenwirkungen zeigten sich, die vor allem die Nieren und die Leber betrafen. Nun ja, so etwas kommt vor. Dafür werden diese Studien ja durchgeführt – um ein Medikament zu testen. Jedenfalls hielt das meinen Eifer nicht auf. Ich fragte nicht weiter nach. Ich war auf anderes konzentriert. Alles war bestens vorbereitet. Die Geburtstagsparty für unsere neue Wunderpille konnte steigen.

Und dann kam alles ganz anders. Ich war auf dem Rückflug von einem Trainingsprogramm in Rom. Ja, man wollte mir immer noch mehr Tricks beibringen und ja, ich ließ mir einen neuen Anzug maßschneidern. In Kopenhagen musste ich den Flieger wechseln. Eine hübsche Hostess fing mich ab. Ich hatte nichts dagegen.

„Eine Nachricht für Sie, Sir."

Der Bote war okay, ich freute mich auf die Nachricht. Sie geleitete mich in die VIP-Lounge und dort übergab sie mir ein Fax. Als ich es gelesen hatte, musste ich mich setzen. Ich bestellte einen Whiskey. Der Text lautete:

„Reden Sie unter keinen Umständen, reden Sie mit niemand über Benoxaprofen. Keine Pressegespräche, ganz gleich, was passiert."

Ich war geschockt. Pressegespräche waren ja schließlich mein Geschäft und nun bekam ich Redeverbot? Was war da los?

Tatsächlich warteten schon Reporter auf mich, als ich in mein Büro zurückkam. Ich wimmelte sie ab – kein Kommentar –, zumal ich selbst nicht wusste, was zum Teufel eigentlich los war. Ein Anruf bei meinen Chefs in London brachte zumindest etwas Information: Unsere Wunderdroge war in England vom Markt genommen worden. Der Marketingfeldzug für Benoxaprofen musste sofort eingestellt werden.

Ich war geknickt! Ich hatte die größte Geburtstagsparty organisiert, die je ein Schwede gesehen hätte – und nun das. Die Party wurde sang- und klanglos abgesagt.

Obwohl ich Manager auf Landesebene war, wusste ich nur, dass irgendetwas nicht stimmte, dass es Probleme, vielleicht Tote gegeben hatte. Aber das waren alles keine Informationen, die uns die Konzernzentrale gab. Im Nachhinein ist man schlauer. Und die Abfolge der Ereignisse, die sich weltweit im Zusammenhang mit Benoxaprofen abspielten, zeigt ein Muster von Vertuschung und Zurückhaltung von Informationen über „negative Reaktionen" bei Patienten, was schwerste gesundheitliche Schäden bis hin zum Tod bedeutet.

Die Verschleierungspraxis ist möglich, weil Angaben der Hersteller an die Behörden freiwillig sind und es zudem immer Spielraum gibt, Daten zu schönen. Der Skandal ist, dass dies mit Absicht geschieht. Mit der Absicht, die Verkäufe des Produktes nicht zu gefährden. Nie steht die Gesundheit des Patienten im Vordergrund. Immer nur der Profit, den ein paar Dutzend Tote sowie eventuelle Schadenersatzklagen nur unwesentlich schmälern.

Chronologie der vertuschten Toten

Ich skizziere hier den zeitlichen Ablauf der weltweiten Ereignisse in Bezug auf die Zulassung und den Stopp von Benoxaprofen.[12] Das Muster von Vertuschung und die Inkaufnahme von Toten im Namen des Profits wird deutlich erkennbar.

1980

Der Anfang der Geschichte: *Lilly* beantragt beim FDA (der amerikanischen Gesundheitsbehörde) das Zulassungsverfahren für den Wirkstoff Benoxaprofen (Produktnamen *Opren®*, *Oraflex®* und *Coxigon®*).

1981

Berichte ihrer Niederlassung aus Großbritannien erreichen das *Lilly*-Hauptquartier, die von Leberproblemen bei Patienten berichten, die zum Teil tödlich enden.[13] Man berät sich, ob man den Text der Packungsbeilage ändern sollte. Die Änderungsvorschläge sprachen zwar von Nierenversagen, nicht jedoch von tödlichem Nierenversagen.

1982

In Deutschland war Benoxaprofen unter dem Produktnamen *Coxigon®* seit 1981 zugelassen. Bis 1982 sollen bei den deutschen Gesundheitsbehörden 91 Meldungen zu Nebenwirkungen, zum Teil schweren, eingegangen sein, bei den britischen sogar rund 3.500 Meldungen, davon 61 mit tödlichem Ausgang wegen mehrfachen Organversagens.[14] Das hat jedoch keine Folgen. Das Wunder Benoxaprofen darf weiter wirken.

Januar 1982

Die Meldung von 23 Todesfällen aufgrund von Nebenwirkungen und 26 Meldungen schwerwiegender Leberfunktionsstörungen, zwei davon mit tödlichem Ausgang, wird aus dem *Lilly*-Büro in Großbritannien ins Hauptquartier in den USA übermittelt.[15] Zugleich bereitet das FDA die Zulassung für Benoxaprofen in den USA vor. Da die Behörde keine unabhängigen Informationen bekommt, sondern nur das, was die Pharmafirmen ihr liefern, weiß sie nichts von den nicht öffentlich gewordenen Todesfällen in Großbritannien. *Lilly* weiß das. Und *Lilly* sagt nichts.

Februar 1982

27 Leberfunktionsstörungen, fünf Todesfälle in England.[16] Wieder gelangt nichts davon an die Öffentlichkeit. Die Mitarbeiter von *Eli Lilly* treffen sich bereits mit dem FDA, um über Detailfragen wie die Packungsaufdrucke zu beraten. Probleme und Todesfälle werden seitens der *Lilly*-Mitarbeiter selbstverständlich nicht erwähnt.

7. April 1982

Zwölf Tage bevor das FDA Benoxaprofen die Zulassung erteilt, erhält *Lilly* in den USA Berichte aus Dänemark über tödliche Leberfunktionsstörungen im Zusammenhang mit dem Wirkstoff.[17] *Lilly* lässt sich Zeit, diese Informationen weiterzugeben, denn das FDA lässt nun – aufgrund der von *Lilly* beim Zulassungsverfahren eingereichten Studien, in denen nichts von schweren Nebenwirkungen und Todesfällen steht – Benoxaprofen in den USA offiziell als Medikament zu. Einen Monat später wird das FDA dann doch informiert, vermutlich von den dänischen Behörden. Pharmakonzerne sind zwar grundsätzlich auch zur Weitergabe solcher Daten verpflichtet, nur wann sie solche prekären, für die Patienten lebensnotwendigen Informationen weiterleiten – das ist nicht klar geregelt.

Februar und April 1982

Ein Spezialist von der Queens University in Belfast, Hugh Taggart, diskutiert seine Erkenntnisse über Leberfunktionsstörungen im Zusammenhang mit Benoxaprofen mit dem *Eli Lilly*-Büro in England. *Lilly* gibt diese Informationen nicht weiter. Die Ergebnisse dieses Forschers werden jedoch im *British Medical Journal* veröffentlicht. Zwei Tage später gibt *Lilly* die Information an das FDA weiter, um nicht ganz so dumm dazustehen. Wahrscheinlich dauerte es damals auch zwei Tage, bis eine Ausgabe des BMJ von England aus die USA erreichte ...

Mai 1982

Nachdem nun Benoxaprofen in den USA registriert und der Konzern ausführlich über dessen tödliche Auswirkungen informiert war, startete *Lilly* eine millionenschwere PR-Kampagne. Dazu gehörten 6.100 Pressemappen, über die das FDA später urteilte, sie seien „falsch und irreführend" gewesen.

Juni 1982

Es tut sich etwas seitens des FDA. Man bittet *Lilly* jetzt um wöchentliche Berichte über Leberfunktionsstörungen. Dem *Department of Justice* zufolge wusste *Lilly* zu diesem Zeitpunkt von 50 unveröffentlichten Leber- und Nierenproblemen in Großbritannien.[18] Was ging da wohl in den Köpfen der *Lilly*-Manager vor sich? Es kann ihnen nicht darum gegangen sein, weiteren Schaden an Leib und Leben ihrer Patienten zu verhindern. Denn *Lilly* gab bei der FDA nur die Zahlen der Fälle an, die bereits publiziert waren, über die Zulassungsbehörden, Öffentlichkeit und die medizinische Fachwelt bereits informiert waren. Die, von denen nur *Lilly* wusste, wurden weiterhin zurückgehalten.

Zwei Monate später

Das *Justice Department* in den USA kommt zu dem Schluss, dass mindestens 27 Menschen von Benoxaprofen umgebracht wurden, 200 weitere an Nieren- und Leberversagen litten. Und zwar innerhalb weniger Monate! Am 5. August 1982 wurde Benoxaprofen endlich vom amerikanischen Markt genommen.

August 1985

Am Ende steht das viel zu späte Schuldgeständnis und eine die Opfer verhöhnende Rechtssprechung: In einem Gerichtssaal in Indianapolis,[19] USA, gibt *Eli Lilly* vor Verfahrensbeginn zu, den zuständigen Behörden Todesfälle im Zusammenhang mit ihrem Produkt Benoxaprofen verschwiegen zu haben. Die Geldstrafen (25.000 Dollar für *Eli Lilly* und 15.000 Dollar für ihren Chefmediziner Ian Shedden) sind Peanuts. Durch diesen Zug, sich schon vor Verfahrensbeginn schuldig zu erklären, kommt das Verfahren gar nicht erst in Gang. Die Geldstrafen sind Strafen für Ordnungswidrigkeiten, keine strafrechtlichen Maßnahmen! „Die US-Regierung hätte strafrechtliche Maßnahmen anstreben können [...], verzichtete aber darauf."[20]

Dafür hätte bewiesen werden müssen, dass *Eli Lilly* und Ian Sheddan vorsätzlich gegen das Gesetz verstoßen haben. Ein für die Beklagten insgesamt günstiger Verlauf, denn:

„Weil die Beschuldigten nicht ein zweites Mal vor Gericht gestellt werden können, wird die offizielle Akte nie zeigen, ob sie das Gesetz vorsätzlich brachen."[21]

Das Gericht stellt fest, dass *Eli Lilly* mit seinen Vertuschungen von Todesfällen eine „allgemeine Praxis der Industrie"[22] ausgeübt habe und bestätigt damit das, was ich Ihnen aus meiner eigenen Erfahrung mitteile. Da steht es nun schwarz auf weiß, vom Gericht in der offiziellen Begründung festgehalten: Vertuschungen sind „gängige Praxis" bei den Pharmaunternehmen.

John Virapen

Morden nur genügend Menschen, würde Morden eben der neue moralische Maßstab?

Und auch die Größenordnung ist kein Einzelfall. Oder wie lässt sich sonst erklären, dass sich fast der gleiche Skandal wie mit Benoxaprofen 2004 bei der Firma *Merck* und dem Arthritismedikament *Vioxx®* wiederholte?

Kapitel 5
Vioxx®
Wiederholte Geschichte?

„Wer sich an das Vergangene nicht erinnert,
ist verdammt es zu wiederholen."
George Santayana

Vioxx® war ein weiteres „Wundermittel" gegen Schmerzen bei Arthrose und rheumatischen Beschwerden, diesmal entwickelt und vermarktet von der Firma *Merck Sharp & Dohme* – zwanzig Jahre nach dem Benoxaprofen-Desaster.

Der Wirkstoff in *Vioxx®* heißt Rofecoxib und er ist, wie Benoxaprofen, ein so genannter Cox-2-Hemmer. Von Benoxaprofen unterscheidet er sich nur durch ein einziges Molekül, was der Firma *Merck* jedoch das Recht gab, ein neues Patent auf den Wirkstoff anzumelden, das ihn für zwanzig Jahre vor Nachahmung schützt. Um diese Patente geht es. Um dieses eine Molekül. Patente bringen Geld.

Forschung dient der Pharmaindustrie, neue Patente für bereits Vorhandenes zu bekommen. Wie weit wäre die Medizin, würde dieses Geld in die wirkliche Forschung inve-

stiert? Dabei ist es wichtig zu wissen, dass weder Benoxaprofen noch Rofecoxib in *Vioxx®* Arthrose oder Rheuma
heilen können. Sie bekämpfen lediglich die Symptome, in
diesem Fall den Schmerz. Chronisch Kranke garantieren
lebenslange Umsätze – einen solchen Markt würde ein Medikament, das heilt, zerstören.

Und wieder wurde die Marketing-Maschinerie in Gang
gesetzt. Der neue Wirkstoff kam auf den Markt, ohne dass
man sich die Zeit genommen hätte, ihn in Langzeitstudien
ausreichend zu testen. Zeit ist schließlich Geld.

Verträglichkeitsmythos

In Bezug auf *Vioxx®* gab es in einer richtungweisenden
Studie ernsthafte Anzeichen für Probleme, die der Wirkstoff dem Herz-Kreislaufsystem bereitete.[23] Doch obwohl
man bereits früh von dem hohen Herzinfarkt-Risiko bei
Vioxx® wusste, zog man es vor, die Datenlage aus einem
anderen Blickwinkel zu betrachten.[24] Aus dem speziellen
Blickwinkel der Pharmaindustrie eben.

Dieser sehr spezielle Blickwinkel ergab sich aus einer
„rein theoretischen Überlegung" und in „Abwesenheit jeg-
licher Beweise", wie das *British Medical Journal* – eine re-
nommierte, kritische Fachzeitschrift – versichert.[25] Doch
der Pharmakonzern war entschlossen die Dinge ins rech-
te Licht zu rücken. Als Reaktion auf die erwähnte Studie
erstellte man am 22. Mai 2001 eine Pressemitteilung mit
dem Titel: „*Merck* bestätigt erneut die günstige Sicherheit
für Herz und Gefäße bei *Vioxx®*".

Viele Veröffentlichungen von *Mercks* Beratern unterstützten diese Meinung. Das Risiko beim Einsatz eines

John Virapen

neuen Medikaments ist nach Ansicht des Vorsitzenden der Arzneimittelkommission der deutschen Ärzteschaft, Herrn Prof. Dr. med. Müller-Oerlinghausen, durch die neue Strategie bei den Pharmariesen enorm gestiegen.

„Neue Arzneimittel werden meist zeitgleich in mehreren Ländern zugelassen und aggressiv vermarktet. Von unerwarteten Nebenwirkungen sind schlagartig tausende Menschen weltweit betroffen."[26]

So ist es. Und der Verträglichkeitsmythos wird ein ums andere Mal aufgefrischt: Dies sind Marketingbeispiele für Antirheumatika:

Benoxaprofen (*Coxigon®*)
„Hervorragende Magenverträglichkeit"

Indoprofen (*Flosin®*)
„Überlegene Verträglichkeit"

Rofecoxib (*Vioxx®*)
„Erwiesenes gastrointestinales Sicherheitsprofil"

Ketorolac (*Toratex®*)
„Trifft den Schmerz und nicht den Menschen"

Tolmetin (*Tolectin®*)
„Höchstmögliche Nebenwirkungsfreiheit"

Alle genannten Arzneimittel wurden wegen Unverträglichkeit vom Markt genommen. Ich frage: Wie viele Menschenleben kostet es, bis ein Medikament vom Markt genommen werden muss? Wo liegt die Grenze? Welche Zahl steht auf der einen Seite der Gleichung, der des Umsatzes, und welche auf der anderen, der der zerstörten Menschenleben?

„Die meisten Marktrücknahmen erfolgen nicht überraschend",[27] bestätigt Wolfgang Becker-Brüser, Herausgeber des *arznei-telegramms*. Die Risiken zeichneten sich meist lange vorher ab. Dennoch unterbleibe eine systematische Aufarbeitung der Ursachen von unerwarteten Nebenwirkungen. Stattdessen neigten Arzneimittelhersteller dazu, unerwünschte Wirkungen zu verharmlosen, bisweilen auch gezielt. Und das ist noch vorsichtig formuliert.

Merck machte mit *Vioxx®* zwanzig Prozent seines Gesamtumsatzes in Deutschland. Im Jahr vor dem Abzug des Produktes vom Markt machte *Vioxx®* weltweit einen Gesamtumsatz von 2,5 Milliarden US-Dollar. Und das, obwohl man schon ein Jahr nach der Markteinführung von den schädlichen bis tödlichen Nebenwirkungen wusste — oder wissen konnte. Je nach Betrachtungsweise.

Nach Bekanntwerden des Skandals in Deutschland wurde *Vioxx®* relativ schnell vom Markt genommen. Also regte sich das Gewissen der Pharmabosse doch? Wohl eher nicht. Es lohnte sich einfach nicht mehr. Denn zwei Wochen vor dem Rückruf des Wirkstoffs Rofecoxib in *Vioxx®* erhielt *Merck* in Deutschland die Zulassung für einen weiteren Cox-2-Hemmer (Wirkstoff Etoricoxib, vertrieben als *Arcoxia®*). Es war wohl einfach lukrativer, den neuen Wirkstoff aggressiv zu vermarkten und noch einmal Millionen ahnungsloser Patienten als Versuchskaninchen zu benutzen, als das angeschlagene Schiff weiterfahren zu lassen.

Novartis brachte mit *Prexige®* im Jahr 2006 in Deutschland einen weiteren Cox-2-Inhibitor auf den Markt. Nach dem *Vioxx®*-Skandal hatte man das Zulassungsverfahren dafür ein wenig herausgezögert. Als die Wogen geglättet waren, machte man sich erneut ans Werk. Die USA und die Schweiz zum Beispiel weigerten sich, Lumiracoxib zuzulassen. Am 11. August 2007 wurde Lumiracoxib in Australien die Zulassung entzogen, nachdem von acht Patienten mit schweren Gegenreaktionen berichtet wurde, davon zwei tödlich endeten und zwei weitere mit Lebertransplantationen.[28] In Deutschland wird der Wirkstoff weiterhin verschrieben. In den USA und in der Schweiz dagegen hat er nie die Zulassung erhalten. Etoricoxib ist noch auf dem Markt (*Arcoxia®*). Es ist fraglich, ob nicht alle Cox-Inhibitoren die gleichen Probleme zeigen. Problematisch an ihnen ist, dass sie sehr weit verbreitet sind (weniger ein Erfolg der Wirksamkeit als des massiven Marketings), obwohl die normalen Voraussetzungen zur Zulassung solcher Stoffe nur mit relativ kleinen Probandengruppen erreicht werden. Der Clou des Blockbusters ist die unglaubliche Menge an Verschreibungen in kurzer Zeit. Das war neu und überforderte die Richtlinien für die Zulassungsverfahren.

Lehren aus der Geschichte

Welche Lehren lassen sich aus diesen Vorfällen ziehen? Die Vorschläge des *British Medical Journal* decken sich mit dem, was jeder auch aus meiner Geschichte ableiten würde. Sie nehmen zusammengerafft einige der Ergebnisse vorweg, auf die ich in den folgenden fünf Kapiteln noch im Detail zu sprechen komme:

- Patienten wären sicherer, wenn die Pharmakonzerne rechtlich verpflichtet wären, alle ernsten Gegenanzeigen direkt nach Studienabschluss zu veröffentlichen.
- Schaffung einer gesetzlichen Notwendigkeit, alle schwerwiegenden Komplikationen nach Studienabschluss zu veröffentlichen.
- Klar definierte finanzielle Grenzen zwischen der Pharmaindustrie, den Forschern in den klinischen Versuchen und den systematischen Datenauswertungen.[29]

Die *Berliner Deklaration* fordert deshalb einen Einblick in alle sicherheits- und verordnungsrelevanten Daten zu Arzneimitteln. Becker-Brüser sagt: „Mit der Geheimniskrämerei muss Schluss sein. [...] Die Hersteller müssen gesetzlich verpflichtet werden, alle zulassungsrelevanten Studien und Nebenwirkungsberichte spätestens bis zur Markteinführung zu veröffentlichen."[30]

Das klingt nach gesundem Menschenverstand. Praktiziert wird es so aber nicht. Dass Gesetze dieser Art jemals verabschiedet werden, halte ich auch für höchst unwahrscheinlich, denn die Pharmakonzerne nehmen natürlich Einfluss darauf, dass genau das nicht geschieht. Auch in der Politik. Hier ist ein Auszug der Liste von Leuten, die von *Eli Lilly* für verschiedene Posten bezahlt wurden:

- der frühere US-Präsident George Herbert Walker Bush (ein Jahr im Vorstand von *Lilly*)
- George W. Bushs früherer Management- und Finanzchef, Mitch Daniels (ein früherer Vize-Präsident von *Eli Lilly*)
- Sidney Taurel (zurzeit Hauptgeschäftsführer von *Eli Lilly* und gleichzeitig Ratsmitglied in George W. Bushs *Homeland Security Advisory Council*)
- die so genannte "Nationale Allianz für geistig Kranke" (die von *Eli Lilly* gesponsert wird und in Texas ansässig ist)

Selbst wenn sie nicht zeitgleich bei *Lilly* arbeiteten und Politiker waren, sondern zuerst dies, dann jenes – ist es da nicht wahrscheinlich, dass diese Politiker sich gegenüber ihrem ehemaligen Arbeitgeber sehr loyal verhalten? Zumal wenn diese Firmen in großem Stil, was in den USA nicht unüblich ist, Spenden an die eigene Partei geben.

In Deutschland ist die Situation nicht anders: Herr Schröder wurde von Pharmavertretern eigens nach Frankreich auf ein Glas Wein eingeladen, als die anstehende Gesundheitsreform den Profit der Industrie zu schmälern drohte. Schröder kündigte „Nachbesserungen" dieser Reformen an.[31]

Sind Pharmamanager kluge Politiker? Sollte ihr Rat befolgt werden? Sind ein Abend und ein Glas Wein ausreichend, um weitreichende politische Entscheidungen zu treffen? Entscheidungen, die Ihr Leben betreffen?

Kapitel 6
Ärzte kaufen

Von *Vioxx*® wusste ich damals, Anfang der achtziger Jahre, natürlich noch nichts. Ich fühlte mich leer. Das Benoxaprofen-Debakel hatte Spuren hinterlassen. Nicht was die geschädigten Patienten anging oder das Ausmaß der Vertuschung. All das aufzudecken dauerte Jahre und erforderte das zähe Nachforschen vieler unabhängiger Experten.

Unser Laden wusste sich zu immunisieren und ich persönlich war an einer Aufklärung auch nicht interessiert. So weit hatte ich mich von meinem Interesse an der Medizin, von meinem Interesse am Menschen entfernt. Das Benoxaprofen-Debakel hatte andere Spuren als seelische Plagen und Gewissensbisse hinterlassen, profanere: Ärger, Frust und vor allem leere Kassen. Immerhin hatte ich eine Menge Geld und Energie für eine riesige Marketing-Kampagne ausgegeben, die dann lautlos im Sande verlaufen war.

Wie sollte ich jetzt die Absatzzahlen in den nordischen Ländern weiter steigern? Da fielen mir die Allgemeinärzte wieder ein. Alte Liebe rostet nicht. Meine medizinischen

Berater machten ihre Sache weiterhin gut, aber es musste einen Weg geben, aus den niedergelassenen Ärzten und den nicht spezialisierten Klinikärzten noch mehr herauszuholen.

Kongresse

Wie Sie bereits gelesen haben, gibt es internationale Kongresse zu allen möglichen, sehr spezifischen Themen, bei denen die Sprecher und Zuhörer lauter Experten auf ihrem Gebiet sind und man kein Wort von dem, was gesagt wird, versteht, wenn man nicht dazu gehört. Tabellen mit endlosen Zahlenkolonnen werden an die Wand geworfen und die Fachwelt staunt und ereifert sich.

Nun geschah es aber, dass eines Tages auch die Allgemeinärzte beschlossen, Kongresse zu veranstalten. Sie wollten auch reisen, sich an fernen Stränden sonnen und sich natürlich Zahlenkolonnen ansehen ... Ich dachte mir, unsere Ärzte hier in Schweden, die kommen ja nie raus, und ich bot ihnen an, dass wir sie zu diesem Kongress der Allgemeinärzte in Singapur einladen würden.

Zuerst informierte ich mich darüber, welche Ärzte für uns lohnenswert wären und stellte eine Gruppe zusammen. Ich kalkulierte die Kosten – und den Nutzen. Meine Bosse hatten nichts dagegen, solange ich nachweisen konnte, dass unsere Umsatzzahlen dadurch steigen würden. Und wir flogen los.

Reisen schaffen gemeinsame Erinnerungen. Auf Reisen kommt man Menschen näher, zu denen einem der Zugang sonst vielleicht verschlossen bleibt. Reisen sind Freiräume, man bewegt sich außerhalb des gewohnten Rahmens lockerer und man entdeckt vernachlässigte Seiten seiner Persönlichkeit. Kurz: Reisen können enthemmend wirken. Besonders wenn man ohne die bessere Hälfte reist. Offiziell nannten wir unseren Ausflug nach Singapur – der für die eingeladenen Ärzte komplett kostenlos war – natürlich *Fortbildung*. Selbstverständlich gab es auch eine offizielle Agenda – aber glauben Sie, wir flogen die sonnenentwöhnten Ärzte um den halben Globus, um sie zwei Wochen lang in einem Seminarraum einzusperren, in dem es wieder nur Neonlicht gab? Nein, die Herren sollten ihren Spaß haben und sie bekamen ihn. Der Strand war nicht weit, Bordell und Spielcasino auch nicht. Wir sorgten dafür, dass es ein herrliches Erlebnis wurde. Und es funktionierte – die eingeladenen Ärzte erinnerten sich gern an uns und hatten immer ein offenes Ohr, wenn unsere Vertreter bei ihnen klingelten. Sie setzten unsere Produkte bei ihren Patienten ab.

Das Eli-Lilly-Jazzfestival

Ein anderes von *Eli Lilly* gesponsertes Ereignis, für das Ärzte sich um Einladungen rissen, war das jährliche Jazzfestival im *Stampen*, einem angesagten Szenelokal in Stockholm. Ich liebte das Lokal, ging auch privat oft hin und durfte sogar manchmal zusammen mit einer der Bands auftreten. Lud ich jemanden geschäftlich dorthin ein, erntete ich immer besondere Begeisterung. Das brachte mich auf eine weitere Idee.

Jährlich fand in Stockholm eine große Medizin-Messe statt, zu der Ärzte aus aller Herren Länder anreisten. Ich fragte beim Besitzer des *Stampen* an, ob man das Lokal für einen Abend komplett mieten könne. Er hatte nichts dagegen – meine Chefs auch nicht.

Das *Eli-Lilly*-Jazzfestival wurde ein voller Erfolg. Schon im ersten Jahr platzte das *Stampen* aus allen Nähten. Über 300 Ärzte drängten sich um die Bühne, ließen sich die ausgesuchten Köstlichkeiten schmecken, die wir bestellt hatten, und sprachen den erlesenen Spirituosen zu. Weitere standen vor dem Eingang an, um hineinzukommen. Von da an hatten unsere Vertreter leichtes Spiel. Wir schossen auf dem Event fleißig Fotos. Eine Woche später riefen unsere medizinischen Berater die Ärzte an:

„Hallo, war doch schön im *Stampen*, was – wir haben übrigens die Fotos entwickelt, dolle Dinger dabei, kann ich Ihnen sagen ...“

Sie fuhren zu den Praxen, um mit den Ärzten gemeinsam die Bilder anzusehen – und zu sortieren. Wieder entstand Nähe – „das Foto sollte meine Frau besser nicht sehen“, sagte der Arzt, der Vertreter zwinkerte ihm verschwörerisch zu und steckte es weg. Der Arzt suchte sich seine Bilder aus, unsere Vertreter würden die Fotos selbstverständlich vorbeibringen – was ein weiteres Treffen bedeutete, alles logisch aufeinander aufbauend.

Bei diesen Besuchen wurde über den tollen Abend im *Stampen* gesprochen, man tauschte kleine Anekdoten aus, verstand sich prächtig – unsere Produkte abzusetzen war jetzt überhaupt kein Problem mehr. Ganz ohne jeglichen Austausch sachlicher Informationen.

Richtig brüderlich wurde es, als wir unsere Beratungsgespräche auf den Parkplatz hinter der Praxis verlegen mussten. In Schweden gehören nicht nur die Kliniken, sondern auch die Praxen der niedergelassenen Allgemeinärzte dem Staat, unterstehen den jeweiligen Bezirksregierungen. Diese erließen eines Tages einen Verhaltenscodex, der es Ärzten verbot, Pharmavertreter während der Praxiszeiten zu empfangen (schließlich kostete das Zeit und damit Steuergelder). Die schwedischen Behörden waren ein interessanter Gegner. So mussten wir eben erneut unsere Strategie ändern. Widerstand macht einfallsreich. Wir verabredeten uns mit den Ärzten dann z.B. in einem Einkaufszentrum, wo sie ihre Fotos und Einladungen überreicht bekamen, während ihre Frauen gemütlich shoppen gingen.

Marketing eben, sagen Sie. Aber ist das ganz normales Marketing? Nachteile davon haben tatsächlich einzig der Patient und der Steuerzahler. Der Patient, der glaubt, sein Arzt sei mit der Wirkungsweise des neuen Medikamentes, das er so euphorisch verschreibt, vertraut – und nicht mit dem Musikprogramm des nächsten Jazzfestivals im *Stampen*, für das er die Einladung schon in der Tasche hat. Der Steuerzahler, weil der Arzt das neuere und damit teurere Medikament verschreibt.

Alle gewinnen. Alle, außer dem Patienten und dem Steuerzahler. Wer bleibt?

Virapen'sche Auswüchse? Der Geldfluss bei Lilly

Nun könnte ja jemand kommen und meinen, das seien rein Virapen'sche Auswüchse in Schweden gewesen – die Symposien, die Geschenke für die Ärzte, die Reisen, *Stampen* – nicht repräsentativ für den Konzern oder gar die Industrie. Lassen Sie mich Ihnen die Finanzstruktur bei *Lilly* erklären. Dann werden Sie erkennen, dass alles Methode hatte. Ich war Geschäftsführer in Schweden, hatte ein Büro mit meinen knapp zwanzig Mitarbeitern, deren Vorgesetzter ich war. Ich wies an, sie folgten. Produktmanager, Verkaufsmanager und die Abteilung, die für die Zulassungsbehörden zuständig war, unterstanden mir. Dem Papier und der Bezahlung nach gab es noch den Meinungsführer unter den Ärzten, der irgendwo in Schweden seinem Beruf nachging, und wenn wir ihn brauchten, seine Eigenschaft als Alphaarzt für *Lilly* in die Waagschale in Form wissenschaftlicher – oder wissenschaftlich aussehender – Berichte und Artikel warf. Aber das war noch nicht alles.

Es gab noch eine Dame, die zwar auch mir unterstellt war, die aber zugleich auch den direkten Draht nach ganz oben hatte. Sie war zu ständigem Rapport verpflichtet. Sie wachte über die Finanzen. Jede Ausgabe lief über ihren Schreibtisch und was über ihren Schreibtisch lief, kam nach Genf. Sie zahlten schließlich dafür. Jede Geldanforderung außerhalb meines Budgets wurde von oben abgesegnet.

Mein Büro in Schweden unterstand dem in Kopenhagen, welches für den nordischen Raum zuständig war. Wir alle unterstanden London. Und London wiederum dem Hauptquartier in Indianapolis. Was das Geld anging: Ich hatte ein Budget. Was darüber hinausging, musste von Kopenhagen und letztlich von Genf abgesegnet bzw. bezahlt werden. Das wird für den weiteren Verlauf der Geschichte noch von Bedeutung sein.

Natürlich war meine Initiative erwünscht – sogar gefordert. Die Weinproben und das Jazzfestival beispielsweise waren ja Erfindungen meines Büros. Eine Initiative garantierte aber noch nicht die Umsetzung. Zur Umsetzung brauchte es Geld. Die Bosse mussten überzeugt sein. Alle meine Initiativen überzeugten sie.

Kapitel 7
Meine Prozac®-Story

Die Erhöhung der Verkaufszahlen für die bewährten Medikamente genügte dem Konzern nicht. Sie waren auf etwas ganz anderes aus, das hatte schon das Marketing für Benoxaprofen gezeigt. Ein neuer Blockbuster musste her.

Blockbuster-Logik

Ein Blockbuster zeichnet sich nicht nur durch seine enorm hohen Verkaufszahlen aus. Ein Blockbuster ist viel mehr als einfach eine milliardenfach verkaufte Pille. Diese beiden Aspekte gehören beim Blockbuster unzertrennlich zusammen: das Mehr-als-nur-eine-Pille und ihr gigantischer Absatz. Ein Blockbuster ist eine Pille, bei der die Krankheit, die geheilt oder gelindert werden soll, völlig zweitrangig ist. Denn obwohl es wahr ist, dass es viele Krankheiten gibt und dass zum Beispiel in eben diesem Moment, da Sie diese Zeilen lesen, viele Menschen krank sind, ist es gleichwohl auch wahr, dass Krankheit die Ausnahme ist, nicht die Regel. Kranke sind somit ein relativ kleiner Markt.

Stellen Sie sich vor, man könnte Pillen auch denjenigen andrehen, die gar nicht krank sind! Dann erst haben Sie eine neue Dimension des Marketings betreten. Das ist die neue Qualität des Blockbusters. Und Fluoxetin sollte diese Rolle spielen. Das war aber eher Zufall, denn es war für diese Rolle eigentlich nicht geeignet.

Fluoxetin

Fluoxetin war ein neuer Wirkstoff der Labors von *Eli Lilly.*
Dort hatte man bereits seit einiger Zeit an einem Antidepressivum geforscht und einen Wirkstoff gefunden, der den
Serotoninspiegel beeinflusst. Serotonin ist ein Botenstoff im
Gehirn. Seit den 1960er Jahren befasst sich die Forschung
mit diesen Stoffen. Welche Rolle spielen sie für die Wahrnehmung? Welche für die Gefühlswelt? Eine Überlegung
ging dahin, zu vermuten, dass es eine bestimmte Balance des
Serotoninspiegels gäbe, die gut sei, Ungleichgewichte dagegen führten zu Depressionen, zu Hyperaktivität und vielem
mehr. Diese Überlegung nennt man „Serotoninthese".

Die Serotoninthese

Eli Lillys neuer Wirkstoff Fluoxetin gehört zu den so genannten SSRI, eine Abkürzung für „Selektive Serotonin Re-
Uptake Inhibitor" – also ein Wirkstoff, der die Wiederaufnahme des Botenstoffes Serotonin im Gehirn unterbindet,
damit am Regler der Serotoninbalance dreht und angeblich
den balancierten, den idealen Zustand wieder herstellt. Wir
befanden uns aber in der Mitte der 1980er Jahre und Psychopharmaka nahm nur, wer sich in klinischer Behandlung
befand. Bei der Erforschung von Fluoxetin allerdings war
bei einigen Probanden ein interessanter Nebeneffekt aufgetreten, den die Konzernchefs für viel lukrativer hielten:
Einige der Testpersonen hatten unter Einnahme des neuen
Wirkstoffs Gewicht verloren.

John Virapen

Dicke sind toll

Wäre Übergewicht das Problem weniger Menschen – der Drogenindustrie wäre das egal. Ihre wachsende Anzahl macht Übergewichtige interessant. Darüber hinaus ist Übergewicht ein Problem hoch entwickelter, reicher Länder. Das ist, im Sinne des Marktdenkens, schon mal gut.

Größer noch als die Anzahl der Dicken aber ist die derjenigen, die sich für übergewichtig halten, sowie die Dunkelziffer jener, denen man noch einreden kann, sie seien es. Diese Gruppe wurde oder wird durch Belehrung zum Klientel. Lehrmittel: das Schönheitsideal, das von den so genannten Mager-Models und Schauspielerinnen geprägt ist. Beide Gruppen zusammen genommen – das nenne ich einen Markt! Kranke und eingeredete Kranke – das braucht der Blockbuster. Kurz: Dicke sind ein sehr guter Absatzmarkt. Die Sache hatte nur einen Haken: Um die Zulassung des Wirkstoffs als gewichtsreduzierendes Medikament zu erreichen, wären weitere umfangreiche Studien und Tests nötig gewesen. *Eli Lilly* aber hatte es eilig. Jeder verlorene Tag, den das neue Wundermittel nicht auf dem Markt war, kostete bares Geld!

Also entschloss man sich, die Zulassung des Wirkstoffs Fluoxetin zuerst als Antidepressivum anzustreben. Denn einmal zugelassen, ist es leichter, später die Zulassung auf weitere Anwendungsgebiete auszuweiten. Das ist ein ganz üblicher, wichtiger Trick der Pharmaindustrie, den Sie immer wieder beobachten können. Hat die Zulassungsbehörde einmal „Ja" gesagt, wird es schwieriger, beim zweiten Mal das „Nein" zu begründen. Dann regiert längst die Macht des Faktischen. Um diese Überlegungen besser zu verstehen, lohnt es sich, das Zulassungsverfahren für neue Wirkstoffe besser kennen zu lernen.

Das Zulassungsverfahren

Die Registrierungsbemühungen liefen in vielen Ländern der Welt parallel. Es war ein konzerninterner Wettbewerb. Welches Land bekommt die Zulassung als erstes? Denn es ist nicht so, dass ein neues Medikament nur einmal irgendwo zugelassen werden muss und dann automatisch in allen Ländern verkäuflich bzw. verschreibbar wäre. Das Prozedere ist in den verschiedenen Ländern unterschiedlich. Dabei werden normalerweise nicht nur die von dem antragstellenden Konzern bereits erhobenen Studienergebnisse berücksichtigt, sondern es ist oft auch erforderlich – zum Beispiel in Schweden – dass Forschungsaufträge in dem jeweiligen Land selbst vergeben werden.

Dennoch ist es für die Registrierungsbehörden natürlich wichtig zu wissen, wie andere Länder vor ihnen entschieden haben. Negative Ergebnisse machen skeptisch, positive Ergebnisse wirken sich positiv aus. Vor allem wenn bekannt ist, dass die Behörden in einem Land besonders sorgfältig prüfen. Schweden war in diesem Sinne sehr wichtig. Denn Schweden war und ist, was die Psychiatrie angeht, führend. Das FDA, die amerikanische Zulassungsbehörde, schielte versteckt zu uns nach Schweden, die Engländer ebenso, weil die Regeln hier ziemlich strikt waren. Der Zulassungsprozess kann bis zu sieben Jahre dauern. Eine verdammt lange Zeit, wenn Sie bedenken, wie viel Umsatz allein in einer einzigen Woche zu machen ist. Verlorene Zeit!

Werdegang eines Medikamentes

Die Zulassung für ein neues Medikament umfasst verschiedene in sich abgeschlossene Stadien seiner Überprüfung. Wichtige Kriterien sind dabei die Wirksamkeit und die Sicherheit des Wirkstoffes. Zunächst wird das Mittel im Labor untersucht. Erweist es sich hier als vielversprechend, wird es an Tieren erprobt. Wirkt der Wirkstoff bei Tieren? Wirkt er auf die gewünschten Organe? Verändert er das Verhalten der Tiere auf gewünschte Weise? Welche anderen Wirkungen hat das Medikament? Gefährden sie den tierischen Organismus? Schließlich kristallisiert sich ein Bild über Funktion, Nutzen und Schaden des Wirkstoffes bei Tieren heraus. Welche Prognosen lassen sich hieraus auf die Anwendung bei Menschen ableiten? Darüber lässt sich theoretisieren.

Letztlich aber kann man diese Fragen nur klären, wenn man das Medikament an Menschen ausprobiert. Unter kontrollierten Bedingungen. Also in Kliniken. Wie diese Bedingungen genau aussehen, wird von der Pharmaindustrie in Rücksprache mit den Gesundheitsbehörden selbst festgelegt. Sie wählt die (freiwilligen) Teilnehmer aus, bestimmt die Art der Zusammensetzung der Gruppen (Alter, Geschlecht, gesundheitlicher Zustand, etc.). Das Drehbuch für den klinischen Versuch legt auch fest, wie lange er dauern soll. Dieses Drehbuch, das die genauen Umstände eines Versuchsaufbaus beschreibt, nennt man „Protokoll". Die Protokolle für die klinischen Versuche werden also nicht von Zulassungsbehörden erstellt. Und noch wichtiger: Wird ein Protokoll unterbrochen, müssen die Ergebnisse auch nicht an die Zulassungsbehörde weitergegeben werden. Warum aber bricht man eine Versuchsreihe ab? Weil es Schwierigkeiten gibt, etwa weil zu viele Patienten das

Medikament nicht vertragen, sich umbringen oder aus anderen gesundheitlichen Gründen nicht weiter am Versuch teilnehmen möchten. Gerade diese Informationen, von großer Wichtigkeit für Zulassungsbehörden und Patienten in spe, verschwinden in den Schränken der Pharmamanager. Zwischen 1982 und 1984 war ich selbst Zeuge eines Protokoll-Abbruchs.

Es handelte sich um eine unterstützende Studie für *Ceclor®*, ein Antibiotikum, das bereits zugelassen war. *Lilly* wollte es in jener Zeit auf eine weitere Indikation, Nasennebenhöhlen-Entzündung, ausweiten, die einen größeren Markt bedient hätte. Die Studie wurde von einem Professor durchgeführt, der ein enger Freund war. Wegen der Berichte über Nebenwirkungen, die wir bekamen, öffneten wir das Protokoll und schauten uns die Daten an. Es sah nicht gut aus für diese neue Indikation. Wegen des Risikos dieser für uns schlechten Ergebnisse wurde der Versuch gestoppt. Die Nebenwirkungen waren nicht gefährlich. Die Ergebnisse sahen nur nicht so aus, wie wir sie brauchten.

Eine weitere nützliche Folge des Abbruchs besteht darin, dass man das Protokoll für den nächsten Versuch nun so aufsetzen kann, dass die Ergebnisse günstiger fürs Anliegen des Konzerns aussehen: Veränderung der Teilnehmerstruktur (z.B. weniger Alte, Kranke, psychisch Labile, etc.) oder der Vergleich mit einem anderen Medikament, bei dem das eigene vergleichsweise besser abschneidet.

Die höchste wissenschaftliche Relevanz haben „Doppelblind-Versuche". Doppelblind bedeutet: Eine Gruppe wird mit dem Wirkstoff behandelt, eine andere bekommt ein Placebo oder ein anderes Medikament. Weder die Ärzte noch die Patienten wissen, ob sie nun ein Placebo, ein anderes Medikament oder den zu testenden Wirkstoff verabreichen bzw. schlucken. Nun kann es sein, dass Fluoxetin im Vergleich zu einem älteren Wirkstoff in Bezug auf einen bestimmten Parameter schlecht aussieht. Dann kann der

Versuch abgebrochen werden, eine neues Protokoll aufgesetzt und Fluoxetin gegen ein strategisch günstigeres Medikament ins Rennen geschickt werden.

Schließlich werden die Ergebnisse aus unterschiedlichen Protokollen in einem Datenpool zusammengeführt. Nun werden – je nachdem, um welche Indikation es bei der Zulassung geht – die Daten aufbereitet, so dass sie die Anwendung für die jeweilige Indikation aussagekräftig und vor allem positiv erscheinen lassen. Es geht um das Erstellen von Statistiken. Zahlenjonglage. Hier lässt sich glatt bügeln und aufpolieren, was in klinischen Versuchen nicht so gut oder sogar gefährlich aussah. Bei der Wirksamkeit und auch bei der Einschätzung des Gefährdungspotentials geht es schließlich immer um Vergleiche. „Fluoxetin wirkt besser als ... (z.B. ein älteres, schon auf dem Markt existierendes Medikament)“. „Fluoxetin ist in Bezug auf ... weniger gefährlich als das Placebo.“ Undsoweiter.

Aus dieser Auswertung wird ein Abschlussbericht gezimmert, dem die Daten der erfolgreich verlaufenen Protokolle hinzugefügt werden, ebenso ein formloses Anschreiben mit Bitte um Zulassung. Alles eintüten, Briefmarke drauf, in den Briefkasten einwerfen. Fertig. Abwarten.

Der Datenberg landet bei der Zulassungsbehörde. Diese holt sich Spezialisten auf diesem Gebiet dazu und lässt sich ein Gutachten erstellen. Diese externen Experten arbeiten auf Honorarbasis, sind nicht fest angestellt oder gar Beamte. Ihr scharfer Verstand durchleuchtet alle Daten und fällt ein Urteil: Daumen nach oben oder nach unten. Gegebenenfalls werden weitere Daten angefordert.

Die letzte Phase schließlich beschreibt die Gesamtheit der nach Markteinführung durchgeführten klinischen Studien.

Schwachstellen im Zulassungsverfahren

Das klingt alles sehr gut, sehr sauber, sehr korrekt. Medikamente, die tatsächlich registriert worden sind, könnte man meinen, haben es auch wirklich verdient! Alle Ebenen haben aber Schwachstellen, einige habe ich bereits kurz skizziert. Diese Schwachstellen werden konsequent genutzt. Eine solche Schwachstelle habe ich persönlich für meinen Auftraggeber nutzbar gemacht.

Um zu sehen, wie es um die Zulassung von Fluoxetin stand, zeigten wir probehalber einigen schwedischen Psychiatern unsere Daten. Sie lachten und schüttelten verständnislos die Köpfe, als wir ihnen von unserem Vorhaben erzählten, die Zulassung für Fluoxetin in Schweden zu beantragen. Das konnte nicht ernst gemeint sein. Ich erinnere mich nicht an die medizinischen Details, die sie belächelten.

Wichtig war für mich als Chef auf Länderebene nur, zu erkennen, dass wir ein Problem hatten. Ein großes Problem. Es ist nicht angenehm, Psychiater auf diese Art lachen zu hören. Wenn Sie dieses Lachen schwedischer Psychiater hören, wissen Sie, jede Hoffnung ist verloren.

Zudem schienen sie nicht Unrecht zu haben mit ihrem abscheulichen Lachen. Es gab Gerüchte, die klinischen Studien, die man durchgeführt hatte, wären einfach nicht gut genug. Und nachdem wir Benoxaprofen verloren hatten, war das ein schlechtes Zeichen, denn es gab einfach keine Zeit mehr, diese aufwändigen Studien ganz neu aufzusetzen.

John Virapen

Das Marketing war dennoch angelaufen, ein weiteres Charakteristikum des Blockbusters: Er wird beworben, obwohl noch gar nicht klar ist, dass er es überhaupt je auf den Markt schafft. Ist das Produkt schon in aller Munde, wird es schwieriger für die Behörden, „Nein" zu sagen. Warum ein Medikament verbieten, das alle Patienten für dringend notwendig halten? Die Ansprache der Werbung hatte sich nämlich geändert. Warum sollte es für Patienten interessant sein, welche Medikamente es auf dem Markt gibt? Der Pharmamarkt ist doch Sache des Experten, des Arztes. Der Arzt ist doch der Mittler zwischen Pharmaindustrie und Patienten. Soll man vom Patienten erwarten, er studiere die Vor- und die Nachteile der unterschiedlichen Medikamente für ähnliche Anwendungen? Beim Autokauf erwarten Sie auch von der Werkstatt Ihres Vertrauens, dass sie den Überblick über unterschiedliche Bremsflüssigkeiten hat.

Unser Konzern aber hatte erkannt, dass es im Sinne des Umsatzes besser war, unabhängiger von den Ärzten und ihrem Fachwissen zu werden. Die Patienten wurden nun direkt beworben. Das ist in vielen Ländern verboten. Es gibt aber wie immer Möglichkeiten, das Gesetz zu umgehen. Man bewirbt statt des Medikamentes einfach die Krankheit. Solange der Medikamentname nicht auftaucht, ist alles im rechtlichen Rahmen.

Während wir also abwarteten, was sich bei der schwedischen Zulassungsbehörde bezüglich unseres neuen Wirkstoffs tun würde, begann das Marketing. Zuerst einmal musste ein passender Name gefunden werden, unter dem der Wirkstoff werbewirksam vertrieben werden sollte.

„Flu-o-xe-tin" kann man schlecht aussprechen, sich noch schlechter merken und es klingt, wenn überhaupt nach etwas, nach Zahnpasta. Nein, etwas Trendiges musste her! Der Name sollte innerhalb kürzester Zeit in aller Munde sein. Dorthin sollten schließlich auch die Pillen.

Eli Lilly zahlte einer auf Branding spezialisierten Firma hunderttausende Dollar, um diese Nuss zu knacken. Nun mag es in der Wirtschaft üblich sein, viel Geld für den Namen eines neuen Produktes auszugeben. Jeder neue Autotyp, jeder Joghurt und sogar jedes Putzmittel kommt aufwendig und teuer zu einem neuen Namen. Hier aber handelt es sich um verschreibungspflichtige Arzneimittel. Das für die Namensfindung gesparte Geld könnte man ja dafür verwenden, weitere Studien über die Sicherheit des neuen Wirkstoffs durchzuführen.

Die mit der Namensfindung beauftragte Firma heißt *Interbrand*. Die neuen Pillen mit dem Wirkstoff Fluoxetin sollten als *Prozac®* verkauft werden. Die Namensfinder sagen selbst nicht ohne Stolz, dieser „abstrakte Name verbindet clever die positiven Assoziationen der griechisch-römischen Ableitung ‚pro' mit einem kurzen, effektiv klingenden Anhang."[32]

Weil das im Deutschen allerdings nicht ganz so gefällig klingt wie im Englischen, beschloss man, denselben Wirkstoff in Deutschland als *Fluctin®* zu vermarkten. Fluc-tin – Flutscht's?

Unterdessen zog sich das leidige Theater um die Zulassung von Fluoxetin bei uns in Schweden immer noch hin und ich beschloss, es nicht bei verbalen Spitzfindigkeiten zu belassen und die Zeit sinnvoll zu nutzen. Denn es gab eine Möglichkeit, eine nicht zugelassene Substanz unters Volk zu bringen, so genannte Seeding Trials.

Seeding Trials – Anfütterungsversuche

Seeding Trials (also Versuche zum Zweck der Aussaat, der Verbreitung; frei übersetzt: Anfütterungsversuche) sind eine praktische Sache, denn in Schweden konnte man Tests mit noch nicht zugelassenen Medikamenten durchführen.

Seeding Trials sind allerdings keine Besonderheit Schwedens. Sie werden überall durchgeführt. Auch nach der Zulassung eines Produktes. Dafür werden nicht etwa besonders forschungsbegabte Ärzte kontaktiert, sondern z.B. solche, die den entsprechenden Medikamententyp oft benötigen (aufgrund der Patientenstruktur der Praxis etwa), dabei aber seit Jahren das Produkt einer Konkurrenzfirma verschreiben. Der Allgemeinarzt verwandelt sich in einen Forscher! Man verspricht ihm, sein Name würde in den medizinischen Fachzeitschriften erwähnt, in denen die Ergebnisse publiziert werden. Seeding Trials streicheln das Ego.

„Der wissenschaftliche Wert solcher Studien ist seit langem umstritten. Tatsächlich bestätigt die Untersuchung, dass die primäre Motivation der Firmen zum Beginn solcher Untersuchungen meist darin bestand, den Verkauf neuer Präparate anzukurbeln. Der *Report* kritisiert deshalb auch die Ethikkommissionen, die solche Studien zulassen: Als ‚Seeding Trials' missbrauchte Studien dürften nicht von Ethikkommissionen genehmigt werden".[33]

Für meine Feldversuche brauchte ich Ärzte, die bereit waren den neuen Wirkstoff an ihren Patienten zu testen. Jeder einzelne dieser Ärzte bewarb sich dann bei der Zulassungsbehörde um eine Lizenz, um mit dem neuen Wirkstoff an seinen Patienten zu forschen. Auf diese Weise machten wir

Ärzte und Patienten damit vertraut und erzeugten so auch Interesse, Nachfrage, erste Umsätze und: neue Verschreibungsgewohnheiten.

Netter Nebeneffekt: Solange das Medikament nicht offiziell zugelassen ist, hat es auch noch keinen offiziellen Preis. Man kann von den an den Seeding Trials teilnehmenden Ärzten also Phantasiepreise verlangen, die wiederum an die Krankenkassen der Patienten weitergereicht werden. So verdient der Pharmakonzern schon, bevor das Medikament überhaupt die behördlichen Hürden passiert hat. Im Falle Fluoxetin war das besonders lukrativ, wie ein Marketingkollege aus dem Hauptquartier in Indianapolis, der uns in Schweden besuchte, einmal treffend formulierte: „Das Zeug ist, als ob man aus Scheiße Gold macht. Man könnte es verschenken und würde immer noch Gewinn dabei einfahren, so billig ist es in der Herstellung."

Die Verkaufsmethode Seeding Trials ist verwandt mit der Methode „Off-Label-Marketing". Dies bedeutet, dass Medikamente für etwas angewendet bzw. verschrieben werden, wofür sie nicht zugelassen sind.

„Die paradoxe Realität ist: Je kleiner und kränker das Kind, desto seltener bekommt es eine offiziell zugelassene Arznei. So verwenden niedergelassene Pädiater 10 bis 30 Prozent der von ihnen verschriebenen Mittel außerhalb der Marktlizenz. In Kinderkliniken steigt der Anteil auf rund 50 Prozent. Und auf Neugeborenen-Intensivstationen können bis zu 90 Prozent der Substanzen off Label verabreicht werden. [...] Eine neuere Studie in knapp 40 französischen Pädiaterpraxen bestätigt, dass eine Off-Label-Behandlung die Nebenwirkungsrate erhöht, manchmal auf mehr als das Dreifache einer zugelassenen Therapie."[34]

Ich jedenfalls war ganz in meinem Element. Anhand meiner detaillierten Profile über Patientenstamm, Verschreibungsgewohnheiten etc. stellte ich eine Liste von 40 Ärzten, Spezialisten für Psychiatrie, zusammen, die ich für meine

Seeding Trials gewinnen wollte. Ich lud sie für eine Woche in die Karibik ein. Ärzte in Schweden hatten damals keine idealen Arbeitsbedingungen. Sie verdienten nicht übermäßig gut und mussten viele Überstunden machen, die sie nicht bezahlt bekamen. Allerdings durften sie diese abfeiern – und fürs Feiern waren wir Pharmaleute ja zuständig! Besonders angenehm feiert man seine Überstunden in der Karibik ab, zumal auf Kosten von *Eli Lilly*.

Keiner der eingeladenen Ärzte lehnte meine Einladung ab. Am ersten Tag hielt ich in unserem Fünf-Sterne-Hotel in Puerto Rico einen kleinen Vortrag und stellte unser Projekt vor. Ich erläuterte, dass unser neuer Wirkstoff Fluoxetin so weit entwickelt wäre, dass er in die so genannte Phase IV eintreten könne, die der klinischen Tests. Die anwesenden Ärzte wären aufgrund ihrer überragenden Arbeit ausgewählt worden, an dieser Testphase teilzunehmen. Wir würden die Ergebnisse, die sie mit ihren Patienten erzielten, sorgfältig auswerten und selbstverständlich den Namen des teilnehmenden Arztes in der Studie maßgeblich erwähnen.

Das allein war für viele schon Anreiz genug, mitzumachen. Den eigenen Namen gedruckt in einer Studie zu sehen, ist verlockend für einen Arzt, der in der Routine des Alltags vom frischen Wind der Forschung nichts mitbekommt. Einmal Forscher sein! Und dann auch gleich in einer Veröffentlichung namentlich genannt werden! Die offizielle Bestätigung: Der Mann ist mehr als nur ein Krankenbettverschieber!

Viele Ärzte wählen das Fach Medizin auch deshalb, weil es mit einem gewissen Renommee und einem angenehmen Lebensstil verbunden ist. Obwohl der Praxis- oder Klinikalltag sie dann schnell eines anderen belehrt, wovon auch meine 40 Auserwählten ihr Klagelied zu singen wussten.

Nun, ich versprach für das Renommee zu sorgen – den Rest der Woche widmeten wir uns dem angenehmen Lebensstil. Strand, Sonne, jeden Abend ein exquisites Bankett

– und auch sonst überließ ich nichts dem Zufall und hatte für jeden einzelnen Tag ein Programm ausgetüftelt, das den Ärzten maximalen Erholungswert sicherte. Tauchen, Surfen, Segeln, hübsche Mädchen, heiße Nächte.

Eigentlich merkwürdig, wenn ich so zurückdenke, dass keiner der Ärzte sich kritisch oder ironisch äußerte. Hört man meine Beschreibung, mit welchen simplen Mitteln ich arbeitete, kann man sich gar nicht vorstellen, dass unsere so genannten Ferienprogramme eine Wirkung zeigen konnten, dass sich studierte, intelligente, lebenserfahrene Leute so mitziehen lassen. Doch in meiner ganzen Karriere ist es mir nur einmal passiert, dass jemand von ihnen in einem teuren New Yorker Restaurant zu mir sagte:

„John, du bist ein netter Kerl und ich kann ein bisschen Sonne gebrauchen. Aber eigentlich halte ich nichts von eurem Zeug oder eurer Firma. Und kein Filmchen und keine Animation, kein Dinner wird mich von meiner Überzeugung abbringen. Ich werde trotzdem alle Animationen und Annehmlichkeiten in Anspruch nehmen. Nimm's mir nicht übel."

Die anderen, meine Fluoxetin-Ärzte dagegen fraßen mir aus der Hand. Kaum waren wir wieder in Schweden, begann ich, ihnen unsere neuen Pillen großzügig auszuteilen. Zeit der Aussaat. Meine Ärzte wiederum sorgten dafür, dass möglichst viele ihrer Patienten in den Genuss kamen. So war unser neues Medikament also schon gut eingeführt, bevor es überhaupt zugelassen war!

Zulassung oder Entlassung

Das war zwar nicht schlecht – aber längst nicht das, was wir erreichen wollten. Fluoxetin wurde nun zwar bereits an vielen Kliniken eingesetzt – aber uns interessierten ja weniger die Kranken (wenn wir einmal annehmen, dass Leute, die wegen psychischer Probleme ein Krankenhaus aufsuchen oder dorthin zwangsweise überwiesen werden, krank sind). Den Blockbuster zeichnet aus, dass er die Grenzen zwischen krank und gesund verwischt, dass er zunehmend unterschiedslos angewendet wird, denn nur so erzielt er seinen außergewöhnlichen Absatz.

Leider aber bewegte sich in Sachen Zulassung bei uns in Schweden noch immer nichts. Die Lage spitzte sich zu. Sidney Taurel, heute Präsident von *Eli Lilly & Company*, war damals Vizepräsident des europäischen Sektors, ein hohes Tier. Ich war bei einem firmeninternen Seminar in London und Sidney Taurel war kurz aufgetaucht, um uns zu sagen, wie wichtig Motivation sei. Sein Auftritt allein hatte diese Wirkung auf uns und ich muss sagen – die Begegnung mit einem, der schon da ist, wo man selbst noch hin will, ist sehr reizend. Man vergleicht sich mit ihm. Man fragt sich, was er haben könnte, das ihn dorthin gebracht hat. Kann man selbst mithalten? Und oft kommt man zu dem Schluss, dass diese Personen nichts Besonderes an sich haben. Dass es allein die Position ist, die ihnen eine Aura verleiht.

Im Auto mit Sidney Taurel

Als Taurel erfuhr, dass ich am selben Tag noch meinen Flug zurück nach Schweden erwischen musste, bot er mir an, mich zum Flughafen mitzunehmen. Ich nahm gerne an. Und nun saß ich in seinem Wagen. Es war ein großer Wagen. Vorn, aufrecht, wie stehend im Sitzen, der Fahrer. Ein Mann, der auch auf einer großen Bühne eine gute Figur gemacht hätte, als Redner vielleicht. Angenehme Stimme, milde Gestik, bestimmt und fest trotz seiner zurückhaltenden Art, die er wie einen Luxus pflegte. Wer um seinen Wert weiß, drängt sich nicht auf. Er hatte nur wenig gesagt, hatte Sidney Taurel begrüßt, danach mich, hatte uns die Türen geöffnet, offen gehalten und, nachdem wir auf die Rückbank geglitten waren, die Türen so sanft geschlossen, dass ich das Einrasten des Schlosses gar nicht bemerkt hatte. Der Motor schnurrte so sanft, so gleichförmig, dass man die Fahrt nicht fühlte. Der Wagen verließ das parkähnliche Hotel in einem Londoner Vorort und schwebte dem Flughafen entgegen. Taurel tat nun alles, damit ich mich klein fühlte. Er kannte den Kuli-Knopf nur zu gut. Der herzlichen Einladung im Hotel folgte eine Fahrt, in der er mich nicht ansprach – wissend, dass es ja, dem Status gemäß, an ihm lag, ein Gespräch zu beginnen. Stattdessen blätterte er in Notizen. Das Geraschel seines Papiers war unsere Unterhaltung. Das Leder, auf dem ich saß, wurde nicht warm. Ich überlegte, ob Taurel vielleicht eine Heizung in seinem Sitz hätte und ob der Fahrer schon wusste – allein von der Art her, wie Taurel und ich uns dem Wagen genähert hatten – dass er die Heizfläche auf meiner Seite der Sitzbank nicht anschalten sollte.

Plötzlich aber, der Betrieb des Flughafens – startende und landende Maschinen, Servicelastwagen und Passagierbusse waren schon in Sicht – brach Sidney Taurel sein Schweigen doch noch.

„*Prozac®*", begann er.

Ich nickte und wartete, dass er fortfahren möge.

„Das Thema ist sehr wichtig, auch mir ganz persönlich", fügte er noch hinzu, gerade als der Wagen schon langsamer wurde und auf einen Parkplatz rollte. Eine Antwort meinerseits war nicht nötig und wurde auch nicht erwartet. Ich hatte die Botschaft verstanden. Es musste endlich weitergehen mit der Zulassung in Schweden.

„Sie verstehen mich?" fragte er zum Abschied, als ich schon auf dem Asphalt stand und die Autotür schließen wollte. Brav wie ein Schulbub sagte ich:

„Ja."

Sidney Taurel aber hatte sich bereits wieder seinen Notizen zugewandt. Der Fahrer hatte inzwischen mein Gepäck aus dem Kofferraum geholt. Er gab es mir, schloss eigenhändig die Autotür und bedeutete mir die Richtung, in die ich gehen sollte.

Die Botschaft war eindeutig. Jetzt hing meine Karriere von der schnellen Zulassung von Fluoxetin in Schweden ab! Sidney Taurel würde es dann als *Prozac®* auch in den USA vermarkten können.

Der Druck erhöht sich

Ich war gezwungen, mir das Problem näher anzusehen. Dabei stellte sich schnell heraus, dass die schwedische Zulassungsbehörde überhaupt nicht daran dachte Fluoxetin zuzulassen. Eines der Mitglieder des medizinischen Prüfungskommitees war eine hochkarätige Psychiaterin, die selbst bereits mit dem Wirkstoff forschte. Allerdings verwendete sie 5 mg-Dosen, die sie für das absolut vertretbare Maximum hielt – was die Risiken von Fluoxetin anging. Von seinem Nutzen war sie alles andere als überzeugt. *Eli Lilly* dagegen hatte den Antrag auf Zulassung von 20 mg-Dosen eingereicht. Die Zeichen, die ich aus der Zulassungsbehörde erhielt, sahen nicht gut aus.

Wo sollte ich ansetzen?

Mittlerweile war mein Chef Sidney Taurel noch einmal angereist und hatte seine Forderung, Fluoxetin zu pushen, noch ein wenig deutlicher formuliert. Ein wenig klang er wie der katholischer Priester in der Sonntagsschule:

„Tu es – denn sonst ...“

Tatsächlich aber sagte er: „Denken Sie an Ihre Karriere.“

Das war deutlich genug. Und nicht nur mir erging es so. Über ein Jahrzehnt später, 1999, wurden interne Dokumente jener Zeit aus der englischen *Lilly*-Filiale veröffentlicht,[35] die den Ton der Chefs und den Druck auch in diesen anderen Filialen belegen:

„Was auch immer in Großbritannien passiert, es kann das Medikament (*Prozac®*, Anmerkung des Autors) in den USA und weltweit gefährden.“

So lautete ein internes Memo von Leigh Thompson, einem von *Lillys* wichtigsten Wissenschaftlern. Er meinte damit die Veröffentlichungen von Nebenwirkungen des Medikamentes wie etwa Selbstmorde in England. Über ein Mitglied der amerikanischen Zulassungsbehörde FDA, das vorgeschlagen hatte, das Selbstmordrisiko bei *Prozac®* mit dem anderer Antidepressiva zu vergleichen (was *Lilly* überhaupt nicht recht war, weil *Prozac®* dabei ganz schlecht abschnitt) schreibt er:

„Er ist ganz eindeutig eine politische Kreatur und er wird auf Druck reagieren müssen.“

Druck? Ein Mitarbeiter der Zulassungsbehörde sollte auf Druck der Pharmaindustrie reagieren müssen? Welchen

Druck sollte ein Konzern auf eine Behörde ausüben können? Sie sehen, wie rau und selbstgewiss diese Leute denken.

„Ich hoffe, P. (offenbar ein Mitarbeiter von *Lilly* in England, Anmerkung des Autors) erkennt, dass *Lilly* im Eimer ist, wenn wir *Prozac®* verlieren; ein einziges Ereignis in England könnte uns das kosten."

Ich kaufe einen Psychiater

Ich musste mir also dringend etwas einfallen lassen. Und tatsächlich. Im Halbschlaf eines Abends sah ich es vor mir, ich hatte den Punkt gefunden, um einen Hebel anzusetzen.

Die klinischen Studien, die wir der Zulassungsbehörde einreichen würden, wurden ja vorab von einem unabhängigen Experten beurteilt. Seine Einschätzung war wichtig, denn er wurde für die Herkulesarbeit bezahlt, die Zahlenkolonnen Ziffer für Ziffer zu durchleuchten. Er arbeitete der Zulassungsbehörde zu, bereitete vor. Und per Regelung war die Identität dieses Experten dem antragstellenden Pharmakonzern natürlich unbekannt.

Was nun, wenn ich doch herausfinden könnte, wer das Individuum war, das die Fluoxetin-Protokolle lesen und beurteilen würde? Wüsste man, wer es ist, könnte man ein Profil von ihm anlegen. Man könnte seine Neigungen und Wünsche erkunden. Man könnte herausfinden, wie hoch die Schwelle war, die man überschreiten musste, um mit ihm ins Geschäft zu kommen. Das war vertrautes Terrain. Handwerk. Gelernt und gut geübt. Ich machte mich an meine Detektivarbeit.

Zunächst bekam ich heraus, dass aufgrund ihrer Qualifikation und ihrer Stellung eigentlich nur fünf Ärzte in ganz Schweden für diesen Job infrage kamen. Einer aus Fünfen – das herauszufinden klang nicht unmöglich. Ich legte Profile von jedem dieser fünf an.

Einer war selbst Teil der Gesundheitsbehörde – konnte es also nicht sein. Blieben noch vier. Ich ließ meine Mitarbeiter Informationen sammeln. Befragte die Vertreter, die für die jeweiligen Regionen zuständig waren. Ich ordnete an, verdeckt, aber gezielt nachzufragen, bei den Sekretärinnen indirekte Fragen zu stellen, die Rückschlüsse erlaubten, ohne dass die Befragten etwas von der dahinter stehenden Absicht erkannten oder sich kompromittiert fühlten. Langsam und sorgfältig puzzelte ich das Mosaik zusammen. Einer nach dem anderen fiel aus dem Bild heraus. Bis schließlich nur noch einer übrig blieb. Unser Mr. Unbekannt. Ein Mann von der Westküste Schwedens.

Ich begann Mr. Unbekannt sorgfältiger zu studieren. Er segelte gern. Ich kaufte mir ein Buch übers Segeln. Ich bekam heraus, welchen Typ Yacht er hatte. Ich ließ mir Informationen dazu ins Büro bringen. Ich studierte diese Texte. Ich schaute mir die Bilder der Yacht an. Ich schloss die Augen, lehnte mich in meinem Sessel zurück und stellte mir Mr. Unbekannt vor, wie er an Bord ging. Wie er den Blick über seinen prächtigen Besitz gleiten ließ. Die stromlinienförmig gebogenen Linien des Bootskörpers. Wie der anspringende Motor klingen würde. Wie Mr. Unbekannt hinter dem Steuerrad stand. Welche Sorgen er wohl hinter sich ließ, wenn er die Hafeneinfahrt passierte und hinaus aufs offene Meer fuhr?

Ich erinnerte mich an meinen Vater. Ich spürte diesem Gefühl nach, dieser Vertrautheit mit dem Wasser, diesem Respekt gegenüber dem Wasser und mein Körper fühlte sich jung und geschmeidig an. Das war gut. Das war ein gutes Gefühl, um mit Mr. Unbekannt in Verbindung zu

John Virapen

treten. Dieses Gefühl gab mir das Vertrauen, den Schuss ins Dunkle zu wagen. Ich rief Mr. Unbekannt an und verabredete mich mit ihm in einem Restaurant.

Aufgeregt war ich eigentlich nicht. Naja, nicht dass ich überhaupt nicht aufgeregt gewesen wäre. Natürlich ist man aufgeregt. Wie bei einem Auftritt auf der Bühne. Es ist das eigene Vorwissen, die Tatsache, dass man etwas vorhat, was die Aufregung bewirkt. Ich habe gelernt, mich in diesen Situationen auf das zu konzentrieren, worum es mir geht, auf das, was ich erreichen will. Die Kunst besteht darin, nicht mit der Tür ins Haus zu fallen – und trotzdem den Fuß auf die Schwelle zu setzen. Sich scheinbar ganz normal zu verhalten. Ein Schauspieler erzählte mir, die schwierigste Kunst in seinem Metier sei nicht die Verstellung, nicht der offensichtliche Rollentausch, sondern die Fähigkeit, sich unter Beobachtung ganz normal zu verhalten. Das traf auch auf mich bei jenem Treffen mit Mr. Unbekannt zu.

Ein Umstand jedoch half mir bei dem Vorhaben. Ich mochte Mr. Unbekannt nicht sonderlich. Echte Sympathie macht geschäftliche Kontakte schwerer. Zumindest in dem Bereich, in dem ich arbeitete. Jemand, den man mag, legt man ungern herein. Jemand, den man mag, zu belügen, ist schwierig. Jemand, den man mag, möchte man eigentlich nicht dazu bringen, die Grenzen der Legalität zu überschreiten.

Dass ich ihn nicht mochte, half. Er war ein Arschloch und ich war eines – es passte also. Wir verbrachten einen netten Abend zusammen. Ich sagte ihm ganz offen, für wen ich arbeitete. Wir sprachen ein wenig über dies und das. Ich zeigte ihm sogar einige Protokolle aus unseren Registrierungsunterlagen. Mr. Unbekannt lachte sein schwedisches Psychiaterlachen. Er konnte gar nicht wieder damit aufhören, auch wenn ich ihn gemocht hätte, wäre es mir peinlich gewesen, wie er in einem so feinen Restaurant so haltlos wieherte. Ein echter Schwede, eine echter schwedischer Psychiater. Nein, Mr. Unbekannt mochte Fluoxetin nicht, er hielt rein gar nichts davon.

Der Abend neigte sich dem Ende. Wie gesagt, nicht mit der Tür ins Haus fallen, aber den Fuß auf die Schwelle setzen. Ich zahlte für uns beide und mein Entschluss war gefasst. Bald rief ich ihn wieder an.

„Ein Abendessen ist immer eine gute Idee", sagte er. Diesmal würde ich die Katze aus dem Sack lassen. Ich weiß nicht mehr, ob während oder nach dem Hauptgericht – ich hatte das Gespräch wieder auf Fluoxetin gelenkt, immerhin wusste Mr. Unbekannt ja, dass wir, *Lilly*, es in Schweden registrieren lassen wollten – da sagte ich ihm auf den Kopf zu: „Nehmen Sie's mir nicht krumm, aber ich weiß, dass Sie mit unserem Fall bei der Gesundheitsbehörde betraut sind."

Mr. Unbekannt nahm es mir nicht krumm. Er grinste nur, sich seiner Wichtigkeit bewusst, und bestellte ein weiteres Glas Wein auf Kosten der Firma *Eli Lilly*.

„Sieben Jahre sind eine lange Zeit", sagte ich beiläufig. Mr. Unbekannt nickte über den Rand seines Weinglases, weiterhin grinsend. Ich wechselte kurz das Thema und sprach übers Segeln. Mr. Unbekannt schien dem Kurswechsel nicht abgeneigt. Er lud mich sogar auf seine Yacht ein. Ich fragte ihn, was es denn brauche, um diese sieben Jahre ein wenig abzukürzen, ob es eine Möglichkeit gebe, gegen den Wind zu kreuzen?

„Der erfahrene Segler umschifft auch die spitzesten Klippen", parierte Mr. Unbekannt.

„Aber Segeln auf Grund, das ist doch auch einem erfahrenen Segler unmöglich", fuhr ich fort, das Terrain testend. „Ein ausgetrocknetes Meer ist doch für Yachten recht ungeeignet."

Mr. Unbekannt mochte mir nicht widersprechen. Was das Segeln anging. Auf anderen Gebieten ließen sich aber vielleicht doch Wege aus einer derartigen Wüste finden.

John Virapen

„Was braucht es denn dazu?" fragte ich vorsichtig. Mr. Unbekannt setzte das Weinglas ab, wischte sich mit der Serviette über den Mund und sagte leise:

„Geld ist immer nützlich."

Nach einigem Nachdenken nannte er mir auch die Summe. Ich zahlte das Essen und wir verließen das Restaurant. Wir verabredeten uns für die nächste Woche. Ich ging zu Fuß zu meinem Wagen, stieg aber nicht ein. Ziellos wanderte ich durch die Altstadt.

Es nieselte. Der Regenschirm lag im Wagen. Das machte mir nichts. Ich ließ ihn dort. Ich fühlte mich ganz leicht. Ich sprang auf Bänke, tänzelte in den flachen, sich eben bildenden Pfützen, die Schuhe wurden nass, die Socken – ich zog sie aus. Passanten sahen mich an wie damals, als ich mit meiner Gitarre unterwegs war und auf der Straße lebte. Nackte Füße in der Innenstadt – unverzeihlich! Komischerweise sahen alle zuerst auf meine Füße. Dann auf meinen teuren Anzug. Dann sahen sie mir ins Gesicht und erkannten mich als den Farbigen, den Exoten. Und jetzt wussten sie gar nicht mehr, wie sie über mich denken sollten. Mir war's egal. Ich sang:

„I'm singin' in the rain ..."

Ich war glücklich! Ich wusste, der Konzern würde das Geld locker machen. Das Büro in Kopenhagen war zuständig für den gesamten nordischen Bereich. Am nächsten Tag telefonierte ich mit meinem Direktor in Kopenhagen. Ich teilte ihm mit, dass eine zügige Registrierung in Schweden 100.000 Kronen kosten würde, das waren damals etwa 20.000 Dollar. Ich sagte ihm, auf wen der Scheck ausgestellt werden sollte und dass er in Kopenhagen, Dänemark, eingelöst werden würde. Aus steuerlichen Gründen. Mr. Unbekannt wollte seinen Nebenverdienst nicht vom Finanzamt geschmälert sehen. Er konnte das gut verstehen. Bei uns durfte der Transfer auch nicht über die offiziellen Bücher laufen, sondern musste über das Büro in Genf abgewickelt werden. Verbucht vermutlich unter der Rubrik „Forschungsgelder".

Mein Direktor in Kopenhagen sagte mir also, er müsste das mit seinem Finanzdirektor besprechen. Das Büro in Kopenhagen hielt Rücksprache mit dem *Lilly*-Büro in Genf. In Genf laufen viele oder vielleicht alle Geldflüsse von *Eli Lilly* zusammen. Das dauerte einen Tag. Dann erhielt ich einen Anruf meines Direktors aus Kopenhagen.

„John, tu, was auch immer du für nötig hältst. Wir legen dir keine Steine in den Weg."

Woran Psychiater denken

Jedenfalls konnte ich Mr. Unbekannt beim nächsten Treffen mitteilen, alles sei arrangiert. Das freute ihn und Mr. Unbekannt hatte sich eine kleine Überraschung für mich ausgedacht. Die verabredete Summe von 20.000 Dollar war wohl nur ein Testballon gewesen, um unseren Spielraum auszuloten. Denn nun verlangte er zusätzlich, dass er und seine Mitarbeiter einen Forschungsauftrag von *Lilly* über Fluoxetin erhalten sollten. Dieses Zeug, über das er verächtlich den Kopf geschüttelt hatte. Es würde ihm und seinen Mitarbeitern über Jahre hinaus eine Menge Geld einbringen. Eine ganze Abteilung konnte allein von diesem Auftrag leben.

Was ging in dem Kopfe dieses Mannes vor? Er wollte Fluoxetin, das er noch zwei Wochen zuvor mit seinem Schwedischer-Psychiater-Lachen ins Reich des Unsinns verbannt hatte, nun wirklich eigenhändig verabreichen? Er dachte jedenfalls nicht an seine Patienten. Vermutlich dachte er genauso wie wir. Er verhielt sich genau wie wir. Er nahm, was er kriegen konnte. Dem Konzern war es egal, denn an irgendjemand, an irgendeine Klinik würden sie diesen Auftrag ohnehin vergeben müssen. Jedes westliche Land fordert, dass Folgestudien zu einem zugelassenen Medikament auch innerhalb des Landes durchgeführt werden.

Bei ihm konnten wir uns sicher sein, dass die Ergebnisse in unserem Sinne positiv ausfallen würden. Und falls nicht, hatte Mr. Unbekannt ja bereits seine Bereitschaft gezeigt, seine Meinung angesichts der richtigen Summe auch zu ändern. Ein äußerst wertvoller Kontakt.

Den Scheck über die erste Hälfte des Geldes bekam Mr. Unbekannt sofort, die zweite Hälfte sollte bei erfolgter Registrierung fällig sein. Eine meiner Mitarbeiterinnen war dafür zuständig, die Studienergebnisse zu ordnen und für die Zulassung vorzubereiten. Nun waren die Studien, vor allem Protokoll 27, auf das ich später noch eingehe, nicht gerade positiv ausgefallen. Mit einem richtigen Erfolg des Wirkstoffs konnten wir also nicht glänzen. Das Zeug hatte mehr Nebenwirkungen gezeigt als irgendeinen Nutzen.

Hokuspokus-Wissenschaft im Hotelzimmer

Doch Mr. Unbekannt tat alles, um uns aus diesem Dilemma herauszuhelfen. Er bat darum, ihm meine Mitarbeiterin vorbeizuschicken, um mit ihr die vorhandenen Daten so aufzubereiten, dass die Zulassungsbehörde keine unbequemen Fragen stellen musste.

Wir buchten ein Hotelzimmer für das Treffen, neutraler Boden sozusagen. Gemeinsam sorgten sie dafür, dass die

Prüfungskommission nicht über unliebsame Details stolpern würde. Der riesige Aktenberg wurde geschüttelt, neu geschichtet, neu gemischt wie die Karten eines Pokerspiels. Statistiken – das Spiel mit Zahlen. Todesopfer verschwanden in Fußnoten. Man kann sich das so vorstellen, zum Beispiel statt:

„Von zehn Leuten, die den Wirkstoff xyz einnahmen, bekamen fünf Wahnvorstellungen und versuchten, sich umzubringen, was vier der Probanden auch gelang", heißt es dann:

„Bei einem lief alles wie geplant, bei vier Probanden konnte eine Gewichtsreduktion festgestellt werden und bei weiteren fünf Probanden passierte Sonstiges."

Und schon taucht das schreckliche Wort Selbstmord nicht mehr auf. Ich weiß nicht, wie sie es genau machten, das war mir auch egal. Mich interessierte nur, dass das Zulassungsverfahren sich jetzt offenbar schnell dem Ende nähern würde. Mr. Unbekannt wandte all sein Wissen, seine Expertise an, nur für unsere Zwecke.

Obenauf legte er sein ganz persönliches Empfehlungsschreiben. Das war jenes Papier, für dessen unabhängige und unvoreingenommene Einschätzung ihn der Staat bezahlte. Von dem der Staat erwartete, dass das Wohl des Patienten die höchste Priorität hätte. Ein solches Papier ist mitunter der ganze Schutz, den die Menschen in einem Land vor der Willkür der Pharmaindustrie, vor den Nebenwirkungen neuer Produkte haben. All dies wurde hier mit Füßen getreten – dank meiner Initiative. Und nun ging alles sehr schnell.

Preisverhandlung für Prozac®

Kurze Zeit später rief die Gesundheitsbehörde bei mir an. Diesen Anruf tätigten sie nur, wenn sich ein Zulassungsverfahren absehbar einem positiven Ende näherte. Ich solle mich bei der Preisbehörde melden und die Verhandlungen aufnehmen.

Die Preise für Medikamente sind staatlich festgelegt bzw. zwischen der zuständigen Behörde und dem jeweiligen Pharmabetrieb ausgehandelt. Ein Pharmaunternehmen muss selbst bei Preiserhöhungen bereits im Handel befindlicher Medikamente stets mit der zuständigen Behörde verhandeln und darlegen, wie es zu dieser Preiserhöhung kommt. Diese Festsetzung ist für alle Apotheken und alle Abrechnungen in den Kliniken des jeweiligen Landes bindend. Sowohl im medizinischen Teil als auch im monetären geht es um die Dosis, um die Menge. X Milligramm der Substanz kosten dann y Euro.

Dieser Anruf war das ersehnte Zeichen: Ich hatte es geschafft. Ich hatte das Verfahren beschleunigt.

Die Preisverhandlung ist nicht völlig offen. Nach oben und nach unten sind Grenzen gesetzt. Konkurrenzprodukte oder schon auf dem Markt befindliche ältere Produkte und deren Preise spielen dabei eine Rolle. Es ist aber ein Unterschied, ob man einen Preis am untersten oder am obersten Rand erreicht. Wichtig ist, die Kosten des Konzerns für die Entwicklung des Produktes plausibel zu machen, die Forschungs- und Entwicklungsgelder. Gut ist es, wenn man die Marketinggelder sowie so genannte Opportunitätskosten auch noch darin unterbringen kann.[36] Diese gibt die Firma tatsächlich nicht aus. Es sind imaginäre Kosten. Das funktioniert so: Hätte die Firma das Geld, das sie für Marketing und Forschung in das Produkt x investiert hat, stattdessen angelegt, hätte sie in den vielen Jahren seit Beginn der Labortests die Menge z Geld verdient. Stattdessen aber haben die Bosse beschlossen, Ärzte nach Singapur einzuladen – im Namen der Forschung und der Menschheit – also vorzuschießen. Das, was man andernorts hätte verdienen können, wird nun in die Kosten für das neue Produkt mit eingebracht. Zinsen oder sonstige Gewinne, die man hätte machen können, werden dabei phantasievoll hoch angesetzt und entsprechen keinen rationalen Investments, wie sie irgendwer hätte tatsächlich tätigen können. Und die Firma hat ja auch gar nicht so gehandelt. Sie nimmt einfach den imaginären Gewinn, den sie hätte machen können, und verbucht ihn jetzt als Ausgabe. „Hätte" und „wäre wenn" – Finanzhokuspokus eben.

Nachdem es bisher so gut gelaufen war, setzte ich alles daran, auch bei der Preisverhandlung zu glänzen. Normalerweise hatte ich damit nichts zu tun. Bei simplen Preiserhöhungen schickte ich meine Finanzangestellte allein zur Behörde, bewaffnet mit den nötigen Argumenten, um zu versuchen den neuen Preis durchzuboxen.

Diesmal jedoch ging es um mehr. Unter anderem auch um meine Karriere. Ich wusste, welcher Preis der Konzernleitung pro Dosis vorschwebte. Und ich wusste, dass meine Karriere in besonderer Weise an den Ausgang der Verhandlungen geknüpft war. Mir kam entgegen, dass es sich letztlich wieder um eine Präsentationssituation handelte. Es sind wieder ganz bestimmte Individuen, die sich treffen und reden. Sympathie und Antipathie spielen eine wichtige Rolle. Sind vielleicht das Zünglein an der Waage, obwohl sie für die zu treffende Entscheidung überhaupt keine Relevanz haben. Dies aber, die zwischenmenschliche Ebene, war der Spielraum, den ich nutzen wollte. Mein Spezialgebiet.

Ich beschloss also, die Preisverhandlung diesmal persönlich zu führen. Es sollte mein Triumph werden, vom

Anfang bis zum Ende. Hätte es an diesem Tag geregnet in Stockholm, ich hätte Schuhe und Socken ausgezogen und wäre noch einmal barfuß durch die Altstadt getanzt! Stattdessen rief ich die Frau für die Finanzen ins Büro.

„Das wird ein interessantes Meeting", sagte ich.

Sie traute dem seltsamen Ton meiner Stimme nicht. Zudem war sie es ja gewohnt, derlei Verhandlungen allein zu bestreiten. Für diese Verhandlung aber hatte ich mir etwas Bestimmtes vorgenommen. Ich handelte nicht nur aus einer Laune heraus.

Ich sagte: „Und danach lade ich Sie zum Essen ein."

Einige Augenblicke später stand sie abfahrbereit in der Tür. Sie war stets bestens organisiert.

„Haben Sie alles?" fragte ich. Als Antwort hob sie die Aktentasche ein wenig an. Sie hatte einen trockenen Sinn für Humor. Reden konnte sie aber auch und diese Fähigkeit würde in der Verhandlung wichtig werden.

„Ich auch", sagte ich und fischte eine seidene Krawatte vom Tisch – Überbleibsel meines Ärzte-Geschenke-Bazars. Sie hob eine Augenbraue steil nach oben, seufzte und ging voraus.

Der zuständige Beamte war ebenfalls gut vorbereitet. Er hatte unsere Unterlagen studiert. Die Finanzfrau und ich begannen, ihn zu bearbeiten. Spontan ergab sich die von mir angedachte Rollenverteilung zwischen uns beiden – wie im Krimi, wenn der eine Polizist die Rolle des Guten und der andere die des Bösen übernimmt. Meine Finanzmitarbeiterin war hart. Sie forderte einen völlig überzogenen Preis, der weit über dem lag, was wir tatsächlich erzielen wollten. Zahlen und Fakten ratterte sie herunter wie ein Maschinengewehr. Ich hingegen „verbündete" mich mit dem Beamten und versuchte die Schärfe ihrer Salven abzudämpfen. Nichts beirrte sie. Mein Respekt vor ihr wuchs mit jedem Satz. Sie artikulierte druckfertig, präzis und pfeilscharf. Scharfer Verstand gepaart mit unbedingter

Hingabe an den Konzern – beeindruckend! Ich versuchte sie davon zu überzeugen, dass wir vielleicht doch ein wenig runtergehen sollten. Mit Klauen und Zähnen kämpfte sie, ich wusste, ich konnte mich auf sie verlassen. Als hätten wir dieses Rollenspiel geübt.

Am Schluss war der Beamte überzeugt, dass selbst ich unter ihrem herrischen Regime zu leiden hatte. Ich glaube, er hatte Mitleid mit mir. Mal wieder die Mitleidmasche. Der Preis, den er letztendlich als absolut oberste Grenze vorschlug, war gut. Sehr gut sogar. Er lag noch ein wenig über demjenigen, den ich mir persönlich zum Ziel gesetzt hatte.

Umgerechnet war es 1,20 Dollar für eine Dosis/Tablette von 20 mg. Ich schwebte im siebten Himmel. Dieser Preis war nun offiziell bestätigt und würde in die offiziellen Dokumente eingehen. Selbst, wenn unser Wirkstoff in Schweden letztendlich doch nicht zugelassen würde – was unwahrscheinlich war, aber möglich – der Preis stand fest.

Da wir dem armen Beamten so zugesetzt hatten und ich nicht wollte, dass dies die Stimmung bei der nächsten Preisverhandlung für ein anderes Medikament trübte, reichte ich ihm zum Abschied die Seidenkrawatte. Er zögerte, sie anzunehmen. Ich fasste sein Zögern absichtlich falsch auf. Ich sagte höflich:

„Wenn Ihnen diese nicht gefällt, müssen Sie sie auch nicht nehmen – kein Problem."

Und ich schob ihm eine andere über den Schreibtisch.

Das war die einzige Bestechung in der Preisverhandlung, die auch den gesetzlichen Tatbestand dafür erfüllte – unabhängig davon, dass unser Preis schon längst abgesegnet war. Als Regierungsbeamter durfte dieser Mann rein gar nichts von uns annehmen, weder vor, während noch nach den Verhandlungen. Ganz im Gegensatz zu Mr. Unbekannt, der als unabhängiger Berater nicht unter den Beamtenstatus fiel – jedenfalls nach der damaligen Gesetzeslage in Schweden. Unser Beamter jedenfalls zögerte nur kurz. Dann nahm er beide Krawatten, ließ sie in die oberste Schreibtischschublade hineingleiten und schob diese zu. Wahrscheinlich wollte er uns nur endlich los sein. Und bei diesem kleinen Geschenk hatte ich mir ja auch gar nichts Böses gedacht. Ich freute mich nur so, dass alles so erfolgreich verlaufen war.

Mein Preis setzt Maßstäbe

Meine Vorgesetzten waren mehr als zufrieden. Mit diesem Preis konnte *Lilly* nun in allen anderen Ländern in die Verhandlungen gehen und sagen: „Schaut, das bekommen wir in Schweden. Und die Schweden verstehen was davon."

Der von mir ausgehandelte Preis für ein unvollständig getestetes, mangelhaftes Produkt, das viele Menschen in den Wahnsinn oder in den Tod trieb und treibt, war Grundlage der Zulassungsprüfungen in aller Welt. Die Verbindung von Dosis und Preis ist noch immer die Grundlage für die medizinischen Empfehlungen in aller Welt. Man kann nicht weniger als diese Dosis zu sich nehmen, man nimmt immer mindestens soviel ein. Und das, obwohl die Vorsteherin der Prüfungskommission, eine weltweit anerkannte Expertin, aus eigenen klinischen Tests berichtete, dass bereits bei einem Viertel dieser Dosis, bei 5 mg, Schwierigkeiten auftauchten und Patienten versuchten sich umzubringen.

Diese hoch angesehene Persönlichkeit war es auch, die letztendlich die Zulassung von Fluoxetin in Schweden dann doch noch verhinderte. Sie weigerte sich schlicht, der Zulassung von 20 mg-Dosen zuzustimmen, wenn nicht auch gleichzeitig 5 mg-Dosen angeboten werden würden.

Das passte *Eli Lilly* nicht. Der Preis für die 20 mg-Dosen war festgelegt. Eine 5 mg-Dosis hätte ja Umsatzeinbußen von 75 Prozent bedeutet! In diesem Punkt war *Lilly* empfindlich. Denn dieser Wertverfall hätte auch Konsequenzen für die anderen Länder gehabt, mit denen man gleichzeitig verhandelte. So aber konnte *Lilly* – innerhalb eines kurzen Zeitfensters – bei den Preisverhandlungen in den anderen Ländern sagen: „Sie wollen uns auf einen Dollar festnageln? In Schweden liegt der Preis bei 1,20 Dollar!"

Nur der Preis zählt

Letztendlich kam es in Schweden nicht zur Zulassung des Wirkstoffs. Was wohl deutlich zeigt, dass es *Eli Lilly* zu keinem Zeitpunkt um das Wohl der Patienten ging, sondern einzig und allein um den Profit.

Und in dem Sinne hat es sich gelohnt. Fluoxetin wurde – besonders in den USA und in Großbritannien – zu einem so großen kommerziellen Erfolg, wie es ihn zuvor in der Geschichte der Pharmaindustrie noch nicht gegeben hatte, mit der 20 mg-Dosis und mit „meinem" Preis. Aufgrund des Marketings wurde es eine Modedroge. Denn so viele Depressive gibt es nun auch wieder nicht. Fluoxetin wurde als Stimmungsaufheller vermarktet. Fluoxetin vermittelte angeblich ein positives Lebensgefühl. Und wer hätte das nicht gerne?

Mit Fluoxetin war eine Wende geschafft. Kopfschmerztabletten gehören für viele zwar auch zum Alltag – aber nur, um Schmerzen zu dämpfen. Eine Pille, die einem ein gutes Lebensgefühl verpasst – da muss man nicht einmal mehr krank sein oder Schmerzen haben. Man kann sie immer schlucken. Ein gutes Lebensgefühl kann man immer brauchen. Jeder. Auch Sie? Oder?

Der Erfolg von *Prozac®* katapultierte übrigens die gesamte Familie der SSRI nach oben in der Hitliste der bestverkauften Wirkstoffe. Der Wirkstoff Fluoxetin ist sogar 2006 noch, nachdem das Patent dafür im August 2001 ausgelaufen ist, auf Platz 18 (verkaufter Packungen).[37]

Dass es dabei nie um Heilung, nie um den Patienten ging, zeigt sich überdeutlich, wenn man die Geschichte von Fluoxetin, das als *Prozac®* in den USA zur Lifestyledroge aufstieg, weiterverfolgt.

Kapitel 8
Was ist „Depression"?

Der traurige Witz an der ganzen Sache ist, dass *Eli Lilly* den ursprünglichen Plan, Fluoxetin als Mittel zur Gewichtsreduktion zu verbreiten, überhaupt nicht mehr zu verfolgen brauchte, weil *Prozac®* sich bereits als Antidepressivum zum Blockbuster entwickelte.[38]

Vielleicht ist Ihnen schon einmal aufgefallen, dass immer mal wieder neue Krankheiten durch die Presse geistern, von denen vorher noch nie jemand gehört hat und unter denen auch niemand leidet, den man kennt. Meistens taucht dann auch recht bald darauf ein brandneues Medikament auf, das genau gegen diese Krankheit hilft, die eigentlich vorher niemand hatte. Aber wenn man es sich recht überlegt, hatte man nicht schon mal selbst ähnliche Symptome ...?

So wird Bedarf geschaffen, werden neue Märkte erschlossen. Genau so funktionierte es auch mit der Depression.

Wissen Sie, warum heute mehr Menschen depressiv sind als je zuvor? Nein, nicht wegen der Umweltverschmutzung, nicht wegen unbezahlbarer Handyrechnungen oder der Vereinnahmung der Innenstädte durch Verkaufsketten. Es ist auch kein evolutionärer Vorgang und vermutlich auch nicht einer jener unerklärlichen Wege Gottes. Wenn all das nicht die Ursache dafür ist – ist es dann überhaupt wahr, dass heute mehr Menschen depressiv sind als früher? Die Frage ist schon besser. Und die nächste noch besser: Was verstehen wir eigentlich unter dem Begriff „Depression"?

Wenn man wissen will, ob sich heute mehr Leute als früher bei Stürzen von Leitern die Füße brechen, dann kann man das in einer Statistik nachschlagen und herausfinden. Es gibt und gab Leitern und es gibt und gab Leute, die herunterfallen. Hier ist die Sachlage klar. Bei psychischen oder sozialen Phänomen hingegen nicht. Denn was als Depression zu gelten hat – das ist Auslegungssache. Das ist nicht so offensichtlich wie beispielsweise ein gebrochener Fuß, man legt es einfach fest und definiert es nach Gutdünken.

Aufweichen diagnostischer Grenzen

Es gibt ein Standardwerk zur Depression, das *DSM*, das *Diagnostic and Statistical Manual of Mental Disorders* (Diagnostisches und Statistisches Handbuch Psychischer Störungen). Dieses ist nicht Ergebnis von Forschung, sondern des Konsens' einer Gruppe von Psychiatern, die überlegten, was in den Katalog mit aufgenommen werden sollte. Schon die Zusammensetzung der Gruppe ist interessant.

John Virapen

„56 Prozent der Autoren (die zu den diagnostischen Kriterien des DSM IV, dem neusten Stand, beitrugen, Anmerkung des Autors) hatten oder haben finanzielle Verbindungen zu pharmazeutischen Unternehmen. 100 Prozent der Mitglieder des Ausschusses für ‚Stimmungsstörungen‘ und ‚Schizophrenie und andere psychotische Störungen‘ hatten Verbindungen zu Pharmaunternehmen. Die führenden Kategorien [...] waren Forschungsgelder (42%), Beratung (22%) und Sprecherbüro (16%).“[39]

Dieses Beschäftigungsprofil klingt bekannt – oder?

Interessant ist auch, wie sich die Inhalte dieses Katalogs geändert haben. Er kannte in den fünfziger Jahren einhundert verschiedene Manifestationen von Depression. Diese Zahl hat sich inzwischen verdreifacht! Und das genau ist der Trick. Man erweitert das Profil, macht es unschärfer, weicht die Grenzen zwischen dem, was noch als gesund, und dem, was schon als krank gilt, auf. Man macht den Katalog einfach dicker. Zählt alle möglichen Zustände zum Phänomen Depression hinzu – und erhält dadurch eine immer weiter steigende Anzahl von Menschen, die in diese Kategorie passen.

„Selbst unter Experten ist die Definition einer Depression unklar. Es wird zwar versucht, diese Unklarheit mit immer weitergehenden Definitionen zu beseitigen, aber das muss nicht unbedingt zur Klarheit beitragen. Als internationaler Standard gilt das *Diagnostic and Statistical Manual* (DSM) der US-amerikanischen PsychiaterInnenvereinigung. Die erste Fassung des DSM hatte 1952 gut einhundert unterscheidbare Manifestationen der Depression definiert, in seiner fünften Fassung (DSM-IV, 1994) <u>hat sich die Zahl der Definitionen verdreifacht</u> (Hervorhebung durch den Autor).“[40]

Wenn man in seinem Bekanntenkreis herumfragt: „Fühlst du dich mal so, mal so?“ – wird man von den meisten ein „Ja“ als Antwort bekommen. Stimmungen schwanken, das ist ganz normal. Wertet man nun jedoch Stimmungsschwankungen als ein Anzeichen für Depression, steigt die Anzahl der Depressiven so lange, bis man bei 90 Prozent der Menschheit angelangt ist.

Sie finden mein Beispiel zu plump? Dann lesen Sie die folgenden Beispiele. Sie stammen aus dem besagten Fragenkatalog zur Feststellung von Depression, anhand derer auch ein Allgemeinarzt feststellen kann, ob jemand depressiv ist. Und ob man ihm die SSRI-Antidepressiva, wie zum Beispiel den Wirkstoff Fluoxetin, verschreiben kann.

„In manchen Fällen wird die Traurigkeit zuerst geleugnet, aber dann während des Gesprächs dem Patienten entlockt (z.B. indem man darauf hinweist, dass die PatientIn so aussieht, als müsse sie gleich weinen).“[41]

Es ist tatsächlich so. Freudige Menschen sind besonders verdächtig, aber mit der geeigneten Technik wird man auch diesen Traurigkeit entlocken.

„Einige Individuen betonen eher körperliche Beschwerden, als dass sie über ein Gefühl von Traurigkeit berichten. Individuen berichten vielleicht, dass sie weniger Interesse an ihren Hobbys haben. Gewöhnlich gibt es Appetitlosigkeit, [aber] andere Individuen haben vielleicht mehr Appetit [und] es kann deutlichen Gewichtsverlust oder -zunahme geben.“[42]

Ja, und manche Individuen erzählen vielleicht etwas über die Fußballergebnisse, übers Wetter oder über das Wachstum der Gurken im Frühbeet – lauter Ablenkungsmanöver! Emotionale Maskierungsversuche! Unbewusst-triebhaft gesteuerte Irreführungsstrategien! Lauter Äußerungen, die auf Depression hinweisen! Ein Gespräch über Bäume! Der gewiefte Arzt jedoch lässt sich nicht täuschen – er verschreibt die Pille. Denn es gibt nichts, was nicht ein Hinweis auf ihre Anwendbarkeit wäre!

Und sollte sich tatsächlich jemand finden, dessen Stimmung nie schwankt, der immer gut gelaunt, fröhlich und glücklich ist – umso schlimmer, denn das ist nach der allerneuesten Forschung ein echtes Anzeichen für ein ernsthaftes Problem! So einfach vergrößert man Märkte.

„Die unklaren und ausgeweiteten Definitionen sind auch im unmittelbaren Interesse der Pharmaindustrie, denn derzeit besteht die Behandlung von Depressionen im Wesentlichen in der Gabe von Medikamenten, genauer gesagt von Antidepressiva."[43]

Internes Lilly-Memo

Mir liegt ein internes Memo der Firma *Eli Lilly* vom 25. November 1984 vor. Geschrieben von einem Mitarbeiter der deutschen Filiale in Bad Homburg (Herrn Keitz), adressiert unter anderem an Sidney Taurel und andere Mitglieder der Konzernspitze.

„Gestern erhielten wir nicht öffentlich einen Kommentar zu unserer Bewerbung."

Eli Lilly hatte den ersten Anlauf der Zulassung von Fluoxetin in Deutschland begonnen – und war sang-und-klanglos gescheitert. Keitz berichtete über die Ergebnisse der deutschen Behörde. Sie waren unerfreulich. Demnach kam die Bundesgesundheitsbehörde zu dem vernichtenden Schluss, *Lilly* hätte weder darlegen können, was der Wirkstoff eigentlich bewirken, wie er wirken solle, noch, welches medizinische Bild *Lilly* eigentlich von Depression habe. Es entspreche jedenfalls nicht den Kriterien der Weltgesundheitsorganisation und nicht dem wissenschaftlichen Stand in Deutschland. Das Bild, das *Lilly* von Depression habe, sei völlig inakzeptabel.

Entgrenzung des Medikamentenkonsums

Zum Zweck der Entgrenzung von Krankheitsbildern werden selbst Patientenorganisationen eingespannt oder eigens neu gegründet. Diese erscheinen dem Hilfesuchenden zunächst als unabhängig, denn Menschen mit gleichen Problemen wie die eigenen scheinen sich uneigennützig zu engagieren. Doch wenn man dann genauer hinschaut, ergibt sich Folgendes:

„Von 1992 bis 1997 gab es in Großbritannien eine Kampagne ‚Bekämpft die Depression‘, die von den PsychiaterInnen- und AllgemeinärztInnen-Verbänden organisiert wurde. Die Kampagne wurde von der Pharmaindustrie mitfinanziert. Die AllgemeinärztInnen wurden aufgefordert, 70 Prozent mehr PatientInnen wegen Depressionen zu behandeln und die Medikamente offensiver einzusetzen. Dabei wurde ein klarer Schwerpunkt auf SSRI-Antidepressiva gesetzt. Es erstaunt wenig, dass alle bedeutenden SSRI-Hersteller die Kampagne unterstützten. Heute wird diese Kampagne von der *Depression Alliance*, einer Industrie-gesponsorten PatientInnen-Organisation, weitergeführt."[44]

Das alles wäre noch erträglich, wenn es sich bei den auf diese Weise massenhaft verbreiteten Medikamenten um harmlose Pillen handeln würde, die nichts bewirken als ein positives Gefühl beim Patienten. So ist es aber nicht.

John Virapen

Die folgende Liste wurde dem Beipackzettel von *Prozac®*, der amerikanischen „Lifestyledroge", die in Deutschland unter dem Namen *Fluctin®* vertrieben wird, entnommen. Wirkstoff bei beiden: Fluoxetin, genau der Wirkstoff, der in Schweden von den Fachleuten keine Zulassung bekommen hatte. Dies sind die Nebenwirkungen, die bisher aufgetreten sind, wobei ich nicht weiß, ob die Liste auf dem allerneuesten Stand ist, da immer neue Anomalitäten bei Menschen gefunden werden, die Fluoxetin verordnet bekommen. Diese finden den Weg auf den Beipackzettel auch erst, wenn der herstellende Konzern qua Prozess oder findigen unabhängigen Forschern und deren publizierten Ergebnissen dazu gezwungen wird. Also selten und erst in allerletzter Konsequenz.

Bauchschmerzen, Mundtrockenheit, Appetitlosigkeit, Durchfall, akute oder chronische Verstopfung des Darmes, Erbrechen, Blähungen, Geschmacksveränderungen, Schluckbeschwerden, zentralnervöse Beschwerden wie: Kopfschmerzen, Schlaflosigkeit, Nervosität, Müdigkeit, Angstgefühle, Zittern, Benommenheit, Schwindelgefühl; Störungen der Sexualfunktion wie etwa Impotenz, Verminderung der Libido, Priapismus (schmerzhafte Dauererektion des Penis, die länger als zwei Stunden anhält); Missempfindungen wie Kribbeln in den Fingern oder schmerzhaft brennende Gefühle.

Sind Sie noch da? Es geht nämlich weiter.

Albträume, Denkstörungen und Verwirrtheit, exzessive Blutungen und exzessives Hochgefühl, übermäßiges Schwitzen, verschwommenes Sehen, Juckreiz, Herzklopfen, Brustschmerzen, Brustschwellung, Hitzewallungen, Gliederschmerzen.
Gewichtsabnahme.

Diese letztgenannte Nebenwirkung als „Wirkung" zu deklarieren war der ursprüngliche Plan. Da es für Depressionen zugelassen wurde, fällt diese Wirkung in die Kategorie „Neben-Wirkung".

Anaphylaktoide Reaktionen wie etwa leichte Hautreaktionen oder Störungen von Organfunktionen, aber auch Kreislaufschock mit Organversagen sowie tödliches Kreislaufversagen, Verkrampfung der bronchienumspannenden Muskulatur, Wassersucht, Nesselsucht, Juckreiz, Bläschenbildung, Fieber, Leukozytose, Gelenkschmerzen, Atemnot und Gähnen, Beeinträchtigung der Konzentration, Harnlassstörungen, Hypomanie, Manie, Entzündungen von Arterien, Kapillaren und Venen durch autoimmunologische Prozesse, entzündliche oder fibrotische Veränderung der Lunge und Atemnot.

Und es kommt noch mehr.

Leberfunktionsstörungen wie Gelbsucht oder Hepatitis, Auftreten oder Verschlimmerung extrapyramidalmotorischer Symptome (M. Parkinson), Krampfanfälle, Blutdrucksteigerung oder Blutdrucksenkung, Blutungen, z.B. kleinflächige Hautblutungen, Magen-Darm-Blutungen, Nasenbluten oder extreme Blutarmut sowie Panzytopenie, neuroleptisches Syndrom, Schlaganfälle, Entzündungen der Bauchspeicheldrüse, Herzrhythmusstörungen, Haarausfall, Hyperprolaktinämie, Vaginal-Blutungen.

Achtung, das Finale:

Aggressive Verhaltensweisen, abnormes Denken, Suizidgedanken und Selbstmord!

John Virapen

Wow. Der Schluss ist besonders eindrucksvoll, nicht wahr? *Suizidgedanken* und *Selbstmord* bei einem Medikament, das gegen Depressionen wirken soll?

1986 fanden sich in klinischen Studien bereits enorme Selbstmordraten: Von 1.000 Patienten brachten sich 12,5 Patienten um, die auf *Prozac®* waren. Im Vergleich dazu waren es nur 3,8 Patienten, die ein Nicht-SSRI-Antidepressivum genommen hatten und 2,5 Patienten bei einem Placebo.[45] Ein sechsfach höheres Selbstmordrisiko bei *Prozac®* ergab auch eine spätere Studie von 1995.[46] Und der Konzern wusste davon. Man möchte meinen, eine solche Substanz gehöre für die Öffentlichkeit unzugänglich aufbewahrt. Die interessante Frage für den ehrgeizigen Verkäufer lautet: Wie vermarktet man derartiges?

Nun könnte man sagen, es steht ja auf dem Beipackzettel. Wer den aufmerksam liest, kann sich ja selbst überlegen, ob er das Zeug nimmt oder nicht. Stimmt nicht ganz. Auf dem Beipackzettel steht nicht unbedingt das, was draufstehen sollte. Die Pharmaindustrie setzt alles daran, auch auf den Beipackzetteln die Wahrheit zu vertuschen.[47] Die Tatsache, dass Selbstmord in diesem Beipackzettel aufgeführt ist, verdankt sich einzig der Hartnäckigkeit der deutschen Bundesgesundheitsbehörde in diesem Fall. Auf den amerikanischen Beipackzetteln war davon jahrelang nichts zu lesen. Obwohl *Lilly* davon wusste.

Mehr noch: Nicht nur die Informationen auf dem Beipackzettel, sondern sämtliche Informationen, die es zu solchen unangenehmen Nebenwirkungen gibt, sollten – ging es nach *Lilly* – getilgt werden. Ein so unschönes Wort wie Selbstmord sollte nirgends auftauchen.

Ein Memo aus dem Jahr 1990, gesendet aus dem deutschen *Lilly*-Büro ans Hauptquartier in Indianapolis, deutet an, dass *Lilly* besessen darauf war, dieses unschöne Wort völlig aus seinen Daten zu löschen.[48] Claude Bouchy und Hans Weber, zwei Mitarbeiter von *Lilly* in Deutschland, waren äußerst besorgt, als sie von ihren Bossen hörten, sie sollten Selbstmordversuche von Patienten, die ihnen Ärzte berichtet hatten, als „Überdosis" in ihren Akten deklarieren – obwohl es unmöglich ist, sich selbst mit einer Überdosis zu töten. Selbstmordneigungen dagegen sollten sie unter „Depression" verbuchen.[49] Und schon taucht das Problem „Selbstmord" gar nicht mehr auf. Man verschiebt nur die Kategorie, wählt einen anderen Namen. Fertig!

In dem Memo von Claude Bouchy heißt es:

„Hans hat medizinische Schwierigkeiten mit diesen Anweisungen und ich habe große Sorgen deswegen. [...] Ich glaube, ich könnte weder dem Bundesgesundheitsamt noch einem Richter noch einem Journalisten noch meiner eigenen Familie erklären, warum wir das tun sollten, ganz besonders, wenn es um so sensible Themen wie Selbstmordneigungen und Selbstmord geht."[50]

Vor allem: Wer liest schon den Beipackzettel, wenn der Arzt, dem er vertraut, ihm versichert hat, das Medikament werde ihm helfen? Oder vielleicht sogar, einzig und allein dieses Medikament werde ihm helfen?

Der eigentliche Skandal aber liegt darin, dass die Firma *Eli Lilly* von all diesen Nebenwirkungen schon wusste, bevor sie die Zulassung beantragt hat. Genau ob dieses krassen Widerspruchs brachen die schwedischen Experten in Gelächter aus. Die Daten in den schwedischen Unterlagen zur Zulassung waren also wirklich in einem schlechten Zustand. Ein Teil dieser Daten, die meine Mitarbeiterin und Mr. Unbekannt in besagtem Hotelzimmer so aufbereiteten, dass sie für die Prüfungskommission in Schweden gut aussahen, waren im Protokoll 27.

Kapitel 9
Protokoll 27

Aus persönlicher Erfahrung konnte ich Ihnen von Unregelmäßigkeiten beim Zulassungsverfahren für Fluoxetin in Schweden berichten. Zu diesem Zeitpunkt war ich bereits meilenweit von meinem ursprünglichen Interesse an Medizin und an dem medizinischen Bereich der Pharmaindustrie abgerückt. Ich war mit der Koordination des gesamten Apparates beschäftigt. Störungen in klinischen Versuchen, die Gespräche mit Experten – das waren Dinge, die mich nur als Detail im Gesamtplan „Zulassung – Umsatz" interessierten. Ein Scheitern dieses Plans war eine Unmöglichkeit. Schlampig durchgeführte Studien waren bloß ein Stolperstein, der beseitigt werden musste. Auf dem kürzesten Weg. Was in den Studien wirklich passierte, war mir, gelinde gesagt, gleichgültig. Wichtig war mir allein, wie man sie präsentabel gestalten konnte. Im Rückblick sieht das anders aus. Heute, nach den vielen Todesfällen im Zusammenhang mit Fluoxetin und nach vielen Prozessen gegen *Eli Lilly*, sind langsam und nur gegen den erbitterten Widerstand des Konzerns immer mehr Details über die klinischen Studien im Vorfeld der Registrierung ans Tageslicht gekommen. Obwohl ich selbst meine Assistentin dem guten Mr. Unbekannt nach Göteborg geschickt hatte, damit beide unsere Daten frisierten, so habe ich mir deren Ergebnisse seinerzeit nie angeschaut. Ein Teil der Unterlagen, die meine Mitarbeiterin und Mr. Unbekannt im Hotelzimmer so aufbereiteten, dass sie für die Prüfungskommission in Schweden gut aussahen, war das Protokoll 27.

Protokolle sind festgelegte Abläufe für klinische Studien. Wem wird welches Medikament wann in welcher Dosierung verabreicht; wie ist sein Zustand zu Beginn, wie verändern sich einzelne Parameter seines Zustandes mit Beginn der Behandlung etc. Das Protokoll 27 nun, das für die Zulassung von *Prozac®* aufgesetzt wurde, ist berüchtigt. Kurz gesagt, kam die amerikanische Zulassungsbehörde FDA aufgrund des Protokolls 27 zu dem Schluss, *Prozac®* habe eine positive Wirkung als Antidepressivum – obgleich das Protokoll 27 selbst ein Paradebeispiel für die Verschleierungs- und Fälschungstaktiken der Pharmaindustrie ist. Derlei Absurditäten haben ihren Reiz für die Erzählung.

Protokollabbrüche

Wird ein solches Protokoll zu Ende geführt, müssen die Daten dieses klinischen Versuches auch veröffentlicht werden. Wird es abgebrochen, nicht. Sehr interessant, sollte man wissen.

Versagen gilt nicht

Das ist gut so. Denn für die FDA beispielsweise zählt nicht, wie viele erfolglose Versuche es mit dem Beweis der Wirksamkeit und der Unbedenklichkeit eines Medikaments gibt, sondern nur, ob es irgendeinen Hinweis auf eine etwaige erwünschte Wirkung gibt.[51]

Todesfälle im Verlauf von klinischen Studien werden von den Firmen selbst übrigens als Geschäftsgeheimnisse eingestuft – und müssen allein daher nicht an die Behörden weitergeleitet werden. Der ganze Betrieb dient der Immunisierung der Pharmaindustrie und nicht den Interessen der Patienten.

Das Protokoll 27 wurde auch bei uns ins Schweden diskutiert. Und Sie erinnern sich: in Schweden wurde *Prozac*® nicht registriert. Anders in fast allen anderen Ländern der Welt. Inklusive Deutschland. Lassen Sie mich aber, um es nicht bei allgemeinen Behauptungen zu belassen und damit Sie sich selbst ein Bild machen können, ein wenig mehr ins Detail gehen.[52]

Eine schmelzende Zahl

Wie viele Patienten hatten vor der Registrierung *Prozac*® genommen? Anders gefragt: Welche Erfahrungen gab es vor der Zulassung mit *Prozac*®? Man nimmt gemeinhin an, es gäbe Erfahrungen von Patienten mit dem Medikament, die über Jahre reichten, und die Anzahl der Patienten sei ziemlich groß, bevor ein neues Medikament die Zulassung bekommen könnte. Am 31. August 1990 schrieb *Eli Lilly* einen seiner „Dear Doctor"-Briefe an amerikanische Ärzte, wegen der Befürchtungen, *Prozac*® könnte die Selbstmordneigung der Patienten erhöhen. In dem Brief hieß es:

„Über 11.000 Individuen nahmen an klinischen Versuchen für *Prozac*® teil, von denen über 6.000 mit *Prozac*® behandelt wurden."[53]

Aus dieser geschickt formulierten Mitteilung hielt sich vor allem die Zahl 11.000. Allerdings haben ja nicht 11.000 Patienten *Prozac*® genommen – sondern nur 6.000. Beim Überfliegen des Textes bleib allerdings die großartige Zahl

11.000 hängen – sie findet sich sogar in wissenschaftlichen Publikationen zu *Prozac®*.[54]

Aber 6.000 – das ist doch auch eine genügende Anzahl von Versuchskaninchen, oder? Nun, genauer betrachtet waren es auch nicht 6.000 Menschen. 5.600 heißt die Zahl in der Auswertung. Allerdings hatten von diesen 5.600 gar nicht alle an klinischen Versuchen unter wissenschaftlichen Bedingungen teilgenommen. Und an anderer Stelle heißt es, es seien auch nur 4.000 gewesen – mit der Einschränkung, dass viele von diesen Versuchen keine Doppelblindversuche waren.[55] Und nur Doppelblindversuche zählen. Eigentlich. Wie bereits erläutert, bedeutet „Doppelblind", dass weder der behandelnde Arzt noch der Patient wissen, ob es sich nun um ein Placebo oder um den Wirkstoff handelt. Wobei dazu noch gesagt werden muss, dass gerade im Fall *Prozac®*, wenn es im Vergleich zu einem Placebo oder einem älteren Antidepressivum getestet wurde, der Arzt anhand der Nebenwirkungen sofort erkennen konnte, worum es sich handelte: das ältere Antidepressivum machte die Leute extrem schwerfällig und träge, bei *Prozac®* drehten sie auf. Aber mal abgesehen von solchen Feinheiten: 4.000 Versuchsteilnehmer – das ist doch eine ganze Menge. Nun, nicht ganz – denn an Doppelblindversuchen haben tatsächlich nur gezählte 1.730 Patienten teilgenommen. Allerdings hat die FDA die meisten dieser Versuchsreihen nicht berücksichtigen können – aufgrund verschiedenster technischer Pannen und wissenschaftlicher Unsauberkeiten. Unter anderem solcher, dass zwar manche Patienten *Prozac®* bekommen haben – zugleich aber auch andere Medikamente. Oder, dass sie zwar an einem Tag *Prozac®* bekommen hatten, dann aber wegen schwerer Nebenwirkungen den Versuch ganz abbrechen mussten, so dass sie die mehrwöchigen Versuche nicht durchstanden.[56]

Nur die Stärksten überleben den klinischen Versuch

Vor den klinischen Versuchen wurden viele Patientengruppen von den Tests ausgeschlossen. Kinder und Ältere zum Beispiel. Erlangt das Produkt aber die Zulassung, dann kann es auch auf diese Gruppen angewendet werden![57]

Patienten mit ernsten Selbstmordneigungen wurden ebenso von den Studien ausgeschlossen wie Patienten in psychiatrischen Abteilungen. In den Doppelblindversuchen wurden darüber hinaus die Patienten von den Versuchen ausgeschlossen, die zu gut auf das Placebo reagierten – und die Testreihe wurde neu begonnen – ohne diese Patienten.[58] Das war nötig, um am Ende nicht mit lauter Patienten dazustehen, die man mit Zuckerkügelchen geheilt hat, statt mit dem patentierten Wirkstoff. Denn ist der neue Wirkstoff nicht besser oder gar schlechter als ein Placebo – wird er nicht zugelassen.

Von 11.000 auf 286

Zählt man zusammen, was aus all diesen von überallher zusammengekratzten Versuchsreihen übrig bleibt – so sind es magere 286 Patienten, die an den vier-, fünf- oder sechswöchigen Versuchen überhaupt bis zum Ende teilgenommen haben. 286 Personen gegen 500 Millionen Dollar Umsatz. Weltweit wird *Prozac*® millionenfach verschrieben und geschluckt. Auf der Basis der Erfahrung von 286

Menschen, an denen es vor der Zulassung getestet wurde. Die anderen Millionen sind sozusagen unfreiwillige Versuchskaninchen. Sie wissen nicht, dass sie an einem inoffiziellen gigantischen Feldversuch teilnehmen. 286 – das reicht nicht einmal dafür, eine harmlose Umfrage als repräsentativ bezeichnen zu dürfen.

Ganz abgesehen davon, dass auch die sich immer weiter häufenden Meldungen von schwersten Nebenwirkungen *Eli Lilly* herzlich wenig interessieren. Solange keine allzu teuren Klagen kommen, bleibt das Medikament so, wie es ist, auf dem Markt. Alles andere würde ja den Gewinn schmälern.

Behandlungsdauer

Ein weiterer Knackpunkt im Protokoll 27 ist die Behandlungsdauer. 86 Prozent der mit in klinischen Versuchen getesteten Personen nahmen *Prozac*® weniger als drei Monate!

Nur 63 Patienten hatten *Prozac*® länger als zwei Jahre eingenommen, bevor das Mittel die Zulassung bekam. Nur die Hälfte der Patienten, die mit *Prozac*® konfrontiert wurden, schafften die erforderliche Mindestzeit von sechs Wochen. Die anderen mussten abbrechen – wegen gegenteiliger Wirkungen und Wirkungslosigkeit in Bezug auf die avisierte Wirkung.

John Virapen

Langzeitwirkungen

Langzeitwirkungen konnten bei den aufgesetzten Protokollen schlecht untersucht werden. Die Laufzeiten der *Prozac®*-Einnahme waren ja auf wenige Monate begrenzt, und selbst die stand die Hälfte der Patienten nicht durch.

Neugeborene auf Entzug

Heute, wo Millionen von Menschen den Wirkstoff Fluoxetin als *Prozac®* oder *Fluctin®* zu sich nehmen, sieht die Sache schon anders aus. Über die Jahre wurde der Beipackzettel mit den schädlichen bis tödlichen Nebenwirkungen immer länger.

Beispielsweise stellte sich heraus, dass SSRI-Wirkstoffe, zu denen Fluoxetin ja gehört, enorme Auswirkungen auf das Kind im Mutterleib hat. Vorgeburtlicher Kontakt mit Antidepressiva wie *Prozac®* oder *Fluctin®* erhöht das Risiko Neugeborener für Entzugserscheinungen und Anomalien im Atmungsbereich.

„Der Einsatz von selektiven Serotonin-Wiederaufnahmehemmern (SSRI) bei schwangeren Frauen erhöhte, laut einer Studie der *University of California,* das Risiko einer persistierenden pulmonalen Hypertonie bei Neugeborenen (PPHN) um 600 Prozent. [...] Aufgrund der Schwere der Erkrankung überleben zwischen zehn und zwanzig Prozent der Neugeborenen trotz medizinischer Behandlung nicht. Die Studie des *Schneider Children's Medical Center of Israel* hat nachgewiesen, dass fast ein Drittel der Kinder, deren

Mütter SSRIs eingenommen hatten, kurz nach der Geburt Entzugserscheinungen wie ein Weinen in hoher Tonlage, Zittern, Probleme im Magen-Darm-Bereich und Schlafstörungen aufwiesen. Dreizehn Prozent der 60 Neugeborenen, die mit diesen Antidepressiva in Kontakt gekommen waren, zeigten schwere Entzugserscheinungen."[59]

All dem zum Trotz aber:

„Viele Mediziner gehen davon aus, dass schwangere Frauen bei Depressionen behandelt werden sollten. Sie befürworten dabei auch den Einsatz von selektiven Serotonin-Wiederaufnahmehemmern."[60]

Nutzloser Hammer

Haben denn diese Hammer-Medikamente nun bei all diesen schrecklichen Nebenwirkungen auch irgendeinen Nutzen? Die Auffassung unabhängiger Wissenschaftler (sprich: von der Pharmaindustrie unabhängig) dazu lautet: Nein!

Es gibt keinen einzigen in einer Studie nachgewiesenen Fall, in dem irgendjemand von schwerer Depression geheilt worden wäre – weil dies auch gar nicht untersucht wurde.

Die Auswertung der abgebrochenen und misslungenen Tests erfolgte nach einem ähnlichen Muster wie der Katalog zur Erfassung von Depression, von dem Sie schon gelesen haben. Es wurden wieder Fragebögen mit Abstufungen verwendet. Diese Fragebögen wurden von den Ärzten ausgefüllt.

Die Patienten sollten sich selbst einschätzen und das führte zu einem Ergebnis, das die Patienten auf zwei Skalen einordnete. Auf der einen Skala konnte man ablesen, dass sich die Patienten nach der Einnahme eines Placebos genauso wie bei Einnahme von *Prozac®* fühlten. Die andere Skala zeigte sogar leichte Vorteile des Placebos gegenüber *Prozac®*.

Nutzlosigkeit seit 1984 bekannt

Dass sich subjektiv kaum jemand besser fühlte und auch, wie eigentlich versprochen, die Krankheit Depression gar nicht angesprochen wurde – all das wusste *Eli Lilly* bereits 1984.[61] Ebenso war bekannt, dass die Nebenwirkungen schwer waren und in manchen Studien bei 90 Prozent der Probanden auftraten! Es war den deutschen Behörden auch aufgefallen, dass die Nebenwirkungen in 15-20 Prozent der Fälle der zu behandelnden Krankheit ähnelten – sprich, dass Fluoxetin Depression erzeugte. Und das alles vor dem Hintergrund, dass Patienten mit Selbstmordrisiko von den Studien ausgeschlossen waren. Daher konnte man die hohe Suizidgefahr der Probanden nur auf das Medikament zurückführen. *Lilly* wusste das. Und dieses Wissen änderte nichts an ihrer Strategie, Fluoxetin als Medikament gegen Depression anzupreisen.

Einer positiven Wirkung
bedarf es nicht

In der Zusammenfassung der „Basis für die Zustimmung" (zur Zulassung von *Prozac®*; Anmerkung des Autors) vom 3. Oktober 1988 stellt das FDA fest, dass vierzehn Protokolle mit kontrollierten Studien von *Lilly* eingereicht wurden. Vier verglichen *Prozac®* mit einem Placebo; diese nutze die FDA als Beweis für eine positive Wirkung. Eine zeigte überhaupt keine Wirkung. Von den übrigen zehn Studien zeigten acht keine positiven Wirkungen. Insgesamt gab es mehr negative als positive Effekte, was für die Zulassung aber keine Rolle spielte."[62]

Antidepressiva
machen depressiv

Nachgewiesen ist zudem,[63] dass Antidepressiva das Selbstmordrisiko nicht mindern. Im Gegenteil, sie steigern es. Bewirken sie überhaupt etwas, dann das Gegenteil von dem, was die Pharmakonzerne versprechen.[64] Wie passt das zu dem Grundsatz, den die Pharmaindustrie auf ihren Websites und in Imageanzeigen anführt:

„Es (d.h. die selbst gesetzten, angeblich höchsten ethischen Standards einzuhalten; Anmerkung des Autors) bedeutet, ehrlich zu sein, wenn wir [...] Ihnen nicht helfen können."

John Virapen

Kapitel 10
Der große Serotonin-Schwindel

Prozac® war der erste Blockbuster und brachte zugleich die SSRI-Präparate auf die medizinische Landkarte. Diese und ähnliche Präparate werden in verschiedenen Facetten zu Unmengen hergestellt, beworben und geschluckt. Ich möchte in diesem Kapitel noch einmal herausstellen, wie unglaublich das Ganze ist – in Anbetracht der falschen Annahmen nämlich, die diesen Medikamenten zu Grunde liegen.

J.R. Lacasse und J. Leo, zwei amerikanische Autoren, haben die Serotonin-Behauptung untersucht.[65] Sie haben die wissenschaftliche Literatur, also die Berichte über Forschungsergebnisse, abgegrast. Dies sind ihre Ergebnisse der Auswertung des heutigen Wissens:

- Die Forschung der Neurowissenschaft hat keinen Zusammenhang zwischen Serotoninhaushalt und psychischen Störungen gefunden.
- Sie hat vielmehr wichtige Gegenbeweise zu der vermeintlichen Erklärung eines einfachen Neurotransmittermangels geliefert.
- Es gibt nicht einmal eine wissenschaftlich fundierte ideale „chemische Balance" von Serotonin, geschweige denn eine krankhafte Unausgeglichenheit.

„Wir können nicht einmal den Serotoninspiegel im Gehirn lebender Menschen messen, es gibt also gar keine Möglichkeit, diese Theorie zu testen. Einige Neurowissenschaftler würden sogar bezweifeln, ob die Theorie selbst überhaupt brauchbar ist, da das Gehirn gar nicht auf diese

Weise, wie ein hydraulisches System, funktioniert." So der Stanford Psychiater David Burns.[66]

„Wir haben nach großen, einfachen neurochemischen Erklärungen für psychische Probleme gesucht und haben sie nicht gefunden." So der Psychiater Kenneth Kendler im Jahr 2005.

Da es also keinen direkten Zusammenhang von Serotoninmangel und psychischen Auswirkungen gibt, wird nun umgekehrt argumentiert: Da SSRI manchmal positive Wirkungen auf psychisch Kranke hat, muss die Ursache der Krankheit doch das Serotonin sein. Das wäre aber so, als würde man behaupten, Kopfschmerzen würden durch einen Mangel an Aspirin verursacht. Oder nasse Straßen würden Regen verursachen, während es stimmt, das Regen eine Ursache für nasse Straßen sein kann.

Stimmt es also dann wenigstens, dass SSRIs wirken, auch wenn man noch nicht weiß, warum sie wirken? Die Antwort: Nein.

Aus allen der FDA übergebenen Unterlagen zu klinischen Versuchen, die die Pharmaindustrie eingereicht hatte, veröffentlichte und unveröffentlichte Studien, ging hervor, dass SSRIs nicht wirksamer sind als Placebo.

Neueste Versuche haben gezeigt, dass Johanniskraut wirksamer ist als SSRI-Medikamente. Und auch Sport ist wirksamer.

Zu den SSRI-Wirkstoffen gehören: Citalopram, Escitalopram, Fluoxetin, Paroxetin, Setralin.

Der Präsident von *Eli Lilly & Company*, Sidney Taurel, fühlt sich sogar derart unantastbar, dass er frei heraus, ohne zu lügen, sagen kann, dass Medikamente bei 50 Prozent der Anwender gar keine Wirkung haben.[67] Ohne rot zu werden. Nicht in einem heimlichen Gespräch, nein, auf einer großen Bühne in Florida sagte er das.

„Es ist tatsächlich so, dass im Durchschnitt aller Medikamente die Wirksamkeit bei 50 Prozent liegt. Und für die 50

Prozent der Patienten, die letztlich wenig oder gar keinen Nutzen davon haben, ist, was auch immer sie dafür ausgeben, vergeudetes Geld."

Nicht nur das, wie wir wissen. Angesichts dieses offenen Zynismus erscheint die Frage – warum werden diese Medikamente dann an jene anderen 50 Prozent überhaupt verkauft? – geradezu naiv.

Fazit: Die SSRIs wie *Prozac®*, *Fluctin®* usw. sind nutzlos, teuer und überaus gefährlich zudem. Sie kosten Menschenleben. Für den Patienten ein russisches Roulette, fürs Gesundheitssystem verpulvertes Geld, das anderswo dringend gebraucht würde. Einzig für die Pharmaindustrie sind sie ein Gewinn: Milliardenumsätze. Jährlich.

Kapitel 11
Prozac® vor Gericht

Bis heute ist Fluoxetin auf dem Markt. *Fluctin®* (Deutschland), *Fluctine®* (Schweiz, Österreich) und *Prozac®* (USA, Großbritannien) werden weiterhin millionenfach verschrieben (seit Einführung über 54 Millionen Mal),[68] obwohl mittlerweile unübersehbare Hinweise auf die teilweise gravierenden Nebenwirkungen des Medikaments vorliegen.

Ein spektakulärer Fall von Nebenwirkungen des Medikaments ereignete sich im September 1989. Joseph Wesbecker, der in einer Druckereifabrik in Indianapolis arbeitete, fuhr zur Arbeit und erschoss acht seiner Kollegen, verwundete zwölf weitere und tötete sich anschließend selbst. Joseph Wesbecker hatte seit einem Monat *Prozac®* eingenommen.[69] Überlebende und Verwandte der Toten brachten *Lilly* im Jahr 1994 vor Gericht. Sie behaupteten, dass Wesbecker die Gewalttat unter Einfluss von *Prozac®* begangen habe. Der Fall wurde, nach dem Namen eines der Opfer, als „Fentress-Verfahren" bekannt. Es war die erste von 160 Klagen gegen *Lilly* aufgrund von *Prozac®*, der „Wunderdroge", die mittlerweile in den USA fast ein Drittel von *Lillys* Umsatz ausmachte, nämlich 1,7 Milliarden Dollar.

Lilly kalkulierte so: Würden sie diesen ersten Fall verlieren, würde das die anderen Kläger in ihrem Recht bestärken, einen Präzedenzfall schaffen und eine gigantische Lawine von Klagen lostreten. Ein Sieg *Lillys* in diesem Fall würde alle weiteren Kläger abschrecken.

Während der Beweisanhörung drängten die Anwälte der geschädigten Opfer immer wieder darauf, Beweismittel aus den *Oraflex®*-Gerichtsurteilen vorbringen zu dürfen. Eine amerikanische Justizabteilung hatte Benoxaprofen mit 100 Toten in Verbindung gebracht und daraus geschlossen, *Lilly* habe die amerikanische Gesundheitsbehörde irregeführt. Der Falschauszeichnung von Nebenwirkungen wegen wurde *Eli Lilly & Company* in 25 Fällen schuldig gesprochen. Die Rechtsanwälte im Fentress-Fall führten an, *Lilly* habe bei *Prozac®* ebenso negative Studienergebnisse verschwiegen. Sie wollten der Jury *Eli Lillys* traurige Tradition von rücksichtloser Gleichgültigkeit gegen Geschädigte ihrer Produkte deutlich machen. Der Vorsitzende Richter Potter erlaubte zunächst jedoch nicht, dass in der Verhandlung auf *Oraflex®* Bezug genommen wurde. Er meinte, das würde die Jury negativ beeinflussen, aber nichts beweisen.

Etwas später in der Verhandlung jedoch ließen die Anwälte von *Eli Lilly* Zeugen auftreten, die *Lillys* großartiges System zur Erfassung und Analyse von Nebeneffekten anpriesen. Daraufhin sagte der Richter, eine solche Behauptung müsse auch Gegenbeweisen standhalten. Konsequenterweise ließ er jetzt die Beweise aus dem *Oraflex®*-Desaster für den gegenwärtigen Fall zu. Das war doch genau das, was die Anwälte der Kläger gefordert hatten! Offenbar kam Potters Anweisung völlig unerwartet, denn – seltsam – die Rechtsanwälte beider Parteien baten nun um eine Vertagung.

Beobachter des Verfahrens rechneten damit, dass es zu einer außergerichtlichen Einigung der Parteien kommen würde. Am nächsten Tag war es dann Richter Potter, der staunte. Der Anwalt der Kläger erklärte, man werde die *Oraflex®*-Beweise zurückhalten und erst anführen, wenn es um die Schadenssumme ginge. Die wird im amerikanischen Rechtssystem aber erst festgelegt, wenn der Gewinner des Rechtsstreits schon feststeht. Sollte also *Lilly* gewinnen, würden die *Oraflex®*-Beweise – die der Richter als die überzeugendsten ansah und auf welche die Anwälte der Kläger doch so viel Wert gelegt hatten – überhaupt nicht auf den Tisch kommen. Der Richter fragte also, ob man sich vielleicht außergerichtlich geeinigt hätte. Die einstimmige Antwort aller beteiligten Rechtsanwälte lautete „Nein".

Als die Jury sich zur Beratung zurückzog, teilte eine Jurorin dem Richter mit, sie habe im Flur gehört, wie die Anwälte von *Lilly* und die der Kläger sich über eine Einigungssumme unterhielten. Auf nochmalige Nachfrage bestätigten die Anwälte beider Parteien jedoch erneut, sie hätten sich nicht außergerichtlich geeinigt.

Drei Tage später entschied die Jury zugunsten von *Lilly*. Sie befand, die Gewalttat sei nicht durch *Prozac®* verschuldet.

„Die Medizin ist rehabilitiert!", jubelte einer von *Lillys* Anwälten. Kurz darauf stiegen die Preise für *Prozac®* in den USA merklich an.

Richter Potter ließ der Fall aber keine Ruhe. Warum hatten die Opfer-Anwälte sich zunächst so bemüht, die *Oraflex®*-Beweise anbringen zu können, nur, um sie bei der passenden Gelegenheit dann doch nicht zu präsentieren? Da er immer noch den Verdacht hatte, die Parteien hätten sich außergerichtlich geeinigt, änderte er den Urteilsspruch im Nachhinein ab – von „Fall nach Urteil abgeschlossen" in „Fall abgeschlossen durch Einigung".

Dagegen wehrten sich die Anwälte beider Parteien. Richter Potter musste sich nun selbst vor Gericht verantworten. Der Fall ging bis vors Oberste Gericht des Staates Kentucky, doch kurz bevor er dort gehört wurde, gaben die Anwälte von *Lilly* und den Opfern schließlich zu, dass sie sich tatsächlich außergerichtlich geeinigt hatten. Und zwar darauf, dass die Opfer-Anwälte die Beweise, mit denen sie den Fall wahrscheinlich gewonnen hätten, nicht präsentierten, damit *Lilly* offiziell als Sieger aus dem Verfahren hervorgehen konnte.

Noch immer gab es zu dieser außergerichtlichen Einigung jedoch keine Details. Daher beauftragte der Richter eine Staatsanwältin, weiter zu ermitteln. 1997 ergab ihr Bericht Folgendes: Es bestand ein geheimes Abkommen zwischen den Anwälten von *Lilly* und denen der Opfer – eins, das so geheim war, dass es nur eine Niederschrift der mündlichen Absprache gab, aber keine weiteren Dokumente.

Lilly hatte zugesagt, alle *Prozac*®-Kläger außergerichtlich abzufinden, ob sie ihre Fälle nun gewonnen oder verloren hatten – sogar solche, die mit dem aktuellen Fall gar nichts zu tun hatten und nur zufällig vom gleichen Anwalt vertreten wurden. Dafür verlangte *Lilly*, dass die *Oraflex*®-Beweise im Fentress-Fall nicht angeführt werden sollten. Über die Höhe der von *Lilly* gezahlten Summe wurde nie etwas bekannt. Sie soll nach Aussagen eines Anwalts, der einen der Fentress-Kläger bei einer Scheidung vertrat, aber „gewaltig" gewesen sein.

Was zeigt uns dieser Fall? Mir zeigt er Folgendes:

Was den Wirkstoff Benoxaprofen angeht, hat *Lilly* offensichtlich noch so viele Leichen im Keller, dass sich der Konzern sogar über das Rechtssystem hinwegsetzt und Unsummen zahlt, nur damit diese die steile Stiege nicht wieder nach oben krabbeln. Zur Durchsetzung der Umsatzziele wird sogar unter Eid gelogen.

Kapitel 12
25.000 – Meine Albtraumzahl

Der Psychiater David Healy ist nicht ganz und gar gegen *Prozac®*. Er hat Erfahrung mit vielen Fällen, in denen vor Gericht versucht wurde, *Prozac®* mit Morden und Selbstmorden in Verbindung zu bringen. Oft war er von dieser angeblichen Verbindung nicht ganz überzeugt. Eines Tages bekam er eine erneute Anfrage von einer Familie Forsyth. Healy nahm sich der Sache an.[70]

Forsyth Senior war ein Erfolgsmensch, fast 40 Jahre lang hatte er Autos in Kalifornien, dem Land der Freeways, verkauft. Sein Geschäft lag direkt neben dem Flughafen von Los Angeles. Eines Tages erweiterte der Flughafen und man zahlte ihm sehr viel Geld für seinen Grundbesitz.

Also ging er in Rente. Er hatte genügend Geld, um sein Leben zu genießen, um zu tun, wozu er nie die Zeit gehabt hatte. Nach vier Jahren in Kalifornien zog er mit seiner Frau nach Hawaii. Sein Sohn Bill lebte bereits dort. Es lief aber nicht alles glatt. Zum einen war es für Forsyth Senior, den hart arbeitenden Erfolgsmenschen, nicht ganz einfach, den Sohn ein eher faules Leben führen zu sehen. Zum anderen war es für ihn und seine Frau nicht ganz einfach, nach 37 Ehejahren, die von seiner Arbeitswut geprägt waren, nun auf einmal Tag für Tag beieinander zu hocken und nichts zu tun. Sie hatten sich ein luxuriöses Haus auf Maui gebaut und traten sich gegenseitig auf die Füße. Er flog ab und zu nach Los Angeles, um Großstadtluft zu schnuppern. Schließlich gingen er und seine Frau zu einer Paarberatung, sie sortierten ihre Beziehung neu.

Im September 1992 allerdings überfielen Forsyth Senior Panikattacken. Sein Arzt verschrieb ein Medikament. Das war Forsyth Senior nicht ganz recht – denn früher, in seiner aktiven Zeit, in der er sich unter Stress zu setzen gewohnt war, hatte er eine Zeit lang viel zu viel getrunken und sich seitdem geschworen, nie wieder einen Tropfen anzurühren. Er hatte also Bedenken gegen ein Medikament, das seinen Bewusstseinszustand verändern würde. Er war aber auch ein Mann, der tat, was sein Arzt ihm riet. Es half nicht.

„Probieren wir etwas anderes", sagte der Arzt. *Prozac®*. Getreulich schluckte Forsyth die Pillen. Am nächsten Tag erlebte er das *Prozac®*-Wunder: Er fühlte sich großartig. Die Wolken hatten sich verzogen! Zum ersten Mal genoss er den strahlend blauen Himmel über Hawaii. Er rief seinen Arzt an und berichtete, er fühle sich 200 Prozent besser.

Am nächsten Tag jedoch bekam der Arzt einen erneuten Anruf. Es war Forsyths Sohn. Sein Vater sei furchtbar verändert. Er, der selten in seinem Leben in einem Krankenhaus gewesen war, verlangte in eine Psychiatrie eingewiesen zu werden. Er verbrachte eine Woche im *Castle Medical Centre* auf Oahu, einer Nachbarinsel. Die Ärzte fütterten ihm weiterhin *Prozac®*.

Am 3. März 1993, nach elf Tagen auf *Prozac®*, ging Mr. Forsyth Senior auf eigenen Wunsch zurück nach Hause. Für den nächsten Tag hatten Forsyth und seine Frau geplant, mit dem Sohn Wale beobachten zu fahren. Als sie nicht zur Verabredung kamen, ging Bill zum Haus seiner Eltern. Er fand ein Gemetzel vor.

In der Nacht oder am frühen Morgen hatte sein Vater die Mutter mit fünfzehn Stichen erstochen, daraufhin ein ge-

John Virapen

zacktes Küchenmesser an einem Hocker befestigt und sich selbst daran aufgespießt.

Diese Geschichte ist nur eine von vielen, aber typisch für die Probleme mit Fluoxetin sowie offenbar auch für die anderen neuen Antidepressiva, wenn Sie sich an die 19-jährige Studentin erinnern, die ich im Vorwort erwähnte. Die Besonderheit ist, dass völlig normale, gesunde Menschen in einen Selbstmordwahnsinn getrieben werden. Dieser Tatsache kann ich mich nicht entziehen. Sie führt zu meinen Albträumen. Ich komme nicht umhin, mir die Bewusstseinsveränderung vorzustellen, die diesen schrecklichen Taten vorangeht.

Wie kann sich die Lebensperspektive eines Menschen in so kurzer Zeit so drastisch von allem loslösen, was er bisher kannte? Wie kann es möglich sein, dass sämtliche menschliche Bande und die einfachsten Gefühle pervertiert werden?

Und warum will man ausgerechnet damit Geld verdienen? Ich habe nichts gegen das Geldverdienen. Aber zu diesem Preis?

Als David Healy sich die Geschichte von Forsyth anschaute, war die Sache zum ersten Mal klar. Forsyth hatte überhaupt keine Vorgeschichte als psychisch Kranker. Er hatte nie irgendwelche Selbstmordtendenzen. Was in der letzten Nacht seines Lebens und dessen seiner Frau passierte, lag völlig außerhalb seines Charakters. Niemand hätte das vorhersagen können und niemand konnte es verstehen. Healy war mehr und mehr überzeugt, dass *Prozac®* Forsyth in den Mord- und Selbstmordwahn getrieben hatte.

Medikamente gegen Psychosen können psychomotorische Unruhe, die zu Mord- und Selbstmordgelüsten führen, auslösen. Solche Medikamente können zwar manchmal zu Selbstmordgedanken führen, sie unterbinden aber zugleich jeden Willen zur Ausführung. Niemals aber – vor *Prozac®* – war diese psychomotorische Unruhe mit Antidepressiva in Verbindung gebracht worden. Ärzte erwarteten es einfach nicht von *Prozac®*. *Lilly* hatte keine Warnungen herausgegeben, obwohl sie aus ihren eigenen klinischen Versuchen wussten, dass bei einigen ihrer Patienten derartige psychomotorische Unruhen aufgetreten waren.

Lillys eigene interne Dokumente zeigen, dass dieses Phänomen bereits 1978 entdeckt worden war. Am 2. August hieß es:

„Es hat eine ziemliche Menge an Gegenreaktionen gegeben [...] Ein anderer Patient entwickelte eine Psychose [...] Psychomotorische Unruhe und Ruhelosigkeit bei einigen Patienten [...]"

Schon zehn Tage vorher hatte es geheißen:

„Einige Patienten sind innerhalb weniger Tage von schwerer Depression zu heftiger Ruhelosigkeit gewechselt, [...] Bei einem musste das Medikament abgesetzt werden."

Von diesem Zeitpunkt an wurden Probanden in den Studien zu Fluoxetin zugleich mit Tranquilizern ruhig gestellt, um die Phase dieser äußersten körperlichen Unrast zu überstehen. Als Fluoxetin aber auf den Markt kam, gab es keine Warnung, keinen Hinweis darauf, so zu verfahren. Es tauchte nicht auf den Beipackzetteln auf. Und hätte es Hinweise auf derartige Vorsichtsmaßnahmen gegeben – wer hätte das Zeug jemals gekauft?

Daran erkennen Sie, wie spezifisch eine medizinische Situation sein muss, in der Fluoxetin möglicherweise sinnvoll eingesetzt werden kann – unter extrem gut kontrollierten Bedingungen. Unter Zusatz anderer Medikamente. Wobei man da sehr gut aufpassen muss, weil es zu Unverträglichkeiten oder zu einer Steigerung der Nebenwirkungen kommen kann. Ein Punkt, der völlig unzureichend getestet worden war, wie das nächste Kapitel zeigen wird.

Der Einsatz eines solchen Medikamentes ist eine Sache für hoch spezialisierte Experten unter Einsatz größter Vorsichtsmaßnahmen. Und diese Situation findet sich selten.

Sie erzeugt keinen nennenswerten Umsatz. Völlig uninteressant. Stattdessen wird Fluoxetin von niedergelassenen Ärzten so massenhaft und frei verschrieben wie Kopfschmerztabletten.

David Healy, der Einblick in veröffentlichte Daten sowie in *Lillys* interne Dokumente hatte, sagt, es sei eine realistische Schätzung, wenn man davon ausgehe, dass sich weltweit eine Viertelmillion Menschen aufgrund der Einnahme von *Prozac®* umzubringen versucht hat. 25.000 hätten es auch geschafft.

Diese Einschätzung stammt aus dem Jahr 1999. Und es tut meinem Schlaf nicht gut.

Patienten, die diese psychomotorische Unruhe entwickelten, wurden von *Lilly* von den klinischen Versuchen, die zur Zulassung von Fluoxetin führten, konsequenterweise später ausgeschlossen. Praktisch. So kam diese Nebenwirkung in der Folge bemerkenswert selten vor. Allein das Deutsche Bundesgesundheitsamt hatte Zweifel an der Sicherheit von Fluoxetin. Alles gut also in Deutschland?

Kapitel 13

Strickmuster Schweden? – Prozac® in Deutschland (Fluctin®)

Wie in Schweden, so in Deutschland? Wie hier, so anderswo? Was ich sage: Die Geschichte, wie sie sich weltweit abspielt, ist vermutlich repräsentativ für die Vorgänge zwischen Pharmaindustrie und Behörden in allen westlichen Ländern. Deutsche hören das nicht gern.

„Hier in Deutschland ist doch alles so furchtbar genau und präzise reguliert, hier kann so etwas nicht passieren ..." Wir werden sehen.

Das BGA schmettert Fluoxetin ab

Mir liegen Kopien eines internen Memos von *Eli Lilly* aus dem Jahr 1984 sowie des Briefwechsels zwischen *Eli Lilly* und der Deutschen Gesundheitsbehörde BGA, beginnend 1988, vor.

In dem Fax von 1984 referiert ein deutscher *Lilly* Mitarbeiter den obersten Bossen in London und in Indianapolis folgende Zusammenfassung von der Absage des deutschen Bundesgesundheitsamtes:

„Weder könne man dem von *Lilly* benutzen klinischen Bild von Depressiver Störung folgen, weil es keinerlei wis-

John Virapen

senschaftlichem Standard entspräche. Darüber hinaus sei Fluoxetin zur Behandlung von Depression völlig ungeeignet, wenn man sich Nutzen und Risiken des Wirkstoffes anschaue. Nutzen fand das BGA nämlich so gut wie keinen. Nebenwirkungen dafür umso mehr und häufiger, darunter besonders schwerwiegende. Unter anderem in der Art, dass Patienten ohne Depression offenbar durch Einnahme des Medikamentes depressiv wurden."

Eli Lilly verstrickt deutsche Behörden

Wenn das nicht deutlich ist! Es klingt verdammt nach dem, was die Schweden gesagt hatten. Aber weiter. Der Briefwechsel von 1988 beinhaltet:

1. *Lillys* offizielle Anfrage an die deutsche Behörde
2. die behördliche erste Ablehnung der Zulassung
3. die Erteilung der Zulassung etwa ein Jahr nach der Absage

Wie konnte es zu dieser Wandlung kommen? Das Muster scheint dasselbe zu sein wie jenes in Schweden. Aber der Reihe nach.

Das BGA gibt, vermutlich am 26.1.1988 (vermutlich, weil das Datum auf dem Brief handschriftlich eingefügt oder der Typografie entsprechend nachgezeichnet wurde), in seiner Ablehnung des Antrags auf Zulassung von *Prozac*® (bzw. Fluoxetin) vier Gründe für die Ablehnung an. Darunter diese beiden:

- Der Nachweis der Wirksamkeit ist nicht erbracht worden.
- Die Unbedenklichkeit ist nicht nachgewiesen worden.

Der vierte Punkt ist, nebenbei bemerkt, der, dass in den Studien nur zehn Prozent der Spaltprodukte (Metaboliten), die entstehen, wenn der Magen den Wirkstoff zersetzt, identifiziert worden sind. Nur zehn Prozent! Auch das zeigt, wie schlampig gearbeitet wurde.

Dabei hatte *Eli Lilly* die Daten doch bereits geschönt, so schön geschönt. In den Statistiken tauchen Selbstmordversuche nicht auf, weil sie einfach unter der Rubrik „keine Auswirkungen" (der Substanz auf den Patienten) verbucht wurden. Andere Methode: Patienten wurden einfach gleichzeitig mit Beruhigungsmitteln ruhig gestellt.[71]

Nun jedenfalls kontert *Lilly* einige Monate später in seinem erneuten Schreiben an das BGA mit folgender Argumentation: Man könne gar nicht verstehen, warum die Deutschen den Stoff nicht zulassen wollten – wo er doch in den folgenden Ländern, denen dieselben Daten vorgelegt worden seien, zugelassen sei. Und es folgt eine Liste mit zwölf Ländern (unter ihnen etwa Kolumbien, Peru und Singapur ...)

Mit den Preisen haben sie es auch so gemacht, haben meinen in Schweden ausgehandelten Preis genommen und ihn in den anderen Ländern als Argument benutzt. Und auch hier, wo es um Inhalte geht, um wissenschaftliche Tatsachen oder eben die Abwesenheit solcher Tatsachen, wird völlig unwissenschaftlich argumentiert. Eher in der Art der Bekleidungsbranche: „Wie, Frau Meier, alle anderen Damen tragen schon diese neue Mode – wieso nicht auch sie?"

Wer ging mit wem essen?

Und doch: Ende 1989 wird Fluoxetin in Deutschland zugelassen. Wer ist hier mit wem essen gegangen? Und was gab es zum Dessert? Diese Fragen sollten beantwortet werden. Wie Sie wissen, sind das die entscheidenden Fragen. Und ich sage es nicht bloß so, weil ich es für *Lilly* in Schweden getan habe. Denn die Zulassung in Deutschland erfolgte nach „offensichtlich unorthodoxen Lobby-Methoden, angewandt auf eigentlich unabhängige Mitglieder der Zulassungsbehörde"[72], schreibt Dr. David Healy, Arzt und Leiter des Psychologisch-Medizinischen Instituts in Nord-Wales, der sich in seinem Artikel mit den Fragwürdigkeiten der Zulassung von Fluoxetin befasst.

Kinder auf Prozac®

Über zwanzig Jahre weiß man nun von den verheerenden Nebenwirkungen, die Fluoxetin hervorruft und von seiner ziemlichen Wirkungslosigkeit in Bezug auf das, was es zu leisten vorgibt. Man sollte meinen, dass mittlerweile auch der letzte Arzt davon gehört hat, wie schädlich dieser Wirkstoff für Erwachsene sein kann – und einen weiten Bogen darum macht.

Nicht so die Europäische Arzneimittelagentur (*EMEA*). Sie empfiehlt in einer Pressemitteilung vom 6. Juni 2006 die Anwendung von Fluoxetin auch bei Kindern: „Eltern und Ärzte sollten behandelte Kinder und Jugendliche aufmerksam auf Selbstmordtendenzen beobachten."[73]

Die Kinder auf Selbstmordtendenzen hin beobachten? Netter Spruch auf einer Packungsbeilage. Der Apotheker reicht Ihnen das Päckchen über den Tresen, die Kundin in der Reihe neben ihnen putzt sich gerade die Nase, und der Apotheker sagt schon „Auf Wiedersehen", da fällt es ihm doch noch ein: „Ach so – und beobachten Sie bitte Ihren Felix hinsichtlich seiner Selbstmordtendenzen. Tschüüüß!"

Frage: Gibt der Hersteller hiermit nicht zu, dass sein Medikament, das eigentlich Stimmungsaufheller sein soll, das Gegenteil bewirkt? Weiter veröffentlicht die EMEA:

„Der US-Hersteller *Eli Lilly* sollte zudem weitere Studien zur Sicherheit des Arzneimittels durchführen."[74]

Entschuldigung, dass ich frage, aber: sollte man solche Studien nicht vor Markteinführung durchführen?

Und die letzte Frage: Beweist dieser Hinweis nicht auch, dass dieses Medikament, *Prozac®*, nach immerhin zwanzig Jahren auf dem Markt eben nicht sicher ist?

Die empfohlene Tagesdosis soll laut EMEA 20 mg nicht überschreiten. Das heißt, Kinder bekommen die gleiche Menge des Wirkstoffs wie Erwachsene – und das ist das Vierfache von dem, was die schwedische Expertin in den achtziger Jahren schon für Erwachsene als gerade noch vertretbar ansah!

Fluoxetin wurde bei den klinischen Studien, die zu seiner Zulassung führten, auch nicht auf Kinder angewendet. Sie erinnern sich – es wurden letztlich alle Gruppen, die irgendwie schwierig erschienen, einschließlich Leute, die wirklich psychische Probleme haben – von den Tests ausgeschlossen.

Da fragt man sich doch: Wer sind eigentlich diese Leute bei der Europäischen Medizinagentur? Und wer bezahlt sie? Was das angeht, habe ich eine starke Vermutung.

Kapitel 14
Versetzt in Puerto Rico

Was ich in Sachen *Prozac*®/Fluoxetin losgetreten hatte, wusste ich zu dem Zeitpunkt der erfolgreichen Preisverhandlung natürlich noch nicht.

„1,20 Dollar! 20 mg! Hurra!"

Das war das Einzige, woran ich tagelang denken konnte. Ich glaubte, ich hätte Grund zum Feiern, hatte ich doch Sidney Taurels Auftrag eindrucksvoll erfüllt.

Up up and Away

Etwas später in der Nähe von Helsinki, Finnland. Es war der schönste Tag in meiner Karriere. Der Höhe- und – nachher erst weiß man's – Umkehrpunkt. Unser alljährlicher Betriebsausflug. Belohnung für ein großartiges Arbeitsjahr. Ich hatte eine Agentur dieses Hotel für mehrere Tage buchen lassen. Eine willkommene Flucht aus dem Alltag, eine gruppenpädagogische Maßnahme – der Konzern kümmert sich um seine Leute. Ich kümmerte mich um meine Leute. Im Konferenzraum des idyllisch gelegenen Hotels sprach ich vor ihnen, den schwedischen Vertretern und Produktmanagern, meiner ganzen Stockholmer Crew über unsere Ziele fürs nächste Jahr. Der Raum lag im Erdgeschoss, große Fenster nach draußen, weiter Rasen davor.

Plötzlich springen die Türen auf, fünf Männer packen mich und schleppen mich hinaus. Sie tragen knallrote Trainingsanzüge, darauf der Schriftzug *Lilly*, darunter ihre reguläre Kleidung, Jeans und Turnschuhe. Die Trainingsanzüge sind Geschenke der Firma für die Angestellten, eine Uniform des Glücks. Rasch trägt mich die rote Wolke hinaus auf die Wiese. Ich komme kaum zum Atmen, da werfen sie mich schon in die Gondel eines Heißluftballons, ein paar von ihnen hintendrein, die Seile werden gelöst und mir wird schlecht.

Vom Boden aus sah man den leuchtend roten Ballon emporsteigen, auf den Fotos sieht man mein ehrlich entsetztes Gesicht. Weder fühle ich mein Hinterteil, noch meine Beine, ich habe bloß Schiss. Dies war also der schönste Tag meiner Karriere. Ich schwebe einige Meter über der Erdoberfläche und die schwankende Gondel, die knarzenden Seile ziehen mich weiter empor. Im roten Ballon fliege ich davon. Als wir aber über die Spitzen der Tannen hinaussteigen, der Gasbrenner auf voller Flamme feuernd und rauschend, als ich den Blick von der unter mir wegfallenden Erde empor hebe, verflüchtigt sich alle Angst und pure Freude breitet sich aus.

Wir fuhren eine halbe Stunde durch die finnische Luft, landeten, eine Limousine erwartete uns, wir tranken Champagner und kehrten zum Hotel zurück. Meine Leute hatten diese Überraschung für mich arrangiert. Nicht ganz einfach, einen riesigen roten Heißluftballon in die Nähe einer Person zu bugsieren, die man mit einer solchen „Kleinigkeit" überraschen will.

Es war ein Dankeschön meiner Crew, denn dies waren meine letzten Tage in Schweden. Ich war befördert worden. Eine solche Dankbarkeit von Angestellten gegenüber ihrem Chef finden Sie nicht oft. Meine Leute wussten, wen sie verloren. Auf einem der Bilder ist übrigens auch ein Schwarzer zu sehen, ein Mann, den ich für *Lilly* eingestellt und für dessen Anstellung ich Ärger von oben bekommen hatte. Ein Omen für meine eigene Karriere.

Meine Jungs jedoch liebten mich. Ich sei zwar kein Engel gewesen, sagte einer, ein Produktmanager, der vor kurzem im Alkohol ertrank, viele Jahre später über mich, aber immer ehrlich. Und interessanterweise hatte er noch angefügt:

„Und wer kann schon von sich behaupten, rein zu sein? Wir alle ...", fuhr er fort und er meinte damit nicht die gesamte Menschheit, sondern die Mitarbeiter bei *Eli Lilly*, für die er noch lange Jahre tätig war, „ ... wir können das nicht von uns sagen."

Der Ballonabend war mein letzter Abend in Europa. Am nächsten Tag würde ich nach Puerto Rico fliegen. Ich hatte der Firma bei einem der jährlichen Reviews erzählt, mich reize eine internationale Aufgabe – denn als Landesgeschäftsführer konnte ich ja nicht weiter aufsteigen. Bei jeder dieser jährlichen Veranstaltungen, für die sich die Firmenleitung jeweils einen ganzen Tag Zeit nahm, um meine

Leistungen zu analysieren, wurde ich gelobt. Ich erreichte stets die Bestnote, man nannte mich einen „Achiever" – und besser geht's nicht. Das zeigte sich auch daran, dass mein Gehalt in jeder dieser Runden merklich angehoben wurde.

Beförderung ins Nichts

Kurz nach meiner äußerst erfolgreichen Preisverhandlung für *Prozac*® wurde ich auf den Posten des Marketing-Direktors für die Karibik und Zentralamerika in Puerto Rico befördert. Die Entscheidung fiel mir nicht schwer. Bei einem von mir vor Jahren organisierten Treffen der Meinungsführer im Bereich Insulin hatte ich eine interessante Frau kennengelernt, eine Ärztin mit einer eigenen Klinik auf Puerto Rico. Am Rande einer Konferenz hatte ich für sie eigens einen Flug über Manhattan bestellt – und war mit ihr in den engen, aber gemütlichen Bauch des kleinen Flugzeugs eingestiegen. Champagner und der privilegierte und umwerfende Blick auf New York aus der Luft hatte uns trunken gemacht. Seitdem führten wir eine Fernbeziehung über die Kontinente hinweg und diesen Zustand zu beenden, passte uns beiden. Es passte sogar sehr gut, denn mein zukünftiges Büro befand sich auf eben jener, zu den USA gehörenden Karibik-Insel.

Von meiner ersten Frau war ich bereits geschieden, die Scheidung lag schon einige Jahre zurück. Meine Kinder aus dieser Ehe waren lange dem Kleinkindstatus entwachsen und zeigten kein großes Interesse an mir. Kein Wunder. Ich war ja auch nie zu Hause gewesen. Die drei lebten schon seit geraumer Zeit ihr eigenes Leben. Zu gehen fiel mir also nicht schwer. Im Gegenteil. Ich war begeistert. Meine Bemühungen und das Risiko, das ich für meine Firma bei der Bestechung eingegangen war, sah ich von *Lilly* auf diese Weise honoriert. Alles passte. Die Zukunft, Puerto Rico, lockte.

Dass meine Beförderung ein kunstvoller Trick war, ahnte ich nicht.

Nach meinem Ballonflug in Finnland ging alles ganz schnell. Ich flog nach Puerto Rico. Dort aber stellte ich fest, dass man mir kein „Expatriot-package" vorbereitet hatte. Normalerweise kümmert sich die Firma darum, dass sämtliche Behördenpapiere ihrer Manager vorbereitet sind, denn meist sind sie ja in den Ländern, in denen sie arbeiten, Ausländer. Aufenthaltserlaubnis, Arbeitsgenehmigung usw. – ich aber hatte nichts dergleichen. Auch eine Wohnung hatte man mir nicht besorgt. Eigentlich hatte ich mit meiner Freundin nicht so schnell zusammenziehen wollen, doch jetzt ließ sie mich bei sich wohnen. Mehr noch: Sie heiratete mich, damit ich überhaupt in Puerto Rico bleiben konnte. Seltsamerweise war die Freude nicht sehr groß, als ich diese Nachricht der Personalabteilung mitteilte.

Es gab weitere Merkwürdigkeiten. Der Schreibtisch, den man mir zuwies, war so groß wie eine Briefmarke. Zu klein sogar, um darauf einen Computerbildschirm (damals noch wuchtig und platzraubend) abzustellen. An den seitlichen Schubladen stieß ich mir die Knie blau. Als ich um einen anderen bat, gab es empörte Gesichter – als wäre ich der neue Praktikant und nicht der neue Chef.

Oder der Dienstwagen, den man mir zuteilte. Ein winziger Jeep ohne nennenswerte Federung und so niedrig, dass ich mir bei jedem Schlagloch den Kopf stieß. Und es gab eine Menge Schlaglöcher auf den Straßen Puerto Ricos. Selbst mein erster Wagen, den ich zu Beginn meiner Karriere als Vertreter bekommen hatte, war luxuriöser gewesen. Als ich höflich anfragte, ob vielleicht noch etwas anderes zu haben sei, sah ich denselben Ausdruck der Empörung auf den Gesichtern meiner Mitarbeiter. Später wurden diese Vorfälle gegen mich ausgelegt.

Irgendetwas war faul. Im Rückblick ist alles klar und einfach. Damals aber dachte ich eins ums andere Mal, es hätte sich um bloße Versehen gehandelt. Ich war viel zu euphorisch darüber, wieder im Klima meiner Kindheit zu leben. Die Sonne, die meiner Haut und meiner Seele gut tat, hatte mich sogleich geblendet. Wichtig zu wissen ist, dass ein Arbeitnehmer in Schweden nicht einfach so entlassen werden kann. Der Arbeitnehmerschutz ist in Europa zu Recht stark. In den USA dagegen ...

Ich war nicht lange in Puerto Rico, hatte kaum Zeit, meine Koffer auszupacken. Was die Arbeit anging, sagte man mir, ich solle einen Budgetplan erstellen. Dabei stellte ich fest, dass hier nicht in Einheiten gerechnet wurde – also mit der Anzahl verkaufter Ware – sondern allein in Verkaufspreisen. Und die waren in den letzten Jahren gestiegen, obwohl man stets dieselbe Menge absetzte. Was merkwürdig war, denn die Arzneimittel-Preise werden ja von den Behörden festgelegt. Über Nachverhandlungen, wie meine Finanzmitarbeiterin in Schweden sie stets führte, fand ich keine Unterlagen. Irgendetwas war hier faul. Viel weiter aber kam ich gar nicht. Ich wurde nach Indianapolis einberufen ins Hauptquartier von *Eli Lilly*. Ich sollte an einem Marketing-Meeting teilnehmen. Nichts Besonderes.

Ich flog hin. Am nächsten Morgen weckte man mich um acht Uhr morgens und bat mich, im Hauptquartier vorstellig zu werden. Dort teilte mir jemand mit, ich sei entlassen. Ich konnte es nicht fassen. Was war geschehen? Was hatte ich falsch gemacht? Der Mann wusste mir nichts weiter zu sagen. Ich verlangte Sidney Taurel zu sprechen, der mittlerweile Hauptgeschäftsführer von *Eli Lilly* geworden war – der Oberboss. Es dauerte eine Weile, dann ließ man mich vor. Er schien alles zu glauben, was sie ihm gesagt hatten. Nur wer – sie? Und was hatten sie ihm gesagt?

Letztes Gespräch mit Sidney Taurel

Taurel sagte mir, *Lilly* habe bestimmte ethische Prinzipien. Warum behandelten sie mich dann wie einen Verbrecher? Der Personalmanager, der ebenfalls im Büro war, vielleicht war er auch zugleich Taurels Bodyguard, war ziemlich wütend. Ich auch. Ich kannte diesen Typen von früher. Ich hatte ihn in Kopenhagen, wenn die Indianapolisdelegation dort aufkreuzte, zu diversen Bordellen chauffiert. Ohne erkennbaren Abschluss war das Treffen beendet. Der bullige Personalmanger schob mich aus dem Büro und sorgte persönlich dafür, dass ich das Gebäude auch tatsächlich verließ. Hätte dieser Mann mich noch einmal in seinem Leben berührt – dieses Buch gäbe es nicht, weil ich höchstwahrscheinlich im Gefängnis säße.

Ich rief mein Büro in Schweden an. Meine Leute erzählten mir, man habe sämtliche Türschlösser ausgetauscht. Das Ganze war von langer Hand vorbereitet. Sie fürchteten offenbar, ich könnte wie Superman augenblicklich nach Schweden fliegen und meine Schubladen mit all dem „Sprengstoff" bezüglich Mr. Unbekannt dort ausräumen. Oder aber sie ahnten, dass auch meine loyalen Leute das für mich tun würden. Daran dachte ich in dem Moment überhaupt nicht. Ich war völlig niedergeschlagen.

Ich denke, jeder Konflikt hat zwei Seiten. Ich hatte Taurel gefragt, ob er sich nicht meine Seite der Geschichte ebenfalls anhören wollte. Daran bestand offenbar kein Interesse.

An diesem Tag hörte ich den folgenden Satz von einem der Direktoren, der mir die zutreffendste Erklärung für meinen plötzlichen Rauswurf zu sein schien.

„Schauen Sie sich Ihre Karriere hier bei *Lilly* an – Sie steigen die Karriereleiter viel zu schnell hoch. Ich meine, Sie als Schwarzer." Das hatte ich doch schon einmal irgendwo gehört. Damals, als ich in der Pharmaindustrie als kleiner medizinischer Berater begonnen hatte. Mein damaliger Boss, kein Schwede, ging mit mir zu einem Arztbesuch. Er stellte sich dem Arzt vor und fügte, auf mich deutend, hinzu: „Und das ist mein Caddy."

Lilly – eine WASP-Firma? Weiß-Angelsächsich-Protestantisch? Eine beliebte Koalition in den USA. Alles, was nicht in diese Kategorie passt, wird eliminiert. Solange der Caddy nützlich ist, gut. Aber wenn es brenzlig wird: paff! Oder wie es so schön heißt: Der Mohr hat seine Arbeit getan, der Mohr kann gehen.

Denn was sind das für ethische Prinzipien, von denen Taurel sprach? Der Scheck für Mr. Unbekannt in Schweden stammte schließlich nicht aus meiner eigenen Tasche. Es gibt keine Geldflüsse dieser Größenordnung bei *Lilly*, die nicht kontrolliert werden, auch wenn man sie in den Büchern dann als etwas anderes ausgibt.

Doch *Prozac*® war Taurels liebstes Kind und ich nehme an, er hat kalte Füße bekommen. Die Welle des Erfolges, den *Prozac*® hatte, spülte auch Taurel nach ganz oben. Mich dagegen nach unten. Man warf mich in den Abfluss. Die Firma wollte den Dreck, der an ihr klebte, loswerden.

Manche Leute fragen mich: „Schreiben Sie nicht auch aus Rachegelüsten heraus?"

Nun, ich bin ein Mensch. Ich kann nicht sagen, dass mich eine derartige Behandlung kalt gelassen hätte. Das ist aber alles sehr lange her. Ich habe viele Jahre überhaupt nicht darüber gesprochen. Jetzt habe ich einen kleinen Sohn. Und plötzlich sehe ich, dass meine Vergangenheit seine Zukunft bedroht. Das zu verhindern ist mein Ansporn.

Mit Puerto Rico schlug man also gleich zwei Fliegen mit einer Klappe: Es war erstens billiger und einfacher, mich dorthin zu befördern und zu feuern und zweitens war ich weitab von allen Informationen, die ich mir in Schweden hätte besorgen können. So lange ich für *Lilly* arbeitete, war ich immer loyal gewesen. Nie hatte ich daran gedacht, irgendetwas von dem belastenden Material zu kopieren, das durch meine Hände ging. Nun also – dachte man – war ich völlig kalt gestellt. Keine Möglichkeit an Memos, Briefe, Anweisungen, Überweisungen usw. heranzukommen! Sie vergaßen aber eine Sache dabei. Genauso loyal, wie ich ihnen gegenüber gewesen war, waren es meine Mitarbeiter mir gegenüber. Ich wurde am selben Tag nicht nur über den Schlössertausch informiert.

Virapen vs. Lilly

Ich klagte gegen *Lilly*. Ein solcher Vorgang zieht sich hin und ist zeitaufwändig. Kostet Nerven. Und Geld. Es dauerte fünf Jahre, bis alle nötigen Papiere eingereicht, begutachtet und bearbeitet waren und wir endlich den Gerichtssaal betraten. Ein schmuckloser, großer, kastenartiger Raum ohne natürliches Licht. Zentral vorn der Richter, ihm gegenüber links und rechts, getrennt durch den Mittelgang, die gegnerischen Parteien. Die Plätze der Jury allerdings blieben leer. Es hätte eine Verhandlung mit Jury sein sollen, darauf war ich auch vorbereitet. Man hatte das aber geändert. Ein Vorzeichen? Die Formalitäten wurden abgespult, Aktenzeichen, Adressen und Daten. Die Verhandlung zog sich über Tage hin. Als ich gegen Ende des Prozesses noch einmal zu einem Detail, das unsere Gegner aufgebracht hatten, Stellung nehmen wollte und mich schon erhob, einen Schritt vom Tisch weg gemacht hatte, um Raum für meine Arme zu haben – da sagte der Richter, es sei nicht mehr nötig. Er schloss den Prozess mit den Worten: „Sie haben Ihre Sache bewiesen."

Diese Aussage ließ mich und meine Anwälte glauben, wir hätten den Fall gewonnen. Ich schaute meine Anwälte an, sie schauten mich an. Großes Grinsen. Ich lud meine Anwälte zu einem weinseligen Abend ein. Es ist durchaus üblich, dass es drei bis Wochen dauert, bevor das Urteil schriftlich zugestellt und rechtskräftig wird. Eine Formalie. Ich war heiter. Bis zu dem Tag, da ich das Schreiben des Gerichts aus meinem Briefkasten fischte und öffnete. In diesem Schreiben wurde mir mitgeteilt, *Eli Lilly* habe den Prozess gegen mich gewonnen. Der Richter hatte seine Meinung geändert.

Wir legten Berufung gegen den Schrieb beim Berufungsgericht in Boston ein. Wir erhielten einen Termin beim Berufungsgericht. Mein Anwalt machte sich auf den Weg. Er war schon in der Haustür, auf dem Weg zum Flughafen, als er ein vertrautes Geräusch in seinem Büro hörte. Ein Telefax. Er stellte den Koffer ab, zog die Haustür zu, schob die Bürotür auf und las. Absender des Faxes: Das Berufungsgericht in Boston. Inhalt: Die Sache sei inzwischen erledigt. Er brauche nicht zu kommen. Sie hatten die Sache durchgelesen und seien zu demselben Ergebnis gekommen wie der Richter. Erledigt? Welches Ergebnis des Richters – das erste oder das zweite? Offenbar das zweite. Und was sollte das heißen: „Inzwischen"?

„Ich habe keine Erklärung für diese Kehrtwendung des Richters. Schlimmer noch, ich hatte gehofft, das Berufungsgericht würde diese Sache ansprechen. Sie haben sie jedoch nicht einmal erwähnt! Um es offen zu sagen, die Justiz hat versagt. Es bleibt uns nichts weiter, als zu akzeptieren, dass irgendetwas mit unserem Rechtssystem nicht stimmt, wenn ein Berufungsgericht nicht einmal die rechtliche Höflichkeit (*legal courtesy*) besitzt, eine Sache anzuge-

John Virapen

hen, die nicht unberührt bleiben durfte. Ich lege meinen Scheck 2.486 über 656,31 Dollar für die Ausgaben, die du mir vorab für Flug und Hotel für dieses Fiasko beim Berufungsgericht bezahlt hattest, bei."

Abogado Notario • Attorney at Law

September 28, 1995

Mr. John Virapen
5555 North
Ocean Blvd. #36
Ft. Lauderdale, FL 33308

Dear John:

Enclosed please find a copy of the decision of the Court of Appeals affirming the decision of Judge Pérez Giménez. I am disappointed and sorry that a case that according to the words of Pérez Giménez you had every right to believe you had won. There is no explanation that I can offer you to try to explain Pérez Giménez' about face. Worse yet, I had hoped that the Court of Appeals would address this matter. However, it's not even mentioned in their opinion. Frankly speaking, justice has failed. Yet, there is nothing else we can really do, but accept that there is something wrong with our justice system when a Court of Appeals does not even have the legal courtesy to address a matter which should not have been left untouched.

I enclose my check for 2486 for $656.31 returning the costs of the airfare and hotel that you had prepaid for my aborted appearance in the Court of Appeals.

Sincerely,

/eu
Enclosure

Der Brief meines Anwalts.

Mein Fall bei der
Staatsanwaltschaft Schweden

Nur zwei weitere Leute in meinem Büro wussten von der Bestechung. Beide wurden ebenfalls kurz nach meiner Entlassung gefeuert. Ebenfalls ohne Gründe. Nach Ablauf der zehn Jahre Verjährungsfrist, ich lebte mittlerweile in Florida, reiste ich aus privaten Gründen nach Schweden. Es gab Leute in Stockholm, die von meinem Besuch wussten. Sie fragten, ob ich willens wäre, mit dem Staatsanwalt zu sprechen. Die Zeit war reif. Wir verabredeten einen Termin in seinem Büro. Der Staatsanwalt gewährte mir, das war mir zunächst das Wichtigste, Immunität. Also erzählte ich ihm meine Geschichte und überreichte ihm die Beweise. Der Staatsanwalt konnte aber niemanden verfolgen. Der Psychiater, den ich bestochen hatte, unser Mr. Unbekannt, war kein Angestellter der Gesundheitsbehörde. Dieser Mann arbeitet heute übrigens beim Gericht. Als psychiatrischer Gutachter für den Staat Schweden. Und bis dahin war derartige Korruption nur für Staatsbedienstete strafbar.

Gesetzesänderung in Schweden

Aufgrund meiner Aussage bei der Staatsanwaltschaft aber wurde das Antikorruptionsgesetz in Schweden geändert. Der Staatsanwalt, der mich verhörte, machte den Vorschlag dazu. Er nahm meinen Fall als Beispiel für diejenigen Abläufe, die vom bisherigen Gesetz nicht abgedeckt waren.

Sein Vorschlag wurde, wie man mir sagte, im Parlament unter Beifall angenommen.

All den anderen Pharmamanagern möchte ich zurufen: tut dasselbe. Packt aus! Die rechtliche Lage sollte überall so sein, dass es möglich wird, auszupacken, ohne um sein Leben, sein Auskommen oder sein Ansehen fürchten zu müssen. Die Erkenntnisse, die man daraus gewinnt, retten Menschenleben. Menschenleben sollten auch den Gerichten wichtiger sein als die Profite der Pharmaindustrie. Auch der amerikanische Staat hat begriffen, wie wichtig diese Insider-Informationen sind. Sie ermutigen heute die Manager und Vertreter auszupacken.

In Deutschland sieht es wie gesagt so aus, dass das Rechtssystem die Firmen schützt und nicht den Patienten. Hier am Beispiel *Ratiopharm*:

Transparency Deutschland hat die in den Medien dargestellten Vorgänge um die Marketingpraktiken der Firma *Ratiopharm* kritisch verfolgt. Dass Ärzte für Verschreibungen von Produkten dieser Firma beträchtliche Vergünstigungen erhielten, ist ein klarer Verstoß gegen das ärztliche Berufsrecht und hatte die Staatsanwaltschaft Ulm zu Ermittlungen veranlasst. Diese wurden allerdings rasch eingestellt mit der Begründung, dass es sich bei den beschuldigten Medizinern nicht um Amtsträger handle. Nur bei diesen greife der gesetzliche Vorwurf der Vorteilsnahme.[75]

Das Gesetz ist auf ihrer Seite

Die beiden anderen Leute aus dem Stockholmer Büro, die *Lilly* zusammen mit mir bzw. wenige Tage später, gefeuert hatte, kamen nicht mit zum Staatsanwalt. Sie hatten

Angst. Einfach Angst, ihren Mund aufzumachen. Obwohl sie längst nicht mehr für *Lilly* arbeiteten.

Beim Schreiben dieses Buches habe ich zu einer dieser Personen nach all den Jahren wieder Kontakt aufgenommen. Heute sicherte mir diese Person ihre Unterstützung zu, sollte es hart auf hart kommen. Mein Mut sei ansteckend. Und es gibt noch weitere Leute, die mich hinter den Kulissen unterstützen.

Kapitel 15
Das Muster weiterstricken: Insulin

Da stand ich nun. Bruchlandung des Überfliegers auf Puerto Rico. Meine märchenhafte Karriere und mein kometenhafter Aufstieg waren plötzlich nichts weiter als ein Nachbild auf der Netzhaut.

Ich wusste nicht weiter. Während meine Frau sich um ihre Patienten kümmerte, hing ich zu Hause rum, nutzlos und deprimiert. Ich begann zu trinken, viel schlimmer noch als damals in Schweden, ich zog durch die Casinos, ich ließ mich gehen. Ein Wunder, dass meine Frau es mit mir ausgehalten hat. Sie wusste, Vorwürfe hätten alles noch schlimmer gemacht.

Ich sah keine Perspektive. In der Pharmaindustrie würde ich nie wieder einen Job finden, glaubte ich. Mein Name stand auf der schwarzen Liste. Jeder wusste, dass ich bei *Eli Lilly* gefeuert worden war. Dass aber auch dieser Rausschmiss (und besonders die Gründe dafür) mich für andere Pharmafirmen wiederum zu einem gesuchten und geschätzten Mitarbeiter machen könnte – das hätte ich in meiner Lage nicht geglaubt.

Schwarzliste als Empfehlung

Als in eben dieser Situation eine Pharmafirma, ein weiterer Global Player, *Novo Nordisk*, auf mich zukam, wurde ich in meinem Entschluss, nie wieder etwas mit diesem Pack zu tun zu haben, wankend.

Er war zu der Zeit der Geschäftsführer von *Novo Nordisk* und war gut über mich informiert. Er lud mich zum Essen ein. Es war ein Abglanz der alten Zeiten. Aufgrund meiner speziellen Tätigkeiten für *Eli Lilly & Company* hatten sie mich ins Visier genommen. Und aufgrund der Tatsache, dass ich aus der Gegend stammte (Britisch-Guyana ist nicht allzu weit von Puerto Rico entfernt), hatte ich einen Draht zu den Leuten hier.

Seine Firma hatte Absatzprobleme in der Karibik. Hauptsächlich ging es um Insulin. Er bot an, es mit mir zunächst in Trinidad zu versuchen. Lief alles gut, würde sich mein Verkaufsgebiet vergrößern. Bezahlt wurde ich auf Provisionsbasis – von jedem Verkauf zehn Prozent für mich. Auch an meine Frau machten sich meine neuen Arbeitgeber heran. Sie war Professorin in der Universitätsklinik und hatte 6.000 Patienten in ihrer privaten Praxis – diese Zahl machte sie interessant.

In Bezug auf Insulin bin ich doppelt betroffen – als Täter und als Opfer, als Diabetiker.

Insulin – ein ethischer Anfang

Am 11. Januar 1922 erhielt Leonard Thompson, ein vierzehn Jahre alter Diabetiker, die weltweit erste Injektion Insulin. Ein Jahr später bekamen die Entdecker den Nobelpreis. Zu Recht. Sie waren sogar so fair, den Nobelpreis mit Kollegen zu teilen, die maßgeblich an der Entwicklung beteiligt gewesen, vom Komitee aber nicht berücksichtigt worden waren. Was für Zeiten! Was für Männer! Die Entdecker verkauften das Patent an die Universität Toronto. Zum symbolischen Preis von einem Dollar. So fing es an. So war es einmal. Wirklich! Heute kaum mehr vorstellbar. Und ein auch Ihnen mittlerweile alter Bekannter war maßgeblich an der ersten industriellen Produktion beteiligt: *Eli Lilly*. Aber das ist über 80 Jahre her. In vielen anderen Bereichen gab es gigantische medizinische Fortschritte. Hier nicht. Denn Insulin heilt Diabetes ja nicht. Insulin hält Diabetiker am Leben. Und ein Leben lang sind sie darauf angewiesen, Insulin zu spritzen.

Sind Menschen die besseren Schweine?

Bis vor etwa 25 Jahren, also etwa 60 Jahre lang, wurde Insulin – zur Regulierung des Blutzuckers – von Tieren gewonnen. Dann gab es eine Neuentwicklung. Man nannte es – ein Werbegag – „Human-Insulin". Heute beherrscht diese Insulinart den Markt.

John Virapen

Interessant ist das so genannte Humaninsulin nicht wegen seiner medizinischen Neuheit oder Andersartigkeit, sondern wegen der psychologischen Wirkung, die die Pharmaindustrie mit diesem neuen Produkt erreichte. Denn normalerweise ist es schwierig, Patienten, die an ein bestimmtes Produkt gewöhnt sind, auf ein neues umzustellen. Die Schwierigkeiten dabei sind nicht nur den Nebenwirkungen, sondern allein schon der Macht der Gewohnheit geschuldet. Gewohnheiten sind hartnäckig. Seltsam also, dass es beim neuen Insulin so einfach schien, dass die Ärzte „Hurra!" riefen und die Patienten glücklich waren. Sie glaubten nämlich, sie bekämen irgendwie menschliches Insulin statt solches, wie bisher, von Tieren. Das war der Trick. Man stellte diesen Unterscheid heraus. Das alte Insulin war plötzlich tierisch. So lange es kein menschliches gab, sprach auch niemand davon, dass es tierisch sei. Mit der Erfindung des Namens Humaninsulin aber war es so. Es ist vielen Menschen vielleicht eine unangenehme Vorstellung, sich selbst Schweineinsulin in die Adern zu spritzen, obwohl der Verzehr von Schweinefleisch ganz legitim ist. Humaninsulin – das ist doch viel schöner. Und auch viel sinnvoller – der Körper wird es sicher besser vertragen – tierisches Insulin den Tieren, menschliches Insulin den Menschen und alles ist gut. Man könnte übrigens mit den allerbesten Gründen das tierische Insulin „natürliches Insulin" nennen und das so genante Humaninsulin „künstliches Insulin". Was würde der Patient sagen? Wofür würde er sich entscheiden?

Der Name ist also eine glatte Lüge. So genanntes menschliches Insulin ist in Wirklichkeit gentechnisch hergestelltes Insulin. Was hätten die Ärzte gesagt, wie hätten die Patienten auf ein Produkt reagiert, das sich „gentechnisch erzeugtes Insulin" schimpft?

Nein, ein korrekter Name hätte dem Produkt nur geschadet. Langzeitstudien zeigen Nebeneffekte genauso wie bei den alten Insulinprodukten. Die Patienten werden aber nicht informiert. Die Hersteller leugnen allergische Reaktionen. Obwohl doch klar ist, dass der Körper auf körperfremde Stoffe reagieren wird. Egal – nomen est omen – der Name ist wichtiger als die Verpackung, die Verpackung ist wichtiger als der Inhalt. Ein Wortspiel. Und es funktioniert.

Unterzuckerung

Ein Hauptproblem liegt darin, dass Diabetiker mit dem neuen Insulin ihr Gefühl für das Absinken des Blutzuckers schlechter, zu spät oder gar nicht wahrnehmen. Das kann zu Bewusstlosigkeit führen – und tut es auch. Sie wissen also nicht mehr, wann sie neues Insulin spritzen müssen.

Und obwohl selbst das BGA schrieb:[76] „jede Umstellung auf Humaninsulin [muss] medizinisch begründet sein", wurden Patienten im Grunde genommen ohne Überprüfung, vor allem ohne explizite medizinische Notwendigkeit, des herkömmlichen Insulins beraubt. Darüber hinaus wurden viele Patienten – in Krankenhäusern beispielsweise – nicht einmal darüber informiert, dass sie plötzlich ein anderes Insulin bekamen. Man hatte sie einfach „umgestellt".

Medikamentenengpass

Ich fragte meinen damaligen Arbeitgeber danach, was passieren würde, wenn die Patienten Schwierigkeiten mit dem neuen Insulin hätten. Ob die Firma das alte Insulin weiter herstellen würde. Und sie sagten: „Ja klar, das wird es immer geben."

Sie logen glattweg. Bereits 2005 verschwand das letzte tierische Insulin vom deutschen Arzneimittelmarkt. Und erst kürzlich haben die wichtigsten Hersteller angekündigt, die Produktion von tierischem Insulin komplett einzustellen.

Für eine Gruppe von Patienten begann ein Wettlauf gegen die Zeit. Aber auch für Ärzte, Apotheker, Krankenkassen und selbst Diabetikerorganisationen. Denn auch das so genannte Humaninsulin hat Nebenwirkungen, zum Teil extrem schwere Nebenwirkungen. Die Tatsache, dass Diabetikern faktisch die Wahlmöglichkeit zwischen verschiedenen Insulintypen genommen wurde, ist skandalös.

Ich habe Anrufe von vielen Diabetikern erhalten, die jetzt Probleme haben, ihr tierisches Insulin noch irgendwo aufzutreiben. Und es scheint, als würde niemand ihnen helfen. Die Apotheker zucken mit den Schultern: sie haben keines mehr. Wer findig ist, importiert es sich von irgendwo her. Das kostet selbstverständlich. Und die Krankenkasse kann die Erstattung der Kosten verweigern, weil es ja in ihren Augen vergleichbare Medikamente auf dem deutschen Markt gibt: das Humaninsulin, gegen welches jene Patientengruppe allergisch ist.

Dabei sind tierische und humane bzw. natürliche und gentechnisch hergestellte Insuline schon aufgrund ihrer unterschiedlichen Herstellung in ihrer (Neben-)Wirkung nicht vergleichbar. Dennoch liegt es nun in der Verantwortung des Patienten, dies zu beweisen, um die Kosten erstattet zu bekommen. Die Patienten sollen nun also an sich selbst klinische Versuche durchführen? Absurd!

Die Betroffenen haben zu Recht einige Fragen:

• Wieso wird ein altbewährtes Medikament einfach so vom Markt genommen?
Wieso war es möglich, die Nachfrage nach tierischem Insulin künstlich und bewusst einzuschränken?
• Wieso wird tierisches Insulin als Behandlungsalternative seitens der Ärzte und der zuständigen Stellen nicht anerkannt?

Es gibt viele Diabetiker auf der Welt, die noch immer das tierische Insulin brauchen, weil sie das so genannte Humaninsulin nicht vertragen.

Zwischen 1986 und 1989 erhielt die *Britische Diabetiker Vereinigung* (BDA) etwa 3.000 Briefe von Betroffenen, die über Gegenreaktionen bei Einnahme von Humaninsulin klagten: „Eine unabhängige Untersuchung der dreitausend Briefe wurde angeordnet. 1993 war der Bericht hierzu fertig und sollte beim *British Medical Journal* veröffentlicht werden. Er wurde nun aber plötzlich zurückgezogen – weil er zu ‚schwarzmalerisch' sei. Erst sechs Jahre nach Fertigstellung wurde der Bericht dem *Guardian* zugespielt (9. März 1999). Seine verstörenden Details kamen ans Licht: Achtzig Prozent der untersuchten Beschwerden sprachen davon, die Symptome nicht mehr kontrollieren zu können; man habe die Warnsignale eines drohenden Komas verloren. Aus den Daten der Briefe schlossen die Forscher unter anderem, dass:

• die Hälfte der Patienten mit dem neuen Insulin ohne Warnung während eines Blutzuckertiefs ohnmächtig wurden;

John Virapen

- ein Viertel sagte, dass solche Episoden häufiger waren;
- ein Fünftel sagte, diese Episoden seien heftiger geworden;
- dreizehn Prozent wurden nachts ohnmächtig und fünf Prozent litten an Krämpfen. Zehn Prozent hatten Gedächtnisstörungen;
- neun Prozent sagten, sie hätten Schwierigkeiten, sich zu konzentrieren;
- einige verloren ihre Arbeit;
- anderen wurde die Erneuerung der Fahrerlaubnis verweigert, weil sie während eines Blutzuckertiefs in Unfälle verwickelt waren."[77]

Nicht nur die Briefschreiber, auch viele andere Diabetiker haben die Erfahrung gemacht, dass sie mit ihren Problemen von den Ärzten nicht ernst genommen werden. Diese glauben lieber der Pharmaindustrie. Ich kann mir denken, warum das so ist. Und Sie inzwischen sicher auch. Es gibt (deshalb?) übrigens auch kaum Studien über die Auswirkungen der Umstellung.

Zulassung des neuen Insulins

Zum Zeitpunkt der Zulassung gab es offenbar wieder keine vernünftigen Studien – die schwedischen Psychiater hätten auch hier ihr fürchterliches Wiehern hören lassen.

„Die erste veröffentlichte Studie von 1980 hatte siebzehn (in Zahlen: 17) männliche Diabetiker als Grundlage."[78]

Aber schon 1982 war Insulin zugelassen und auf dem Markt. Eine verdammt kurze Zeit, wenn man bedenkt, dass es der erste gentechnisch produzierte Wirkstoff war, der jemals auf Menschen losgelassen wurde. Es hat nie Beweise dafür gegeben, dass synthetisches Insulin Vorteile gegenüber dem tierischen hätte. Diejenigen Studien, die es gibt, wurden hauptsächlich von der Pharmaindustrie gesponsert und haben die Tendenz, das Medikament positiv zu sehen.

Zur Erinnerung: Ein Diabetiker ist sein Leben lang auf Insulingaben angewiesen.

„Die meisten Studien zur Wirksamkeit des neuen Insulins wurden mit nicht mehr als fünfzig Patienten durchgeführt, manchmal waren es auch nur siebzehn."[79]

Solche kleinen Studien sind nicht geeignet, ernsthafte Probleme offenzulegen. Besonders, wenn Sie sich vorstellen, wie die Leute von den Testern vorher ausgesucht wurden. Völlig unwissenschaftlich!

Patente ermöglichen hohe Preise

Die „Erfindung" von Humaninsulin brachte den Diabetikern also, gelinde gesagt, keine Vorteile. Nur die Herstellungsweise hatte sich geändert – und damit (und das ist für die Pharmaindustrie der springende Punkt) die Patentfrage. Denn gentechnisch hergestelltes Insulin ist zwar nichts als eine Kopie des natürlichen Stoffes (mit kleinen Abweichungen). Als solche aber ließen sich die Hersteller diese Kopien patentieren. Und nun konnten sie sagen: Wir haben etwas ganz Neues – und verlangen dafür die Preise, die wir wollen. Es ging beim Humaninsulin also bloß um die Patentrechte. Tierisches Insulin konnte jeder herstellen, ohne dafür horrende Patentrechte zu erwerben. Es war daher günstig. Gut für die Patienten, gut fürs Gesundheitssystem. Schlecht für den Profit der Pharmaindustrie. Wer Kugelschreiber herstellt, muss auch keine Patentgebühren zahlen, Kugelschreiber sind ein Alltagsgut. Das alte Insulin ist ein ebensolches Alltagsgut. Und Diabetiker brauchen Insulin jeden Tag. Damit aber gaben sich die Konzerne nicht zufrieden. Sie wollten mehr.

Wenn man sich überlegt, dass das Patent fürs erste Insulin für einen Dollar an eine Universität verkauft wurde, und die Industrie heute Millionen von Dollar ausgibt, um Patente zu bekommen (nicht, um neue Medikamente zu entwickeln) – dann erkennt man, wie sich die Prioritäten im Laufe der Zeit verschoben haben.

Verdrängungswettbewerb

In der ganzen Welt wurde umgestellt, ein ganzer Markt neu sortiert. Ein Verdrängungswettkampf. Die Pharmakonzerne machten sich ihre alteingesessenen Territorien streitig. Das Marktgefüge geriet ordentlich durcheinander und die Konzerne mächtig unter Druck. Denn an allen Ecken und Enden verloren sie plötzlich Abnehmer, ganze Krankenhäuser, vielleicht sogar ganze Länder. Sie mussten, um das auszugleichen, ihren Wettbewerbern anderswo deren treue Kunden abspenstig machen. Ein Kampf mit harten Bandagen. Ein teurer Kampf. Ein Kampf, der nicht gegen die Krankheit Diabetes geführt wurde – Gott bewahre. Ein Kampf, der dem Patienten keinerlei Vorteile brachte. Im Gegenteil. Und wer zahlt am Ende? Richtig: Sie, der Patient, der Einzahler ins Gesundheitssystem.

Keine Insulinstifte
für arme Länder

Novo Nordisk hatte ein kleines Gerät hergestellt, welches ermöglichte, Insulin auf eine ganz einfache Art zu spritzen. Und zwar mittels eines Stifts. Schmerzlos. Einfach. Das war etwas Neues, Revolutionäres. Dieses Produkt kam in westlichen Ländern wie Deutschland auf den Markt und die Firma verkaufte es zu einem sehr hohen Preis. Ich machte den Vorschlag, dass man es den Patienten in der Karibik zugänglich machen sollte. Sie weigerten sich geradeheraus. Sie sagten: „Dafür müssten wir den Preis herabsetzen. Also werden wir es dort nicht verkaufen. Wir würden die Preise im Westen damit gefährden."

Lange lebe der Slogan: „Wir arbeiten am Wohlergehen des Patienten!"

10 Prozent für mich

Stattdessen gaben sie einer staatlichen Behörde in der Karibik Computer im Wert von 10.000 Dollar, um eine Ausschreibung über Insulin im Wert von 500.000 Dollar zu erhalten. Klingt das irgendwie bekannt? Diese 10.000 Dollar scheinen irgendwie eine Standardgröße zu sein. Und wissen Sie was? Ich war derjenige, der das für sie erledigte. Ich bekam immerhin zehn Prozent Provision auf die 500.000 Dollar.

Geben ohne Nehmen

Ein anderes Mal, als ich noch für *Lilly* in Schweden als Geschäftsführer tätig war, rüsteten wir eine ganze Klinik in Göteborg mit Computern aus, die damals eine sehr teure und exklusive Sache waren. Wir schulten das Personal. Ich hatte die leitenden Ärzte kontaktiert und war mit ihnen einig geworden. Sie würden auf unser Insulin umstellen, unser Rivale (*Novo*) wäre damit weggefegt und wir schenkten ihnen die digitale Revolution.

Nun, wir erfüllten unseren Teil, sie aber – dreiste Typen! – blieben doch bei *Novo*. Was die wohl für sie getan haben?

Billiges Versprechen

Und auch das Versprechen, das stets erneuerte Versprechen, Medikamente würden billiger werden, die neuen Entwicklungen ermöglichten billigere Medikamente und so weiter – Blödsinn. Der Sinn neuer Medikamente liegt ja gerade darin, die Umsatzverluste, die auslaufende Patente mit sich bringen, durch neue Patente auszugleichen.

Es gab keinen anderen Grund dafür, die alten Insuline vom Markt zu wischen als diesen. Was auch immer die Industrie für die Entwicklung der neuen Insuline ausgegeben hat (und das meiste Geld, darf man fragen, ging doch wohl in Werbemaßnahmen und besondere Aktivitäten wie meine Computerbestechungen?) – Sinn und Zweck war nicht, ein besseres Medikament zu finden.

Nichts ist so lukrativ wie ein Produkt, auf das jemand dringend angewiesen ist. Und nichts ist besser, als auch die mit ins Boot zu holen, die noch gar nicht krank sind:

„Bei den DPT-1 Versuchen werden denjenigen, die ein hohes Risiko haben, Diabetes zu entwickeln, aber noch kein Anzeichen der Krankheit zeigen, prophylaktische Dosen von Humaninsulin gegeben. [...] Wir wissen nicht, welche Nebeneffekte diese genetisch hergestellten Medikamente auf einen gesunden Körper haben."[80]

Diese Markterweiterungsstrategie hätte von mir sein können. Nein, heute bin ich ehrlich froh, dass wenigstens diese Markterweiterungsstrategie nicht auf meinem Mist gewachsen ist!

Kapitel 16
Off-Label-Marketing
Wachstumshormone

Nachdem ich schließlich genug davon hatte, für eine Pharmafirma den Caddy zu spielen und ein wenig Gras über meine Entlassung bei *Eli Lilly* gewachsen war, machte ich mich als unabhängiger Berater für Pharmakonzerne selbstständig. Mein Operationsgebiet war nach wie vor die Karibik und ich achtete darauf, dass die jeweils von mir vertretenen Produkte der einzelnen Firmen sich keine Konkurrenz machten. In diesem Zusammenhang hatte ich wieder einmal mit dem Off-Label-Marketing zu tun. Untergekommen war mir das schon in meiner Zeit als Vertreter. Im Sinne der Umsatzsteigerung nutzten wir da schon manchmal Nebenwirkungen, die sich dafür anboten, als Verkaufsargument.

Was wir Vertreter im Kleinen taten, ist, aufs Ganze der Pharmaindustrie gesehen, ein großer Erfolg. Jeder Wirkstoff hat ein bestimmtes Wirkungsprofil, er erzeugt im menschlichen Körper voraussichtlich diese und jene Wirkungen. Ein Wirkstoff macht vielleicht ruhiger und gelassener, fördert aber zugleich auch Verstopfung. Nun verfestigt sich beim dem, der bloß ruhiger werden wollte, zugleich auch der Stuhl, der mit dem dünnen Stuhl wird zugleich auch schläfrig. Effekt und Nebenwirkung sind also eigentlich nur Platzhalter wie x und y in einer mathematischen Formel.

Pharmakonzerne nennen nun je nach Marktlage den einen Effekt die gewünschte therapeutische Wirkung, den anderen Nebenbewirkung. Oder sie nennen beide die gewünschte therapeutische Wirkung und verkaufen das gleiche Zeug an zwei unterschiedliche Zielgruppen. Was der einen der Nebeneffekt ist, ist der anderen die Therapie und umgekehrt.

Wäre *Prozac*® nicht schon als Psychodroge allein so ein immenser Erfolg geworden, wäre Off-Labeling der nächste Schritt gewesen. Man strebte ja die Zulassung nur deshalb für die angebliche antidepressive Wirkung an, weil das einfacher war. Doch verkaufen wollte man das Mittel später gegen Fettleibigkeit und zur Gewichtsreduktion. Dass die Patienten dann gleichzeitig bessere Laune bekamen (oder sich umbrachten), wäre dann nur noch die Nebenwirkung gewesen.

Keine Sympathie – keine Bestechung

Mit Wachstumshormonen hatte ich zweimal in meiner Karriere zu tun, für zwei unterschiedliche Firmen. Das erste Mal war die Anwendung ganz im Rahmen der Indikation – Zwergwüchsigen zu mehr Körpergröße zu verhelfen. Damals hatte ich mir einen Experten ausgeguckt, der sich auf Zwergenwuchs spezialisiert hatte. Er betreute ein knappes Dutzend Patienten, was angesichts der horrenden Kosten für die Präparate ein lukrativer Markt war. Er verabreichte die Produkte unserer Wettbewerber und das konnte ich nicht auf mir sitzen lassen.

In jenem Fall ging meine Rechnung aber einmal nicht auf. Ich lud ihn nach einem Kongress auf eine kleine Reiseverlängerung ein, zusammen mit einem anderen für mich interessanten Arzt. Ein Ausflug nach Las Vegas sollte die Stimmung heben und für positives Geschäftsklima sorgen. Unser Experte blieb aber äußerst zugeknöpft und schien allein an der Aussicht aus dem Fenster interessiert zu sein. Vielleicht war es auch das erste Mal, dass er überhaupt einen Urlaub machte, ich weiß es nicht. Jedenfalls änderte die Reise in diesem Fall nichts, wir kamen uns nicht näher. Weder persönlich noch geschäftlich.

Pech gehabt.

Wachstumshormone und ewige Jugend

Später dann, als freier Berater, wurde ich von einer anderen Firma eingeladen Wachstumshormone zu vermarkten. Diesmal allerdings Off-Label. Also für Indikationen, für die das Mittel gar nicht zugelassen war. Es gibt viele reiche Menschen, Männer im Besonderen, die eine Behandlung mit Wachstumshormonen wünschen, um muskulöser zu werden. Straffere Haut. Ewige Jugend. Diese Sachen.

Die Firma hatte also die Idee, auf einer tropischen Insel eine exklusive Klinik für diese Zwecke aufzumachen. Meine damalige Frau sollte die Rolle der Oberärztin spielen, denn sie hatte auch mit Wachstumshormonen geforscht. Ich lehnte ab.

Warum?

Dies war das zweite Mal, dass diese Firmen auf mich zukamen, um an meine Frau ranzukommen. Als wäre sie eine Art Goldmine. Erst ihre 6.000 Diabetespatienten und nun ihre Spezialkenntnisse als Ärztin.

Ich wollte nicht, dass sie ihren Intellekt prostituierte für einen geldgeilen Manager, dem es nur um den Profit ging. Es reichte schon, dass ich das tat.

Strafen in Millionenhöhe?
Peanuts

Nun klingt das Off-Label-Marketing vielleicht wie eine Kleinigkeit. Es ist aber ein riesiges Geschäft, das gezielte Desinformation beinhaltet. Auf Kosten der Patienten. Die Gewinne sind dabei so üppig, dass es einem Pharmakonzern nicht einmal große Bedenken macht, sich schuldig zu bekennen, wenn es sein muss – wenn es gar nicht anders geht. Wenn – aus vollkommen unerfindlichen Gründen – die riesige Juristenabteilung die allerneueste Patientenverdummung nicht mehr erklären kann, schiebt man es einfach auf einzelne Mitarbeiter, die an allem schuld sind.

Im Dezember 2005, nach einer dreijährigen Untersuchung, gab *Eli Lilly & Company* ein „Fehlverhalten" im Fall *Evistra®* zu – und war bereit, 36 Millionen Dollar Strafe dafür zu zahlen![81] Um wie viel mehr wird ihnen ihr Fehlverhalten zuvor wohl an Gewinn eingebracht haben?! Überspitzt könnte man sagen: Die Pharmafirmen bestehen aus zwei Abteilungen: Juristen und Marketingleuten; schauen Sie sich doch spaßeshalber auf der Homepage von *Eli Lilly* unter „Karriere" die Gewichtung der gesuchten Berufe an. Forscher und Forschungsergebnisse werden dann nach Bedarf zugekauft. Das Marketing aber muss immer laufen, ganz unten die Vertreter. Für Gesetzesübertretungen, für zerbrochenes Porzellan und unangenehme Blutspuren hecheln die Juristen ihnen mit dem Spitzfindigkeitsbesen hinterher und machen sauber.

Diesmal aber hatte es nicht funktioniert. Worum ging es? Um *Evistra®*, ein Medikament für Frauen, das Osteoporose nach der Menopause vorbeugen sollte. Es hatte nicht so viel eingespielt, wie *Lilly* sich erhofft hatte.

John Virapen

Nun veränderte *Lilly* die Werbung für *Evistra®*. Angeblich sollte es nun auch Brustkrebs verhindern. Wenn es für diese Hoffnung nicht einen riesigen Markt gibt. Clever ausgedacht! Hätte von mir stammen können. Das FDA, so die Staatsanwaltschaft später, hatte ausgerechnet und ganz spezifisch diese Behauptung als falsch zurückgewiesen. Es war der Firma jedoch ganz egal. Sie gingen noch weiter und planten als Nächstes, damit zu werben, *Evistra®* reduziere das Risiko von Herz-Kreislaufkrankheiten. Das FDA hatte auch der Verbreitung dieser völlig aus der Luft gegriffenen Behauptung nicht zugestimmt.[82]

Ethische Standards?

Zwölf Millionen Dollar Strafe zahlte *Lilly* für seine Verbrechen. Dazu das Doppelte, um die Kosten für Zivilverfahren zu begleichen. Per einstweiliger Verfügung wurde *Lilly* die Off-Label-Werbung untersagt. Und kurz darauf verkündet *Eli Lilly*, man habe der Zahlung der Strafe zugestimmt, damit der Fall beendet werde. Hatten sie also, darf man wohl fragen, noch mehr zu verbergen – und waren froh, mit diesen Daten nicht auch noch herausrücken zu müssen? Im Übrigen sei man der Meinung, es habe sich ja gezeigt, dass niemand ungesetzliche Absichten verfolgt habe. Bitte? Hör ich recht? Warum zahlt man denn sonst zwölf Millionen Dollar Strafe? Sidney Taurel, der Hauptgeschäftsführer, mein Ex-Chef, sagte in seiner unnachahmlichen Art:

„Es tut uns aufrichtig leid ...“

„Wir nehmen unsere Verantwortung, die Gesetze zu befolgen, ernst ...“

Und: „Wir geben uns ganz der Aufgabe hin, dass sich in den Handlungen unserer Angestellten die höchsten rechtlichen und ethischen Verhaltensstandards widerspiegeln."[83] Wie kommt er nur auf so was? Wie kann man hier von ethischen Standards sprechen? Welchem ethischen Standard entspricht „Lüge"? Welchem „bewusste Falschinformation"? Wollte er den Frauen tatsächlich helfen? Wollte er wirklich den Brustkrebs besiegen mit einem Medikament, das dafür anerkanntermaßen überhaupt nicht geeignet ist? Was hat der Mann bloß geschluckt? *Prozac®* vielleicht? Das führt ja bekanntlich zu Wahnvorstellungen.

Schering, Pfizer, Lilly und Co

Und auch hier gilt: Der Fall ist keine Ausnahme. Eher die Regel: Der *San Francisco Chronicle* berichtete im Mai 2005, dass etwa 40 bis 60 Prozent aller Verschreibungen insgesamt Off-Label-Verschreibungen sind![84]

Pfizer kaufte sich im Jahr davor mit 430 Millionen Dollar frei.[85] Die Firma *Parke-Davis*, aufgekauft von *Pfizer*, hatte das Epilepsie-Mittel *Neurotonin®* den Ärzten für alle möglichen Krankheiten aufgeschwatzt. Mehr als das, man hatte sie sogar dafür bezahlt, das Mittel für alle möglichen anderen Krankheiten zu verschreiben. Einer, der in diesem Fall auspackte, sagte, die Firma habe den Ärzten Karten für die Olympischen Spiele angeboten, Ausflüge nach Disney World sowie Golfclubferien.[86]

Bei *Neurotonin®* sollen es sogar 90 Prozent der Verschreibungen gewesen sein, die Off-Label erfolgten. Das Medikament macht seine Umsätze überhaupt nicht mit der Patientengruppe, für die es vorgesehen war, denn so viele

Epileptiker gibt es eben nicht. Wahrscheinlich war das Medikament ja auch nie für sie gedacht und es war vielleicht auf diesem Wege nur einfacher, überhaupt eine Zulassung zu bekommen.

Ein weiteres Beispiel: Die Firma *Schering-Plough* hatte 435 Millionen Dollar in der Portokasse übrig, zahlte und bekannte sich schuldig, Off-Label das Allergiemittel *Claritin®* verscherbelt sowie mittels einer Verschwörung den Behörden falsche Informationen übermittelt zu haben.[87] Die Einnahmen aus diesen Aktivitäten haben wohl weit über den 435 Millionen gelegen, vermute ich.

Sie sehen, was ich Ihnen aus meiner Erfahrung erzähle, deckt sich völlig mit dem, was auch anderswo passiert. Das Spielfeld ist überschaubar. Die Marionetten tanzen.

Kapitel 17
Hyperaktivität, oder: Krankheiten erfinden

1998 heiratete ich erneut und zog zu meiner Frau nach Deutschland. 2004 wurde unser Sohn geboren. Von der Pharmaindustrie hatte ich mich verabschiedet. Mit deren Machenschaften wollte ich nichts mehr zu tun haben. Ich blieb zu Hause und beschäftigte mich mit meiner Familie. Und dann schlage ich eines Tages eine Zeitschrift auf und alles geht wieder von vorne los – nur, dass sie diesmal hinter meinem Kind her sind. Hinter unser aller Kinder! Ich fand die folgende Anzeige meines früheren Arbeitgebers, des Pharmaunternehmens *Eli Lilly*, in der Zeitschrift *Familie*.

Die Elli Lilly Anzeige in der Zeitschrift Familie.

Der Text ist gewissermaßen sachlich überschrieben mit „Info-ADHS" und es gibt eine entsprechend benannte Internetseite. Aus meiner über dreißigjährigen Erfahrung in der Pharmaindustrie ist mir das Ausmaß des gesamten Wahnsinns, der da in freundlichen Farben der Werbung angekündigt wird, bekannt.

Was dort verkauft werden soll, ist vermutlich *Strattera®* (der Wirkstoff heißt Atomoxetin), ein Folgeprodukt aus der langen Reihe von Psychopillen, die in den sechziger

Jahren experimentell erforscht und hergestellt wurden und auf ganz klare, spezifische, abgezirkelte Patientengruppen angewandt werden sollte. Nun sind solche sehr klar definierten Gruppen eben auch sehr klein. Und „klein" macht wenig Umsatz, selbst wenn die geringen Mengen teuer verkauft werden. Die Masse macht's. Das eingangs erwähnte Psychopharmakum *Prozac*® ist Teil dieser Familie. Mit *Strattera*® versucht man wahrscheinlich das in Deutschland bekanntere *Ritalin*® abzulösen, ein verschreibungspflichtiges Medikament, das bei ADHS helfen soll.

Ob der von *Lilly* in der Anzeige angepriesene innovative Wirkstoff tatsächlich so neu ist, sei dahingestellt. Denn: Das Patent für *Prozac*® ist nach 20 Jahren ausgelaufen. Und nun wird ein kleines Atom geändert, das nichts weiter bewirkt (obwohl, wer weiß) und schon hat die Firma einen neuen Wirkstoff auf den Markt gebracht, kann die Preise anziehen und sich als innovativ darstellen.

So ist es heute also erlaubt, dass *Eli Lilly* in Deutschland eine Anzeige frei auf den Markt bringen darf, in der chemisches Gefahrengut der letzten Jahrzehnte in neuem Gewand nicht nur an Erwachsene verkauft werden soll. Nein, sogar Kinder sollen damit abgefüllt werden! Als hätte die Geschichte den Pharmakonzern nicht eines Besseren belehrt! Hat sie nicht. Am Beispiel dieser Anzeige lassen sich die skrupellosen Marketingstrategien der Pharmaindustrie sehr gut zeigen. Zusammenfassend kann man sagen, dass:

• die Anzeige Werbung für eine Krankheit ist, statt
für ein Medikament;
• die Grenze Normalität – Krankheit durch bewusst
diffuse Indikation verwischt werden soll;
• die Anzeige die Begierde nach der Möglichkeit der
Kontrolle über Spontanität weckt;
• komplexe menschliche Zusammenhänge auf die
beteiligte Chemie reduziert werden mit dem Ziel,
das Glück in der Pille zu versprechen.

So gedrängt klingt das geradezu grotesk – nun ja, es ist eben auch ein groteskes Gewerbe. Noch prägnanter könnte man sagen, dass diese Anzeige Nachfrage nach einem Produkt vor dessen Markteinführung erzeugen soll – und sogar bevor die Unbedenklichkeit sowie die Wirksamkeit dieses Produktes überhaupt erwiesen ist.

Werbung für eine Krankheit

„Bei ADHS – Einfach Kind sein vom Aufstehen bis zum Schlafengehen!"

Erstaunlich. Die Pharmaindustrie muss den Kindern das Kindsein erst ermöglichen. So weit ist es schon. Natürlich kenne ich diese Denke. Ich selbst habe so gedacht. Habe Ärzte dazu gebracht, so zu denken. Es ist das profitorientierte Denken des Geldgeilen und nicht das Denken des Helfenden. Der Helfende schaut, wo und welche Hilfe nötig ist. Der Pillendreher sieht alle Menschen als hilfsbedürftig an – eine kranke Menschheit, fantastisch: das ist ein gigantischer Markt.

Beworben wird hier eine Krankheit. Die deutsche Abkürzung *ADS* steht für Aufmerksamkeits-Defizit-Syndrom, *ADHS* heißt es, wenn auch noch sogenannte Hyperaktivität dazukommt. Die Werbung ist sehr erfolgreich. An Schulen und in Kindergärten ist diese Krankheit schon so bekannt wie Schnupfen. Und ebenso wie bei Schnupfen ist praktisch jedes Kind verdächtig, ein Aufmerksamkeitsdefizit zu haben. Jedes Kind hat einmal quengelige Phasen, ist aufsässig oder ganz einfach: hat das gesellschaftliche Ideal des still auf dem Stuhl sitzenden Kindes einfach noch nicht verinnerlicht. (Als Erwachsener ist man dann der perfekt angepasste Büroarbeiter.)

Das gab es schon immer. Heute aber „wissen" wir dank der Pharmaindustrie, die uns ein Heilmittel gegen dieses Defizit verspricht, dass es sich bei diesem Verhalten um eine Krankheit handelt, die einfach per Pille zu heilen ist. Ist es dann nicht unverantwortlich, diese Pille nicht seinem Kind zu verabreichen?

Umgekehrte Beweislast

Die Beweislast dreht sich plötzlich um: Eltern oder Erzieher müssen nun im Zweifelsfall beweisen, dass ihr Kind nicht ADS hat. Ein sehr guter Verkaufstrick. Er wird bei Ärzten auch in anderen Abstufungen angewandt: Ein Freund von mir fuhr morgens mit dem Rad zu einem Hautarzt für eine Rezeptverlängerung. Die Sprechstundenhilfe bemerkte seine tränenden Augen. Während sie den nötigen Bürokram erledigte, fragte sie ihn, ob er eine Allergie habe. Mein Freund verneinte. Viele Menschen hätten Allergien, ohne davon zu wissen, und man könne hier einen Allergietest durchführen lassen, der sehr kostengünstig sei. Er habe zwar keinen solchen Test durchführen lassen, aber auch noch nie das Gefühl gehabt, allergisch zu sein, erläuterte mein Freund, obgleich ihm nicht nach einer solchen Erläuterung zumute war. Mein Freund musste sich nun quasi dafür rechtfertigen, diesen Test nicht durchführen zu lassen. Zu guter Letzt fragte er, wie sie überhaupt auf das Thema komme. Die Sprechstundenhilfe wies ihn auf seine tränenden Augen hin. Mein Freund lachte und erklärte, dass das an der kalten Zugluft beim Fahrradfahren liegen würde.

Ähnlich dürfte es vielen Eltern ergehen, da es nun doch ADS und eine „Kur" dagegen gibt, wenn ihre Kinder sich mal daneben benehmen oder sogar eine Phase von Unkonzentriertheit durchmachen.

„Warum tun Sie denn nichts dagegen? Warum wollen Sie Ihrem Kind denn nicht helfen? Es ist doch so einfach!"

So in etwa dürfte der Druck auf die Eltern rhetorisch aufgebaut werden. Und darin liegt der Witz, eine Krankheit zu bewerben.

Möglich, dass es Indikationen gibt, bei denen *Strattera*® oder ein anderes Produkt aus der Familie sinnvoll angewendet werden kann. Das dürfte aber eine verschwindend kleine Anzahl von klinischen Fällen sein. Für diese wird ja hier nicht geworben – sondern für eine Verbreitung des Krankheitsbildes.

Das erinnert mich an diese Science-Fiction-Filme, in denen jeder, sobald er sich irgendwie von der Norm abweichend verhält, in einen Raum gebracht und mit Elektroschocks bestraft wird.

Diffuse Indikation

Es heißt, *Lillys* kleines Bonbon (oder wird es diesmal als Lutscher verabreicht oder als Brausetablette?) wirke für „einen geregelten Tag vom Aufstehen bis zum Schlafengehen."

Bitte, lachen Sie nicht. Es klingt verdammt nach Satire. Ist es aber nicht. Diese, bitte verzeihen Sie mir die harten Worte, Verbal-Scheiße hat Wirkung. Große Wirkung. Glauben Sie, *Lilly* würde sonst Geld dafür ausgeben? Wenn auch niemand weiß, weil die Daten verheimlicht, gefälscht und frisiert werden, was das Zeug alles anrichtet, weiß man doch eines: die den verfluchten Wirkstoff begleitenden Werbemaßnahmen, die zeigen Wirkung. Garantiert.

Denn welche Eltern wünschen sich nicht, ihr Kind habe automatisch, ganz einfach so, einen geregelten Tag? Oder klingt es nicht doch zu sehr nach George Orwell oder nach kommunistischer Kaderschmiede? Einen geregelten Tag verspricht *Lilly* vom Aufstehen bis zum Ins-Bett-Gehen (die Traumregulierungspille kommt dann nächstes Jahr ins Programm).

Was ist das für eine Indikation? Was ist das für ein medizinisches Krankheitsbild: ein ungeregelter Tag? Sehen Sie – es ist gar keines. Das ist der Witz. Medikamente werden heute für Dinge verkauft, die gar nicht in den Bereich der Medizin fallen. Weil dieser Bereich schlicht zu klein geworden ist. Natürlich nur im Vergleich. Im Vergleich zur Gruppe „Alle Menschen, ob krank oder gesund" ist die Gruppe „Kranke" selbstverständlich kleiner, weil nicht alle Menschen zur gleichen Zeit und ununterbrochen krank sind. Wie schade!

Das Strickmuster ist das gleiche wie bei der Ausweitung des Krankheitsbildes „Depression".

Denn was, bitte, ist ein geregelter Tag? Ihr Kind schläft mal länger als üblich oder wird früher wach, hat keinen Appetit um acht Uhr, dafür aber Durst und ist mal morgens schläfrig, ein andermal schon um fünf Uhr hellwach, kurz: Ihr Kind funktioniert nicht wie ein Uhrwerk? Sie sollten sich ernsthaft Sorgen machen! Kaufen Sie die Regulierungspille. Nur einmal einwerfen, das können sogar Sie! Keine nervenden Gespräche mehr mit dem Kind, kein Hin und Her, kein „zieh dir deine Schuhe an, was dauert das denn so lange, was machst du denn da noch auf dem Klo, wo ist dein Butterbrot?"

Stattdessen, Schlag viertel vor acht: Bing! Das Kind geht auf Klo. Bing! Ist eine Minute später schon wieder drau-

ßen. Bing! Hat sich Schuhe angezogen und die Mütze aufgesetzt. Bing! Steht abfahrbereit an der Haltestelle um zehn
vor. Und das Tollste: Die *Lilly*-Pille hat sogar das Butterbrot
eingepackt. Hmm! Lecker!

Bei Ihnen sieht das anders aus? Na, *Lilly* forscht ja zum
Glück schon an der Pille, die auch Ihr Kind zu einem Bing-
Kind macht. Ganz im Ernst.

Die Pharmaindustrie definiert Sozialstandards

Die Pharmaindustrie versucht soziale Standards zu setzen. Diese harmlose Anzeige tut eben dies.

Bei kindlichem Verhalten geht es in erster Linie um so-
ziales Verhalten. Die Pharmaindustrie versucht, die Standards für normales oder wünschenswertes Verhalten zu
definieren. Ziel dabei: Möglichst viele Verhaltensarten als
abweichend darstellen. Dann gibt es nämlich möglichst
viele therapiebedürftige Menschen, die Umsätze steigen.
Im Beispiel der Anzeige ist der geregelte Tagesablauf das
genügend diffuse Kriterium, zu dem allen Eltern etwas in
Bezug auf ihre Kinder einfällt.

Das ist es eben, was meine Frau sagte, als sie diese Anzeige
las (durch sie wurde ich darauf aufmerksam). Sie war sehr
bewegt und fragte mich als erstes:

„John, glaubst du, dass unser Kleiner nicht vielleicht hyperaktiv ist?"

Eine Schwäbin mit Abitur, wohlgemerkt.

In der Anzeige heißt es weiter: „*Lilly* ... forscht an einem
innovativen Produkt ...".

Ach so, man forscht! Das geht bei *Lilly* etwa so: Hier ein Molekül verrücken, dort eins herausschneiden – fertig ist der neue Wirkstoff, das neue Patent. Denn das ist wichtig. Patente bringen Geld. Nicht etwa Wirkstoffe. Man kann aus einem alten Wirkstoff durch diese Molekülverschiebungen recht einfach einen so genannten neuen basteln. Das ist schneller und billiger als aufwändig neu zu forschen. Und dann kann man ihn sich patentieren lassen. Die Forschung dient hier der Schaffung und dem Erhalt von Patent-Revieren – und nicht der raschen und sicheren Hilfe des Patienten, welcher Hilfe auch?

Neue Molekülverbindungen haben auch neue Nebenwirkungen. Und wenn der Molekülschrott dann doch irgendwann mal vom Markt genommen werden muss, weil die Klagen vor Gericht sich häufen – dann ist der Gewinn bereits eingefahren. Und in ein paar Jahren versucht man es einfach mit dem gleichen Zeug noch mal an anderer Stelle: in einem anderen Land, für eine andere Krankheit, für eine andere Zielgruppe. Ganz einfach.

Druck von Unten

Interessant, nein, die Crux an dem zitierten Satz ist, dass die Firma *Lilly* sich noch im Forschungsstadium für seine Wunderpille befindet. Das schreiben sie sogar in die Anzeige. Sollte doch stutzig machen. Da wird noch geforscht. Das heißt, man weiß noch gar nicht, was dabei herauskommt. Denn das versteht man unter Forschung: dass das Ergebnis offen ist. Und dennoch gibt es schon Anzeigen für das inexistente Produkt. Bei Benoxaprofen und Fluoxetin lief es nach dem gleichen Muster.

Anzeigen wie diese, die für ein inexistentes Produkt werben, haben nur ein Ziel: Nachfrage erzeugen. Nachfrage erzeugt Druck. Druck auf die staatlichen Zulassungsbehörden. Die Pharmaindustrie erzeugt Druck mit wahnsinnigem finanziellen und logistischen Aufwand, Druck von unten. *Lilly* würde auch Elterninitiativen sponsern, die dafür auf die Straße gehen, dass die Kinder in Deutschland zu Psychopharma-Junkies gemacht werden. Dieses Vorgehen der Pharmaindustrie ist bekannt. In den siebziger Jahren noch machten Bürgerbewegungen den Chemieriesen Angst – heute instrumentalisieren die Pharmakonzerne sie für ihre eigenen Zwecke.

Wenn alle Eltern (besonders hier in Deutschland, das muss man sich einmal vorstellen) plötzlich ein chemisch reguliertes Kind haben möchten – dann kann die Deutsche Zulassungsbehörde schlecht „Nein" sagen an dem Tag, da *Lilly* seine fragwürdigen Forschungsergebnisse vorlegt, um die Kinderpille registrieren zu lassen und sie danach auf dem deutschen Markt ganz legal zu verkaufen. Toller Trick, oder? Nachfrage erzeugen, bevor das Produkt überhaupt auf dem Markt ist. Nachfrage erzeugen, damit es überhaupt auf den Markt kommen kann.

Und was, wenn sich die ganze Forschung als Irrweg herausstellt? Was, wenn Kinder dabei ums Leben kommen? Wenn sie in ihrer körperlichen und geistigen Entwicklung für ihr Leben geschädigt werden? Ist das möglich? Oder wahrscheinlich? Diese Fragen können vermutlich mit „Ja" beantwortet werden. Vermutlich mit ja. Verneint werden können sie sicher nicht, denn: Es gibt wieder mal keine Langzeitstudien. Weder bei Erwachsenen noch bei Kindern. Zugelassen werden derartige Produkte aufgrund von Kurzzeitstudien. Langzeitstudien gibt es erst nach Markteinführung.

John Virapen

Wie Kinder sind

Abschließend möchte ich die Prämisse der ganzen Argumentation anschauen: Die Kinder sind heute so zappelig!

Heißt es nicht, dass die Kinder angeblich immer unruhiger und aufsässiger werden? Muss ausgerechnet ich erwähnen, dass diese Klage bereits aus dem Altertum zu uns herüberweht? Dazu nur ein paar kleine Beispiele:

„Unsere Jugend ist heruntergekommen und zuchtlos.
Die jungen Leute hören nicht mehr auf ihre Eltern.
Das Ende der Welt ist nahe."
(Keilschrifttext aus Ur um 2000 v. Chr.)

„Ich habe überhaupt keine Hoffnung mehr in die Zukunft unseres Landes, wenn einmal unsere Jugend die Männer von morgen stellt. Unsere Jugend ist unerträglich, unverantwortlich und entsetzlich anzusehen."
(Aristoteles, 384 - 322 v. Chr., griechischer Philosoph)

„Die Jugend liebt heutzutage den Luxus. Sie hat schlechte Manieren, verachtet die Autorität, hat keinen Respekt vor älteren Leuten und schwatzt, wo sie arbeiten soll. Die jungen Leute stehen nicht mehr auf, wenn Ältere das Zimmer betreten. Sie widersprechen ihren Eltern, schwadronieren in der Gesellschaft, verschlingen bei Tisch die Süßspeisen, legen die Beine übereinander und tyrannisieren ihre Lehrer."
(Sokrates, 470 - 399 v. Chr., griechischer Philosoph)

„Die Welt macht schlimme Zeiten durch. Die jungen Leute von heute denken an nichts anderes als an sich selbst. Sie haben keine Ehrfurcht vor ihren Eltern oder

dem Alter. Sie sind ungeduldig und unbeherrscht. Sie reden so, als wüssten sie alles, und was wir für weise halten, empfinden sie als Torheit. Und was die Mädchen betrifft, sie sind unbescheiden und unweiblich in ihrer Ausdrucksweise, ihrem Benehmen und ihrer Kleidung."
(Mönch Peter, 1274)

„Das Sittenverderben unserer heutigen Jugend ist so groß, dass ich unmöglich länger bei derselben aushalten kann. Ja, oft geschieht es, dass die nicht in Schranken gehaltene oder nicht gebührend ausgetriebene Zuchtlosigkeit eines einzigen Jünglings von ungesunder Triebkraft und verdorbenen Auswüchsen auch die übrigen noch frischen und gesunden Pflanzen ansteckt. Deshalb konnte Quintilian mit Recht die Frage aufwerfen, ob es besser sei, die jungen Leute gemeinsam in Schulen oder einzeln in Häusern zu unterrichten."
(ein Schulmeister aus dem 18. Jhdt.)

„Es ist die Wahrnehmung gemacht worden, dass bei der Schuljugend die früher kundgegebene Anständigkeit und das sittliche Benehmen ... mehr und mehr verschwinde."
(Regierungsbericht, 1852)

Na sowas – sieht ganz so aus, als wären Kinder schon immer so gewesen! Sollte dieses Verhalten vielleicht doch ganz normal sein?

John Virapen

Heinrich Hoffmanns Prototyp
Der Zappelphilipp

Auch der Zappelphilipp – Verkörperung der von *Lilly* avisierten Krankheit – ist schon über 150 Jahre alt! Und selbst in diesem Kinderbuch erkennen Sie: der Zappelphilipp sitzt unruhig und aufsässig mit seinen Eltern am Tisch.

Der Zappelphilipp und die übrigen rohen Gestalten des Struwwelpeters wurden nach damaliger Mode übrigens als zu starke Persönlichkeiten empfunden. Heute wird der Struwwelpeter als eine Art Anleitung zur autoritären Erziehung angesehen – zur Zeit seines Erscheinens sah man darin das Gegenteil: die Billigung rebellischen Verhaltens!

Darin zeigt sich, wie sehr Verhalten und die Bewertung von Verhalten von sozialen und psychologischen Moden abhängig ist. Eben diese Moden versucht die Pharmaindustrie nun selbst zu gestalten.

„Ist das, was früher die Peitsche war, heute die Pille?" fragt der bekannte Hirnforscher und Buchautor Gerald Hüther.[88]

Der Kleine Nick, Tom, Huck
und Konsorten

Oder erinnern Sie sich an den Klassiker *Der Kleine Nick* von Goscinny und Sempé? In jeder einzelnen dieser Geschichten um den kleinen Schuljungen und seine Freunde gibt es Foppereien und Unterrichtsstörungen der unterschiedlichsten Art. Daraus beziehen sie ihren Charme. Keine Geschichte, in der sich die Kerle nicht verkloppen. Die Geschichten wurden in den fünfziger Jahren geschrieben. Sie zeichnen ein Bild der Anarchie im Klassenzimmer und zu Hause, bei dem Lehrpersonal und Eltern stets um Fassung und Wahrung der Ordnung ringen. Zum Totlachen. Ein Klassiker der Literatur! Stellen Sie sich vor, der kleine Nick und die seinen wären mit *Strattera*® vergiftet worden – Goscinny und Sempé wären als Erfinder des Zombies in die Geschichte eingegangen. Oder nehmen Sie Tom Sawyer, Die Kleinen Strolche und und und – solche Kinder landen heute womöglich im Gefängnis. Sie passen nicht mehr ins Bild.

Vor allem aber zeigen Kleiner Nick, Struwwelpeter und die anderen eines: die zu ADS gezählten Verhaltensweisen sind nicht neu – es gab sie schon immer. Sie sind wichtiger Bestandteil des Bildes vom Kindsein. Vielleicht hilft das, sie als Teil der Entwicklung oder einfach als Teil des Lebens zu begreifen, so wie ganz allgemein alle Stimmungen, die eben nicht planmäßig funktionieren.

Versicherungsvertreterlogik

Diese Unschärfe in der Indikation bei der Erfindung neuer Krankheitsbilder führt bei den Verbrauchern zur Überzeugung: lieber die Pille nehmen, dann hat man die Krankheit auf jeden Fall nicht. Denn ob man sie überhaupt hatte – das weiß man nie. Das könnten wir ironisch Präventivmedizin nennen. Präventivmedizin macht Sinn für viele Krankheiten – aber im Bereich der Psyche? Nein. Liebe Mitmenschen, die Pharmaindustrie und die Psychiater erfinden diese Krankheiten.

Sie könnten es auch so betrachten: Potentiell oder latent sind Sie krank. Und zwar schlummern in Ihnen folgende mögliche Krankheiten: Krebs, Diabetes und so weiter. Das ist ja auch die Logik der Versicherungsvertreter:

„Sie haben noch keine Feuerversicherung?"

„Nein. Ich habe auch kein Haus."

„Aber das ist doch kein Grund, keine Feuerversicherung abzuschließen. Denn wenn Sie eines Tages doch einmal ein Haus besitzen sollten, dann brauchen Sie als erstes eine Feuerversicherung – denn stellen Sie sich vor, Sie kaufen ein Haus und noch während Sie den Vertrag unterschreiben, fängt es Feuer – dann haben Sie Ihr Geld direkt verbrannt! Hätten Sie jedoch beizeiten eine Feuerversicherung abgeschlossen – ja dann ..."

Und so schließen Sie also, um ja auf der sicheren Seite zu sein, eine Feuerversicherung ab, ohne ein Haus zu haben. Sicher ist sicher. Und es kostet ja nicht viel.

Das Glück in der Pille

Wem das klar ist, der wird nicht auf die Tricks der Industrie hereinfallen. Das Glück liegt nicht in der Pille. Das Glück ist kein Dauerzustand. Das Leben ist nicht kontrollierbar wie ein Film. Das Leben ist kein Film. Sie brauchen keinen Blockbuster.

Wem das zu viel Risiko ist, der ist anfällig für Drogen aller Art, für die illegalen wie für die legalen. Die legalen Drogen erfüllen den gleichen Zweck wie die illegalen Drogen. Es gibt großes öffentliches Interesse an illegalem Drogenkonsum. Keine Maßnahme, um ihn zu verhindern, ist den Moralhütern scharf und hart genug. Wer aber regt sich gegen die legalen Drogen der Pharmaindustrie? Wer wehrt sich dagegen, dass die Gesundheitsbehörde die Legalisierung zulässt? Deswegen schreibe ich über meine Erfahrungen. Damit Sie das System besser verstehen. Damit Sie Fragen stellen. Damit Sie Ihren Arzt fragen können, was für ein Medikament er Ihnen da empfiehlt, wo und wie lange es getestet wurde und was es für Nebenwirkungen hat.

Denn die Werbekampagnen der Pharmaindustrie erzeugen Wirkung – auch bei Ärzten. Verdammt – es würde dafür nicht so wahnsinnig viel Geld ausgegeben, zeigten sie keine Wirkung. Die Pharmaindustrie rechnet ganz genau. Sie drängt die Menschen dazu sich zu rechtfertigen, sie erzeugt Druck. Sie will ihr chemisches Weltbild inklusive der Möglichkeit der totalen Kontrolle in die Köpfe der Menschen einpflanzen. Und sie hat gigantische Geldquellen, um an ihrem Projekt zu arbeiten. Das ist besorgniserregend.

Wiederholt sich die Prozac®-Geschichte mit Strattera®?

Strattera® ist für Kinder schon zugelassen. Bei diesem Medikament handelt es sich wie bei *Prozac*® und anderen um ein SSRI, einen Wirkstoff, der die Wiederaufnahme des Botenstoffs Serotonin im Gehirn hemmt. Die These lautet hier, analog derjenigen bei der Depression:
Serotoninspiegel unbalanciert = depressiv/hyperaktiv
Serotoninspiegel balanciert = glücklich/nicht hyperaktiv

Über den Unsinn der Serotoninthese haben Sie bereits im Zusammenhang mit der Depression gehört. Es gibt keinen krankhaften Serotoninspiegel. Und so etwas Komplexes wie Depression oder ein „Zuviel" an Aktivität, die Frage nach Konzentration etc. sind nicht auf die Menge eines einzelnen Stoffes im Gehirn zu reduzieren.[89] Selbst wenn derartige Pillen nutzlos sind – gefährlich bleiben sie! Die SSRIs bleiben laut unveröffentlichter Studien und Meinung von unabhängigen Experten nutzlos, steigern aber das Selbstmordrisiko. Verkauft wird hier ein Präparat, dass Kinder und Jugendliche einzig dazu bringt sich umzubringen.[90]

Ich entwerfe hier kein weltfremdes Horrorszenario. Es gibt dieses Horrorszenario bereits. Ich zitiere den schwedischen Journalisten Janne Larsen:[91] „Ein unveröffentlichtes Diskussionspapier der Britischen Medizin Agentur (*MHRA*) enthüllt 130 Berichte von Selbstmordneigung in einem Monat (23. September 2005 – 25. Oktober 2005) durch Behandlung mit *Strattera®*. Darüber hinaus spricht das Papier von 766 spontanen Berichten von Herzdysfunktionen sowie von 172 Leberverletzungen und von etwa 20 vollendeten Selbstmorden."

Und hier müssen wir uns korrigieren; die Zahl der registrierten Selbstmordneigungen lautete Januar 2007: 600. Sie verdoppelte sich in einem Monat.[92]

Selbst ein Meinungsführer wie der Arzt Alan Greene,[93] der *Strattera®* grundsätzlich positiv gegenübersteht, sagt, dass die „Sicherheit und Wirksamkeit von *Strattera®* bei Patienten unter sechs Jahren nicht nachgewiesen ist. Die Wirksamkeit von *Strattera®* nach mehr als neunwöchiger Einnahme und die Sicherheit von *Strattera®* bei Einnahme von mehr als einem Jahr sind noch nicht systematisch bewertet worden."[94] Darüber hinaus „zeigen Studien, dass der Wirkstoff sexuelle Funktionen sowohl bei Männern als auch bei Frauen behindern kann. [...] Ich würde mich davor hüten, ein Medikament, das die Sexualfunktionen beeinflusst, Kindern zu geben, deren Sexualorgane sich erst noch entwickeln."

Greene erwähnt auch, dass es keine Langzeit-Erfahrungen bezüglich der Wirksamkeit und der Sicherheit von *Strattera*® gibt. Aber auch in der kurzen Zeit von neun Wochen tut sich bereits Bemerkenswertes in den kleinen Körpern:

„Von den Kurzzeitstudien (weniger als 9 Wochen) wissen wir, dass mit *Strattera*® behandelte Kinder Gewicht verlieren, während ihre Altersgenossen zunahmen. In den längeren Studien fielen die Kurven für sowohl das Gewichts- als auch für das Größenwachstum ab. Niemand weiß, ob das einen Einfluss auf die Körpergröße im Erwachsenenalter hat – oder auf das Gehirn des Erwachsenen, auf den Magen-Darmtrakt, auf Sexualorgane oder auf irgendein Organ."

Vor diesem Hintergrund ist es erstaunlich, wie sich Ärzte in Deutschland für eine Zulassung von *Strattera*® einsetzen. Selbst der seriöse Deutschlandfunk bringt folgende Sequenz in der *Sprechstunde*. Achten Sie auf den letzten Satz.

„Die Psychotherapie, in diesem Fall die Verhaltenstherapie, hilft ähnlich gut wie die Pharmakotherapie. Einziger Nachteil: Die Wirkung setzt erst nach einigen Wochen und Monaten ein – für entnervte Eltern viel zu spät!"[95]

Natürlich, warum sollte man sich und seinem Kind eine so lange Wartezeit antun, wenn man nur die Pille schlucken muss. Bing!

Dem Arzt vertraut man schließlich, er will doch nur das Beste für den Patienten. Oder? Es stellt sich jedoch auch diese für die Praxis relevante Frage: Sind die Kinder nach neun Wochen eigentlich geheilt? Und wenn nicht – was dann? Das Medikament einfach absetzen? Und wie geht es dann weiter? Tja – nach neun Wochen wird Ihr Kind das Versuchskaninchen der Pharmaindustrie.

Ich selbst nahm Ende 2006 an einer Konferenz der *Grünen* in Berlin teil. Es wurde darüber diskutiert, Kinder

John Virapen

schon in kleinstem Alter auf mögliche psychische Krankheiten hin zu untersuchen. Hallo?! Hier in Berlin. Heute. Nicht 1940! Nein, heute! Diese Fragen werden ernsthaft diskutiert – und Pharmaindustrie und Politik arbeiten fieberhaft zusammen an der Umsetzung.

„Ohne Grenzen?"[96] So war ein Fragebogen an Eltern im Jahr 2004 betitelt, entstanden in Kooperation mit der so genannten Welt-Föderation für geistige Gesundheit. Und war dieser Fragebogen nicht auch eine Werbung für ADS?

Einem Schnupfen vorzubeugen, indem man warme Socken anzieht, mag Sinn machen. Aber völlig undefinierte psychische Krankheiten bzw. Verhalten, das irgendjemand als unerwünscht klassifiziert, präventiv zu behandeln? Wahnsinn!

Strattera® ist in Deutschland registriert. Und Sie werden sich verteidigen müssen, wenn Ihr Kind demnächst „wild" über den Schulhof läuft, eine Fünf mit nach Hause bringt oder in der Öffentlichkeit laut lacht. In zwanzig Jahren wird das Einnehmen dieser oder anderer Wunderpillen so normal sein wie das Schlucken von Vitamintabletten. Gestoppt wird das Medikament vielleicht erst in zwanzig Jahren – wenn es unmöglich geworden sein wird, die furchtbaren Ergebnisse der Nebenwirkungen und Langzeitwirkungen zu verbergen.

Ich frage Sie: Wollen Sie das?

Meine Beschwerde gegen die ADHS-Anzeige

Ach ja, und falls Sie fragen, warum die medizinische Zulassungsbehörde und sonstige Instanzen eine solch irreführende Werbung, wie die in der ADHS-Anzeige von *Eli Lilly* überhaupt zulassen – ich kann Ihnen sagen, dass ich dagegen mittels einer Anwältin Beschwerde eingelegt habe. Wir bekamen etwa zwei Wochen später den Bescheid, die Beschwerde sei aussichtslos – weil die Anzeige nicht gegen geltendes Recht verstoße. Sie nennen den Produktnamen ja nicht in der Anzeige. Es läuft zwar alles darauf hinaus – aber diese kleine Feinheit macht es möglich, dass die Anzeige in Deutschland erscheinen darf. Das Rechtssystem schützt die Firmen, nicht die Patienten. Das irritiert mich aber nicht. Ich werde fortfahren, sie zu bekämpfen.

Interessant ist auch die Antwort der amerikanischen Zulassungsbehörde FDA. Auf eine Anfrage, warum sie nicht dagegen einschritt, dass die Pharmakonzerne offenbar irreführende und falsche Anzeigen bezüglich des Serotonin-Schwindels veröffentlichen durften, antwortete die FDA:

„[...] diese (vereinfachten) Aussagen werden dazu benutzt, um die mutmaßlichen Mechanismen der Botenstoffe jenen Teilen der Öffentlichkeit zu erklären, deren Lesefähigkeiten diejenigen eines Sechstklässlers nicht übersteigen."[97]

Sechstklässlerniveau? Auf welchem Niveau bewegen sich dann all die Ärzte, die das Zeug verschreiben? Auf welchem Niveau bewegen sich die Zulassungsbehörden selbst, die es zulassen und damit die Patienten zu Freiwild für gerissene moderne Quacksalber machen? Und: Aus welchem Grund sollte man Menschen mit dem Leseverständnis eines Sechstklässlers belügen dürfen?

Kapitel 18
Volkskrankheit Depression?
Kinder in der Rasterfahndung

In der Gegenwart eröffnet sich noch eine weitere Dimension, die der flächendeckenden Untersuchung von Kindern auf „geistige Krankheiten" nämlich. Diese sind in den USA Teil eines staatlichen Programms, bei dessen Einrichtung die Pharmaindustrie ganz offensichtlich ihre Finger im Spiel hatte, dem *Texas-Projekt*.[98] Ich erwähne das hier auch deshalb, weil in Deutschland versucht wird, Ähnliches aufzubauen.

Bevor ich ins Detail gehe: Schon die Idee ist absurd. Geisteskrankheiten, die zwar vorkommen, aber relativ selten sind, werden hier in den Stand einer Epidemie gehoben. Als handele es sich um Läuse oder einen Grippevirus, werden alle Kinder angesprochen bzw. verdächtigt infiziert zu sein. Das Gegenteil muss erst bewiesen werden! Diese Strategie haben Sie bereits in Bezug auf Hyperaktivität kennengelernt. Hexenprozesse folgten ebenfalls dieser „Logik". Ein zweiter Effekt wird mit der Aussage erzielt: So, wie Läuse ja unproblematisch zu behandeln sind, so sei es auch mit geistigen Krankheiten. Und die Schule sei der Ort dafür, darüber Klarheit zu bekommen. Auch die Schulen werden in die Denkmuster der Pharmaindustrie gezwungen, Schulbänke sind plötzlich Teil der Vermarktung. Schlicht pervers.

Allen Jones, Insider einer staatlichen Aufsichtsbehörde, der gegen den Willen seiner Vorgesetzten diese Zusammenhänge untersuchte (obwohl eine solche Untersuchung doch Aufgabe der Behörde wäre), enthüllte, dass Schlüsselbeamte mit Einfluss auf den Medikamentenplan Geld von denjenigen Pharmafirmen erhalten hatten, die an dem Texas-Projekt beteiligt sind. *Eli Lilly* ist eine davon. Dafür, dass er mit der *New York Times* und dem *British Medical Journal* sprach, wurde er gefeuert.

Allen Jones nennt dieses Programm ein trojanisches Pferd. Inhalt des Holzpferdes: die neuen Medikamente der Industrie. Auch das *British Medical Journal* berichtet über die Strategie, dass Schulen in einer Schlüsselposition sind. Hier können 52 Millionen Kinder und sechs Millionen Erwachsene durchleuchtet werden. Ein großartiger Markt.

Per Fragebogen zur Sozialphobie

Die Erhebungen werden mit Hilfe von einfachen Fragebögen vorgenommen. Ohne elterliche Erlaubnis geht das zwar nicht, aber auch hier wird getrickst. Nur wenn Eltern gegen dieses seltsame Siebverfahren sind, müssen sie ein Formular ausfüllen, das die Kinder in der Schule wieder abgeben. Geben die Kinder kein Formular in der Schule ab, bedeutet das Zustimmung. Man nennt das „passive Zustimmung". Ein verlorenes Formular. Ein vergessenes Formular. Stellen Sie sich vor, die Gesundheitsbehörde schickt Ihnen brieflich ein Formular zu. Senden Sie es nicht zurück, haben Sie automatisch zugestimmt, in die Psychiatrie überwiesen zu werden. Hmm. Passive Zustimmung ist der Knaller. Die Chancen stehen bei 95 Prozent, dass die Kinder mitmachen. Da lacht das Marketingherz. Früher hätte auch meins gelacht, aber jetzt habe ich einen kleinen Sohn – und einfach Angst um ihn. Eben weil ich weiß, wie es funktioniert.

Die Eltern ausschalten

Mit dem praktischen Trick der passiven Zustimmung wird in vielen Staaten der USA verfahren. Wo mit normaler „aktiver Zustimmung" gearbeitet wird, gibt es auch eine Lösung: Die TeenScreen-Abteilung der Columbia Universität etwa gab den Kindern gleich Kinofreikarten, wenn sie erfolgreich die aktive Erlaubnis von ihren Eltern besorgten.[99] TeenScreen lockt Neunjährige mit Coupons für Kinos oder für Essen, mit „Ich-hab-TeenScreen-mitgemacht"-Anti-Stress-Bällen, Pizza-Parties und Schokolade – wenn sie zustimmen, die Prozedur über sich ergehen zu lassen und den Selbstmord-Fragebogen auszufüllen. Danach kontaktieren sie die Eltern.

Die TeenScreen-Projekt-Koordinatorin, Kathleen Cigich, wurde mit den Worten zitiert: „Am Anfang merkten wir, dass es ziemliche Zeitverschwendung war, den Eltern direkt zu schreiben; man bekommt auch eine niedrigere Antwortquote. Dann dachten wir, warum nicht die Schüler direkt ansprechen und ihnen einen Fünf-Dollar-Coupon für einen Videoladen geben, wenn sie innerhalb von zwei Tagen mit der Erlaubnis ihrer Eltern wiederkämen. Es funktioniert. Die Quote von Antworten ist extrem hoch."[100]

Das Kind setzt sich also mit seiner TeenScreen-Schokolade in der einen, einem Stift in der anderen Hand hin und kreuzt „ja"/„nein" an bei Fragen wie diesen:[101]

• Gab es mal eine Zeit, als du an nichts Spaß hattest und du an allem das Interesse verloren hattest?
• Gab es mal eine Zeit, als du das Gefühl hattest, du könntest nichts richtig machen?
• Gab es mal eine Zeit, als du das Gefühl hattest, dass du nicht so hübsch oder klug bist wie andere?

- Wie oft wurden deine Eltern wegen deines Benehmens oder wegen deiner Gefühle sauer mit dir?
- Warst du oft ziemlich nervös, wenn du Sachen vor Leuten tun musstest?
- Hast du dir oft Sorgen gemacht vor einem Sportwettkampf?
- Hast du im letzten Jahr versucht, dich umzubringen?
- Denkst du immer noch daran, dich umzubringen?
- Hast du ernsthaft daran gedacht, dich umzubringen?
- Hast du oft daran gedacht, dich umzubringen?
- Hast du jemals versucht, dich umzubringen?

Wenn Sie mich fragen: hier handelt es sich um Tiefensuggestion oder Hypnose. Sollte es solche Phänomene geben, dann ist dies die Fragetechnik, um jemanden dazu zu bringen, mal intensiver über Selbstmord nachzudenken.

Das Hokuspokus-Etikett

Dies ist der dritte Schritt. Auf Basis der Antworten wird das Kind zu einem Arzt gebracht, der sich ein Etikett für das Kind ausdenkt:

Sozial-Phobie?
Panikkrank?
Ängstlich?
Zwangsneurotisch?
Aktiv lebensmüde?
Passiv lebensmüde?

John Virapen

Psychiater haben eine Bibel. Es ist eine lange Liste von 374 psychischen Zuständen, die sie krankhaft nennen. Wie kommen die Psychiater auf diese Zustände? Nun, das kann man sich schon denken. Aber ganz im Ernst: Sie einigen sich einfach darauf. Tana Dineen, eine kanadische Psychologin, sagt:[102]

„Im Unterschied zu medizinischen Diagnosen, die eine mögliche Ursache, passende Behandlung und eine Prognose zum Verlauf abgeben, sind die im *DSM IV* gelisteten Zustände einfach Resultat einer Einigung unter den Mitgliedern (des psychiatrischen Verbandes; Anmerkung des Autors)".

Mit dem Resultat des Fragebogens und dem Etikett des Arztes geht es zur Behandlung. Welche Behandlung? Drogen. Eine Befragung unter eben approbierten Kinder-Psychiatern ergab, dass die Behandlung von Kindern in neun von zehn Fällen aus Medikamenten besteht.[103]

Ziel dieser Fragebogenaktion ist also tatsächlich schlicht der Verkauf von Medikamenten. Die TeenScreen Untersuchungen kommen tatsächlich zu dem Ergebnis, dass zehn Prozent der Kinder geistig krank seien.[104] Das ganze funktioniert also im Sinne des Umsatzes. Acht Millionen Kinder in den USA schlucken bewusstseinsverändernde Drogen. Legal. Acht Millionen Kinder können nicht irren: Fragebögen sind klasse.

Alles gut in Deutschland?

Und in Deutschland? In Deutschland ist alles besser. In Deutschland kann so etwas nicht passieren. So denken viele Deutsche gern von sich, von ihren Ärzten und ihrem Gesundheitssystem. Stimmt leider nicht. Kinder schlucken immer mehr Psychopharmaka. *Ritalin®*, das Mittel gegen ADHS, wurde im Jahr 2004 20-mal öfter verschrieben als noch 1995. Eine Folge der bösen Computerspiele? Oder doch eher der raffinierten Marketingmethoden, die das Denken der Menschen auf angeblich einfache Wirkmechanismen reduzieren – und so die Pille als logische Konsequenz erscheinen lassen? Hier der Vergleich zwischen den Zahlen in den USA und denen in Deutschland laut Spiegel-Magazin:

„Im Zeitraum von 1994 bis 2001 verzeichneten die Wissenschaftler der Bostoner *Brandeis University* einen Anstieg von 250 Prozent bei den verschriebenen Psychopharmaka für Jugendliche. Sie errechneten, dass Jungen bei jedem zehnten Praxisbesuch ein Rezept für ein Medikament bekommen, das auf die Psyche einwirkt. Dabei gibt es nur wenige dieser Arzneien, die Patienten unter 18 Jahren verordnet werden dürfen – typischerweise Medikamente gegen die Aufmerksamkeitsdefizitstörung (ADHS) oder Depressionen. Hierzulande sind die Steigerungsraten sogar noch höher. Der bei ADHS verabreichte Wirkstoff Methylphenidat (*Ritalin®*) wurde in Deutschland laut aktuellem Arzneiverordnungsreport im Jahr 2004 20-mal öfter verordnet als 1995.[105]

Und, man ahnt es schon, auch dem Spiegel-Autor fiel auf: „Viele Hersteller sparen sich den Aufwand, bei Medikamenten zu prüfen, ob und in welcher Dosierung sie für Kinder geeignet sind".

Die Volkskrankheit Depression ist ein Paradebeispiel für die Strategie der Ausweitung der Zielgruppen, das Aufweichen diagnostischer Grenzen und die Entgrenzung des Drogenkonsums. Die Methoden, um einem Volk eine solche Krankheit unterzujubeln, sind altbekannt. Neu sind einige der Mittel, um das zu erreichen. Neu ist das Ausmaß. Neu ist, dass Kinder zu Kranken gemacht werden.

Kapitel 19
Zyprexa®

Gerichte sind die einzigen Orte, an denen die Pharmaindustrie überhaupt einmal gezwungen werden kann, Informationen herauszurücken. Sie vermeidet es meist dadurch, dass die Kläger (von Medikamenten Geschädigte) außergerichtlich mit sehr viel Geld zur vorzeitigen Beendigung des Prozesses überredet werden – um nur ja keine Aktendeckel öffnen zu müssen. Wie zum Beispiel beim Fentress-Verfahren.

Der Tod ist Betriebsgeheimnis

Werden sie doch einmal geöffnet, dann passiert Folgendes: Die Informationen werden als „vertraulich" eingestuft und nicht der Öffentlichkeit zugänglich gemacht. Das passiert auch heute noch.[106]

„*Eli Lilly* produzierte buchstäblich hunderttausende Dokumente und klassifizierte sie allesamt als vertraulich."

Aber: „Dies sind keine Dokumente, die *Lilly* vor seinen Mitstreitern geheim halten will. [...] *Lilly* will diese Informationen von Ärzten und Patienten fernhalten."

Zyprexa® (Wirkstoff: Olanzapine) ist der neueste Hit von *Eli Lilly*. Ein für Schizophrenie zugelassenes Medikament. Ich erwähne es hier nicht nur, weil sich in *Zyprexa®* alle Elemente meines eigenen Wirkens wiederfinden. Es zeigt, wie aktuell meine Vergangenheit ist. Was damals angebahnt wurde, ist mittlerweile Routine. Ich skizziere die angewandten Methoden daher auch nur noch knapp.

Es geht bei *Zyprexa®* um die schwächsten Glieder der Gesellschaft: Kinder, Alte und Geisteskranke. Sie haben bereits anhand anderer Beispiele gesehen: Europa liegt nicht so weit von Amerika entfernt, wie manche es sich vielleicht wünschen. In manchen Fällen waren die deutschen Behörden langsamer als die amerikanischen (Benoxaprofen etwa). In anderen nur unwesentlich schneller (Fluoxetin). Ich weiß nicht, wie es mit *Zyprexa®* in Deutschland und in Europa aussieht. Aber das Folgende spielt sich in den USA bereits ab und es gibt keinen Anlass zu glauben, in Deutschland könne so etwas nicht geschehen oder geschehe nicht bereits. Sie und ich werden davon erfahrungsgemäß als allerletzte erfahren.

Das monetäre Ausmaß des Wahnsinns erreicht schwindelerregende Höhen. Der Umsatz von *Zyprexa®*: 30 Milliarden Dollar. 4,2 Milliarden allein letztes Jahr. Nur in den USA. Ein einziges Medikament! Für Schizophrene! Gibt es wirklich so viele Schizophrene? Zwingt man sie dazu, *Zyprexa®* wie Brot zu essen? Oder woher kommen diese Summen? Natürlich nicht aus dem regulären Verkauf. Sondern aus dem Off-Label-Verkauf.

Auf der Liste der am meisten verkauften Medikamente belegt *Zyprexa®* Platz sechs.

„Dabei machen sie 70 Prozent ihres Umsatzes via Gesundheitsprogrammen (für sozial Schwache; Anmerkung des Autors) wie etwa *Medicaid*. Würde nur eine Handvoll von Bundesstaaten *Zyprexa®*-Verkäufe einschränken, *Lillys* Profit wäre enorm eingeschränkt, sagen Analysten."[107]

Auch das Texas-Projekt gehört zu solchen staatlichen Programmen. Zu der Zeit, als das Texas-Projekt aus der Taufe gehoben wurde, war George W. Bush Gouverneur in Texas und gab noch damit an, dass die staatlichen Versorgungsprogramme nun auch auf Psychopillen ausgeweitet wurden. Kinder, Alte und Geisteskranke sind die Patienten, die in einer Handvoll Staaten bei einem Medikament für solche Umsätze sorgen. Man muss sich wirklich fragen: Werden sie gezwungen, das Zeug zu essen?

Natürlich geht es hier wieder einmal um ein Medikament, dessen Nutzen nicht nur umstritten ist, sondern das vor allem durch seine Nebenwirkungen auffällt. Seine gefährlichen Nebenwirkungen. Wichtig sind hier vor allem zwei davon: Gewichtszunahme und erhöhtes Risiko, Diabetes zu entwickeln. Kann man so weit gehen zu behaupten, dass die Pharmaindustrie es gerade auf diese Nebenwirkungen abgesehen hat? Will sie Kranke produzieren? Menschen erst zu Diabetikern machen – um ihnen dann Insulin zu verkaufen? Das frage ich mich ernstlich.

Interne *Lilly*-Dokumente, die der *New York Times* von einem Anwalt in Alaska zugespielt wurden, der Menschen mit geistigen Krankheiten vertritt, deuten darauf hin, dass *Lilly* ein Jahrzehnt lang die Ernsthaftigkeit der Nebenwirkungen von *Zyprexa®* heruntergespielt hat.

Lilly offenbarte Ärzten nicht, dass seine eigenen Daten zeigten, dass 16 Prozent der Patienten, die *Zyprexa®* ein Jahr lang einnahmen, mehr als 33 Kilo zugenommen hatten.

Die Dokumente deuten auch darauf hin, dass der Konzern seine Vertreter anwies, Ärzten das Medikament ebenfalls für die Behandlung anderer Beschwerden außer der von Bipolarer Störung und Schizophrenie anzupreisen.[108]

Die Informationen, die nicht nur die *New York Times* erreichten, versucht *Lilly* seither mit einstweiligen Verfügungen zu stoppen. Wäre es für einen ethisch orientierten Konzern nicht stimmiger, zumindest die Packungsbeilage zu aktualisieren und vor den seit Jahren bekannten ernsthaften Nebenwirkungen zu warnen?

1,2 Milliarden Dollar Schweigegeld

Auch die Anzahl der außergerichtlichen Einigungen (= Schweigegeld für Opfer) ist bei *Zyprexa* unglaublich: Es handelt sich um 26.500 Fälle und insgesamt wurde eine Summe von 1,2 Milliarden Dollar gezahlt, damit die Opfer den Mund hielten und *Lilly* nicht gezwungen wurde, seine geheimen Akten vor Gericht offenzulegen. Denn wieder einmal sind die Studien unzureichend: Basis der Zulassung seien Versuche mit 2.500 Patienten gewesen, die an einem sechswöchigen Versuch teilnahmen. Zwei Drittel blieben nicht einmal diese sechs Wochen dabei. 22 Prozent der Teilnehmer erlitten „schwerwiegende Nebenwirkungen". Und es gab offenbar zwanzig Tote, davon zwölf Selbstmorde, so Robert Whitaker, der Zugang zu FDA-Daten hatte.[109]

Für den Konzern lohnt es sich trotz der hohen Schweigegeld-Zahlungen in jedem Fall. Denn die Verkaufszahlen steigen weiter an, in 2006 erneut um 12 Prozent. Grandiose Wachstumsraten! Woher kommen die? In freier Marktwirtschaft eher selten. Wir haben es hier aber auch mit einer

Art staatlicher Planwirtschaft im Herzen des Kapitalismus zu tun. Wie aber auch im Fall meiner Karriere – der Höhepunkt ist naturgemäß der Wendepunkt. Es besteht Hoffnung, dass diesmal alles anders wird. Die Hilfe kommt von unerwarteter Seite – von Seiten der Versicherungen. Sie sind womöglich nicht mehr bereit die gigantischen Summen, welche die Verfahren von zigtausend Klägern den Pharmakonzern kosten, zu bezahlen:[110] Denn Verfahren werden hier ja gewohnheitsmäßig außergerichtlich beigelegt, um ja nicht die Leichen aus dem Keller holen zu müssen. Muss *Lilly* aber den Off-Label-Verkauf von *Zyprexa®* einstellen, der den absoluten Großteil der Verkäufe ausmacht, haben sie kein Geld, um die Kläger auszuzahlen. Dann müssen die Leichen doch aus dem Keller. Und *Zyprexa®* wird dann niemand mehr verkaufen können, selbst die gewieftesten Vertreter von *Eli Lilly* nicht. Ich bin gespannt.

Kapitel 20
Desinformation im Wartezimmer

„Experten des *Kölner Instituts für evidenzbasierte Medizin* analysierten 175 Broschüren und Werbeprospekte mit 520 konkreten medizinischen Aussagen. Diese Broschüren stammten von renommierten Firmen wie *Aventis, Bristol-Myers Squibb* und *Pfizer*, waren an Ärzte in Nordrhein-Westfalen verteilt und von diesen in ihren Wartezimmern ausgelegt worden. In 94 Prozent der Publikationen fanden die Kölner Forscher unbelegte, irreführende oder sogar falsche Produktinformationen."[111] (Unterstreichung des Autors)

Entschuldigen Sie, aber bei 94 Prozent unbelegter, irreführender oder sogar falscher Information kann man nicht mehr von einem Versehen sprechen. Es kann einem doch nicht unterlaufen, dass fast alles, was man sagt, falsch und unwahr ist. Ich würde es pure Absicht nennen.

Und nun liegen also diese offensichtlich völlig desinformierenden Broschüren beim Arzt herum – ja, weiß er es denn nicht besser? Spielt hier mangelnde Sachkenntnis die Hauptrolle oder vielleicht doch Loyalität gegenüber den spendablen Pharmaunternehmen?

Jedenfalls ist es für den Patienten unmöglich, solche medizinischen Aussagen selbst zu überprüfen. Und war er noch skeptisch, weil es sich doch um eine Verkaufsbroschüre handelt – so mag man doch nicht glauben, dass dort wirklich nichts Gescheites, geschweige denn Wahres, zu finden ist. Und schließlich liegen die Hefte und Broschüren ja in der Praxis des Arztes aus, des studierten Mannes. So falsch kann das nicht sein. Zudem vertraue ich ihm ja. Ihm und seiner Kompetenz. Er ist vielleicht der Hausarzt der ganzen Familie. Und wenn ich nicht ihm vertrauen kann – wem dann? Es ist nicht leicht zu zweifeln, wenn es um so persönliche Dinge, um ein Leiden oder um die Gesundheit eines Angehörigen geht, wie man sie (vielleicht) nur mit seinem Arzt bespricht. Man findet sich also in einer Situation, in der man quasi dazu verdammt ist zu vertrauen. Und der Pharmavertreter reibt sich die Hände.

Neben den Hochglanzbroschüren wird auch mit hausbacken aussehenden, schlecht kopierten Zetteln versucht, Informationen an die Patienten heranzutragen, die zum Beispiel der Kinderarzt eines Freundes in seiner Praxis austeilt. Es geht dabei um Zusatzimpfungen, die keine Kassenleistung darstellen. Noch nicht. In dieser Fotokopie sind folgende Worte und Wortgruppen unterstrichen:

John Virapen

Zusatzimpfung für Ihren Sohn L.V.
Pneumokokken
lebensgefährlich
Pneumokokken werden leicht übertragen
gute Gründe, gerade auch alle anderen Kinder zu schützen
Risiko um das Dreifache erhöht
Geschwisterkinder gefährden
speziell für Kinder
wirksam und gut verträglich
keine Kassenleistung
Bitte sprechen Sie uns an

Die anhand der aufwändigeren *Strattera*®-Anzeige analysierte Strategie wird auch hier leicht deutlich. Zunächst wird über eine Gefahr „informiert". Selbstverständlich im Superlativ: Sie ist nicht weniger als lebensgefährlich. Zudem überträgt sie sich so einfach, dass es eigentlich verwundert, warum nicht alle schon daran gestorben sind. Gewarnt wird besonders vor dem Schutzraum Familie: Die Geschwister können sich gegenseitig anstecken. Der Wirkstoff hingegen ist völlig unproblematisch und die Lebensgefahr aus der Welt, wenn man ihn einnimmt. Allerdings: die Kassen sind zu blöd, derartig einfache Zusammenhänge zu begreifen. Daher werden Sie, die verängstigten und doch in der Verantwortung stehenden Eltern, aufgefordert, den Säckel aufzumachen. Bitte machen Sie sich frei! Machen Sie den Säckel einmal gaaaanz weit auf ... so ist's gut ... brav ... Was würden Sie tun? Natürlich würden Sie Ihren Geldbeutel öffnen. Lebensgefahr mit nur 84 Euro von Ihrem Kind abwenden? Geschenkt! Und im Zweifelsfall haben Sie einfach nur 84 Euro zum Fenster hinausgeworfen.

Der Missbrauch von Vertrauensverhältnissen ist ein grundlegender Mechanismus zur Erzeugung von Profit im Geschäft mit der Krankheit. Im Besonderen im Geschäft mit der Angst vor Krankheit. Und in dem Geschäft, eigentlich normale Phänomene zur Krankheit zu erklären.

Im Kern handelt es sich um das Vertrauen des Patienten zum Arzt sowie, in der Erweiterung, um das Vertrauen des Patienten in die Medizin. Und hier im Besonderen um ein Vertrauen in die Hersteller von Medikamenten. Dazu gehört das Vertrauen des Bürgers in die staatlichen Organe, die mit den nötigen Ressourcen und dem nötigen Know-How ausgestattet sind, um neue Wirkstoffe auf ihr Wirk- und Gefährdungspotential hin zu überprüfen – und welche die Macht haben (sollten), den Pharmagiganten die Stirn zu bieten und einen Wirkstoff gegebenenfalls nicht für den hiesigen Markt zuzulassen.

Hauptbeschäftigung der Pharmaindustrie ist es, an all diesen Schnittstellen Einfluss zu nehmen. Mittel dazu ist die Bestechung. Die wiederum auch eine Sache des Vertrauens ist: Der, der nimmt und der, der gibt, sie sitzen in demselben Boot. An vertraulicher Behandlung haben beide Seiten Interesse. Deshalb ist der Korruption so schwer von außen beizukommen. Deshalb packe ich aus.

Gesundheitssystem krankt an Korruption

Blindes Vertrauen kann man erkaufen. Dass Korruption eher die Regel denn die Ausnahme und Teil des Systems ist – das wird beispielhaft dargelegt von *transparency international*.

In ihrem Bericht zur Korruption im Medizinwesen[112] sieht sie diese in engem Bezug zu den Problemen der Finanzierung des deutschen Gesundheitssystems. Und schlägt

John Virapen

eine Therapie vor. Bei den finanziellen Strukturproblemen spiele „die Überalterung der Gesellschaft eine geringere Rolle und die Kostensteigerungen für Behandlungen sind durch strukturelle Mängel, darunter auch Korruption, hausgemacht."

Die Überalterung der Gesellschaft wird gerne als Argument für die Kostensteigerungen im Gesundheitssystem herangezogen. Keine schlechte Strategie, wenn man nicht nach Lösungen sucht. Denn an der Bevölkerungsentwicklung lässt sich ja (kurz- und mittelfristig) nicht viel ändern. Im Unterschied zu kriminellem Verhalten. Für kriminelles Verhalten, für Bestechung, mafiöse Strukturen und Kartelle gibt es eine breite gesetzliche Grundlage, auf der man handeln kann.

„Betrug, Verschwendung und Korruption im Gesundheitswesen haben sich in Deutschland im Laufe der Jahrzehnte kontinuierlichen Wirtschaftswachstums in die Strukturen unseres auf Länderebene organisierten Gesundheitswesens regelrecht eingefressen. Der einzelne Arzt, Zahnarzt oder Apotheker, der einzelne Versicherte, der einzelne kleine Anbieter von Waren oder Dienstleistungen kann sie – auch bei großer Anstrengung – angesichts der Marktmacht der einschlägigen Industrie und ihrer Verbände und angesichts der intransparenten, verkrusteten Strukturen von Selbstverwaltung und staatlicher Aufsicht kaum durchschauen, geschweige denn verändern. Die dadurch jährlich entstehenden Verluste werden auf einen zweistelligen Milliardenbetrag geschätzt."

Wenn dem so ist, wie diese unabhängigen Korruptionsermittler schreiben – dann macht es meine Memoiren nur umso wertvoller. Denn ich bin ein Kronzeuge dieser strategischen Korruption.

Kapitel 21
Was Sie tun können

Es gibt einiges, das Sie tun können, um sich selbst und Ihre Angehörigen vor unsinnigen und gefährlichen Medikamenten zu schützen. Sammeln Sie vor allem Informationen aus unterschiedlichen Quellen. Das Internet kann dabei hilfreich sein. Vorsicht: Viele Seiten sind wiederum von der Pharmaindustrie gesponsert. Also nach unterschiedlichen Quellen suchen.

Fragen Sie Ihren Arzt oder Apotheker

Stellen Sie eine, mehrere oder alle Fragen des folgenden Katalogs. Sie haben ein Recht auf geduldige, ausführliche und nachvollziehbare Antworten, die für einen medizinischen Laien verständlich sind. Die Fragen stellen nicht die Kompetenz des Arztes in Frage. Diese Fragen zu stellen bedeutet nicht, das Vertrauensverhältnis anzuzweifeln oder gar einseitig aufzukündigen. Im Gegenteil – in einem auf Vertrauen gegründeten Verhältnis sind diese Fragen vollkommen berechtigt.

Krankheitscheck
• Ist die Krankheit, die man mir diagnostiziert hat, überhaupt eine Krankheit?

John Virapen

- Seit wann gilt sie als Krankheit?
- Woher haben Sie diese Informationen?
- Welche Theorie steckt dahinter – und welche sind die Quellen, die ihre Richtigkeit belegen?
- Von wem haben Sie diese Information?
- Wo kann ich alternative Informationen zu dem Thema bekommen?
- Wie ist der aktuelle Forschungsstand zu dem Thema?
- Woher haben Sie diese Information?
- Wo kann ich mich darüber informieren?
- Wie finanziert sich diese Informationsquelle?
- Welche alternativen Behandlungsmethoden kennen Sie?
- Wo kann ich Informationen darüber finden?

Medikamentencheck

- Ist dieses Medikament überhaupt für diese Anwendung zugelassen?
- Von wem haben Sie diese Information?
- Wenn es für meine Indikation zugelassen ist – wie viele Probanden haben es unter wissenschaftlichen Bedingungen eingenommen?
- Von wem haben Sie diese Information?
- Um wie viel besser ist die Wirkung als bei einem Placebo?
- Von wem haben Sie diese Information?

Arztcheck

- Würden Sie dieses Medikament selbst nehmen?
- Würden Sie es Ihren Kindern verschreiben?

Kapitel 22
Lösungsvorschläge

Die folgenden Vorschläge mache ich deshalb, weil ich nicht gegen Medikamente und die Pharmaindustrie per se bin, sondern nur gegen die Marketing-Methoden. Die Vorschläge sind Konsequenzen aus dem Gesagten.

Problem:
Patienten als Versuchskaninchen

Bis zu ihrer Zulassung sind viele Medikamente nur über äußerst kurze Zeiträume getestet worden. *Prozac®* z.B.: Maximaler Zeitraum: etwa drei Monate. Bei *Strattera®*: etwa neun Wochen. Sind die Patienten nun geheilt? Und wenn sie es länger anwenden – was passiert dann? Und was sollen sie also nun tun, nach Ablauf der neun Wochen? Die Pille war doch schon oft die ultima ratio, das letzte Mittel.

Lösung:
Langzeitstudien sollten zur Minimalleistung gehören, um die Zulassung für ein Medikament beantragen zu können!

Problem:
Meldungen von Nebenwirkungen
Ärzte haben in Deutschland keine Meldepflicht für unerwartete Zwischenfälle mit Medikamenten.

Lösung:
Meldepflicht der Ärzte bei Nebenwirkungen.

John Virapen

Problem:
Das Bermuda-Dreieck

Im Bermuda-Dreieck zwischen Wissenschaftlern, den Gesundheitsbehörden und der Pharmaindustrie verschwinden Daten. Warum eigentlich sind nur sie an dem Datenerhebungsprozess beteiligt und nicht die Patienten? Alle im Bermuda-Dreieck Beteiligten haben finanzielle Interessen, die ein etwaiges Interesse an der Wahrheit leicht beiseiteschieben. Die Patienten dagegen sind diejenigen, die die Medikamente schlucken müssen. Sie sind in erster Linie an Wirksamkeit und Unbedenklichkeit interessiert – denn es ist oft genug ihr Leben und nicht ihr Kontostand, um das es geht.

Lösung:
Die Patienten sollten das Recht haben, etwaige Probleme und Nebenwirkungen selbst zu melden. Ich habe gelesen,[113] dass dieser Vorschlag neulich in Schweden gemacht worden ist. Ob dieser Lösungsansatz in der Realität praktikabel ist, ließe sich schnell herausfinden.

Problem:
Korruption ist nicht strafbar
In Deutschland können bisher nur Amtsträger wegen Korruption strafrechtlich verfolgt werden. Externe Gutachter aber, die eine wesentliche Rolle für die Zulassungsverfahren spielen, wissen, dass sie keine Strafe erwartet, wenn sie die Hand aufmachen. In Schweden war das auch so – bis aufgrund meiner Aussage das Gesetz geändert wurde.

Lösung:
Änderung der Rechtslage auch in Deutschland! Patientenschutz geht vor! Auch mit dieser Forderung stehe ich

nicht allein da: „Das geltende Recht muss überprüft werden. Dass niedergelassene Ärzte keine Amtsträger sind, darf nicht dazu führen, dass sie ungestraft Geld oder geldwerte Vorteile auf Kosten der Versichertengemeinschaft kassieren", stellte Dr. Anke Martiny fest.

Rechtskräftige Urteile zeigen, dass zumindest die Herstellerfirma strafrechtlich mit hohen Geldbußen belangt werden kann. Schließlich ist es an der Zeit, dass der Gesetzgeber über Haftungsregelungen nachdenkt, die es den Kassen ohne bürokratischen Aufwand erlauben, Gelder zurückzufordern, die ihnen durch Betrug, Vorteilsannahme und Vorteilsgewährung der Wirtschaft und der Ärzte entgehen.[114]

Problem:
Informationsmonopol

Die Gesundheitsbehörden hängen völlig von den Informationen ab, die die Pharmafirmen ihnen liefern. Daher werden immer wieder Probleme mit Medikamenten vertuscht oder viel zu spät bekannt gegeben.

Lösung:
Es sollte unabhängige Institutionen geben, die Zugang zu allen Informationen, klinische Versuchsreihen betreffend, haben.

Problem:
Die Klinischen Studien

Die Protokolle der klinischen Tests werden von der Pharmaindustrie selbst aufgesetzt. Somit führen sie Versuche so durch, dass für sie gute Ergebnisse herauskommen.

John Virapen

Lösung:

Es sollte eine unabhängige staatliche Organisation geben, welche die Versuchsprotokolle für klinische Studien, die die Pharmaindustrie aufsetzt, im Vorfeld überprüft und auch ablehnen kann.

Problem:
Außergerichtliche Einigungen

Was bei Nachbarschaftsstreitigkeiten und Beulenschäden am Auto und ähnlichen alltäglichen Ärgernissen nützlich ist – die Möglichkeit, sich außergerichtlich zu einigen und ein Verfahren einzustellen – sollte in Fällen von Klagen aufgrund von Nebenwirkungen gegen Pharmakonzerne nicht möglich sein. Bei Nachbarschaftsstreitigkeiten geht es darum, dass die Kosten eines Verfahrens möglicherweise den Streitwert übersteigen und Zeit für ein unnützes Verfahren vergeudet wird, an dem kein öffentliches Interesse besteht. Doch bei Klagen gegen die Pharmaindustrie ist das Gegenteil der Fall: Klagen sind oft der einzige Weg, über den Informationen über Medikamente an die Öffentlichkeit gelangen, welche die Pharmaindustrie lieber in ihren Safes verwahren würde.

Lösung:

Wenn es um die Gesundheit und um neue medizinische Wirkstoffe geht, so besteht immer ein öffentliches Interesse. Was in anderen Streitfällen sinnvoll ist, ist hier gefährlich. Akten, die in solchen Prozessen verwendet werden, sollten öffentlich zugänglich gemacht werden.

Problem:
Nationale Gesundheitsbehörden
vs. Multinationale Konzerne

Die Gesundheitsbehörden verschiedener Länder kommunizieren zu wenig untereinander. Tauchen in einem Land, wie etwa in Dänemark mit Benoxaprofen, Probleme auf, so liegt es an dem herstellenden Konzern, ob diese Information den Gesundheitsbehörden anderer Länder, in denen dieses problematische Produkt zugelassen werden soll, weitergereicht wird oder nicht. Und wie glauben Sie, handelt ein mit dieser Wahlfreiheit ausgestatteter Pharmakonzern?

Lösung:
Rascher Informationsaustausch der nationalen Zulassungsbehörden untereinander.

Problem:
Datentransparenz

Die Daten von abgebrochenen Studien müssen nicht veröffentlicht werden. Dabei enthalten doch gerade sie die Informationen über Risikopotentiale und nicht jene Studien, die so angelegt sind, dass die Ergebnisse möglichst – im Sinne des Umsatzes – positiv verlaufen.

Lösung:
Es müsste eine Verpflichtung zur vollständigen Information geben. Bei Verletzung dieser Pflicht müsste eine Registrierung allein aus diesem Grunde ausgeschlossen werden können.

Problem:
Werbung

Werbung für Arzneimittel oder für erfundene Krankheiten sollte eingeschränkt bzw. verboten werden. Die Geschichte zeigt ja, dass Werbung hier in keiner Weise zur Information der Konsumenten beiträgt und das auch gar nicht beabsichtigt. Vielmehr zielt die Werbung darauf, Druck auszuüben – wie im Fall ADS etwa auf Eltern und Erzieher. Diese breite Gruppe an der Basis leitet den Druck auf die Zulassungsbehörden weiter. Und spielt somit der Pharmaindustrie in die Hände. Werbung in der Pharmaindustrie hat also ganz andere Absichten als in anderen Bereichen der Wirtschaft. Sie ist ein Machtinstrument.

Lösung:
Werbeverbot für Medikamente und Krankheiten.

Problem:
Ist Mord unter anderem Namen nicht strafbar?

Viele der besprochenen Produkte haben tödliche Nebenwirkungen. Es wird nun oft behauptet, jenes Killermedikament helfe aber vielen anderen. Dieses argumentative Muster wird immer wiederholt. Zum Beispiel hier bei einer Pressemitteilung der Firma *Eli Lilly* vom Januar 2007 bezüglich eines Todesfalles bei einem Patienten, der *Zyprexa*® (Wirkstoff: Olanzapin) schluckte: „*Lilly* ist traurig über den Tod von Mr. Kaufmann [...] Wir wollen die Millionen von Patienten, die dieses lebensrettende Medikament nehmen, aber beruhigen. [...] Dieser Patient hatte eine komplizierte medizinische Geschichte."[115]

Mit anderen Worten: Es war sein Problem, dass er an *Lillys* Medikament starb. Wie es das Problem jener Studentin war, die sich in *Lillys* Laboratorium erhängte? Man hatte sie doch eigens als Versuchskaninchen ausgesucht, weil sie psychisch stabil war! Und auch dieser Ausdruck kommt immer wieder vor: „lebensrettendes Medikament". Wie jene Antidepressiva, bei denen man die Versuche lieber nicht mit Depressiven macht, weil sie sich bei Einnahme garantiert umbringen würden? Wie Benoxaprofen, das aus Gelähmten Tanzende macht – die blöderweise dann mitten im Tanz an Nierenversagen sterben?

Was passiert hier eigentlich? Ihr Tod wird praktisch aufgerechnet gegen die Fälle, in denen Menschen (angeblich) geholfen wurde. Das ist schlichtweg unmoralisch. Und auch illegal. Und das alles bei Medikamenten, die nicht etwa Krankheiten heilen, sondern nur Symptome lindern!

Erinnern Sie sich an die Debatte über den Abschuss von Passagiermaschinen, die von Terroristen entführt werden? Der deutsche Innenminister wollte ein Gesetz erreichen, das in einem solchen Fall einer Kampfmaschine der Bundeswehr erlauben würde, Passagiere zu töten, um möglicherweise zu erreichen, dass andere Menschen gerettet würden. Tatsache wäre hier aber, dass die unschuldigen Passagiere auf jeden Fall getötet würden – ob andere dadurch gerettet werden würden, ist völlig unklar.

Fazit:

Nichts rechtfertigt die Ermordung eines Menschen. Das Leben eines Menschen kann nicht gegen das Leben oder das (mögliche) Wohl eines anderen aufgerechnet werden.

Die Pharmaindustrie aber rechnet so: wenn sie weiß, dass auch nur 0,1 Prozent der Patienten, die einen Wirkstoff zu sich nehmen, sterben können – dann ist das eine gute Rechnung. „0,1 Prozent"– das klingt nach sehr wenig. Was ist 0,1 Mensch? Kein Mensch. Diese Produkte aber werden oft millionenfach, manchmal milliardenfach verkauft – und da wandert die „1" hinter ihrem Komma hervor, wird zur

1,0 – und da ist der erste Mensch gestorben. Danach sind
es 10, 100, 1.000 ...

„Wenn ein Mensch stirbt, nennt man es eine Tragödie.
Sterben eine Million, nennt man es Statistik." *(Lenin)*

Lösung:

Wer tötet, soll sich auch wegen Mordes vor Gericht verantworten müssen. Meinen Sie nicht, dass auf diese Weise
in kürzester Zeit Menschen mit normalen ethischen Maß-
stäben in die Vorstände der multinationalen Pharmagiganten katapultiert würden?

Nachwort

Das ist meine Geschichte. Ich möchte noch einmal betonen, dass ich kein genereller Gegner von Arzneimitteln
bin. Ich bin selbst auf sie angewiesen, bin selbst von der
Medizin abhängig – als Diabetiker und als Träger eines
Herzschrittmachers.

Jedes Medikament wird Nebenwirkungen haben, das ist
mir klar. Ich sage nicht, wir sollten alle Arzneien in den
Mülleimer werfen und sterben, wenn es so weit ist.

Ich sage nicht einmal, dass man Pharmaunternehmen
einen Vorwurf machen sollte, wenn ein Medikament, das
Tausende von Menschen heilt, Nebenwirkungen hat.

Wenn aber ein Medikament, das nicht heilt, sondern nur
Symptome lindert, 50 Prozent der Anwender schwerste
Nebenwirkungen beschert – dann finde ich das verantwor-
tungslos. Wird dieses Medikament vermarktet, ohne vor
seinen Nebenwirkungen zu warnen – dann nenne ich das
ein Verbrechen. Und werden schließlich natürliche Befind-

lichkeiten zu Krankheiten gemacht, um unsere Kinder mit Psychodrogen abzufüllen – dann sehe ich rot.

Werkzeug dieser Logik war ich lange genug. Ich bin alt, aber nicht zu alt. Heute versuche ich, gegen die von mir selbst angewandten Praktiken, die noch weiter vorangetrieben werden, vorzugehen.

Heute lebe ich in Deutschland. Als ich hierher zog, dachte ich, dieses Land sei wegen seiner seriösen Forschung und Korrektheit immun gegen die kriminellen Machenschaften der Pharmaindustrie. Vorfälle wie Arztbesuche mit meinem kleinen Sohn, jene ADHS-Info und weitere Recherchen belehrten mich jedoch eines Besseren, nämlich dass Deutschland genauso im Geflecht von Pharmaindustrie, Wissenschaft und Behörden verstrickt ist wie Schweden oder die USA. Deutschland ist Teil der hoch entwickelten westlichen Welt.

Und was ist mit der so genannten Dritten Welt? Wenn all das, was Sie hier gelesen haben, in der Ersten spielt, dann können Sie sich vorstellen, wie es in der Dritten zugeht. Thema für ein weiteres Buch.

Und auch die Politik muss sich fragen lassen, warum ihr Interesse an einem fairen Pharmamarkt so gering ist. Bedenken Sie – es fließt so viel Geld im Gesundheitssystem in Kanäle, die mit der Versorgung der Patienten überhaupt nichts zu tun haben. Meine Geschichte zeigt, dass dies ein generelles Problem ist. Wenn allein durch das Abstellen der Korruption das Gesundheitssystem saniert werden kann – warum unternimmt niemand etwas dagegen? Das wäre Aufgabe der Politik. Entsprechende Gesetze müssen her. Und es muss ein Interesse geben, sie durchzusetzen. Stattdessen wird die Alterung der Gesellschaft diskutiert. Es wäre doch viel einfacher! Und stattdessen wird über militärische Einsätze in fernen Ländern debattiert. Über die Probleme vor Ort redet niemand. Warum nicht?

Lassen Sie sich nicht ins Bockshorn jagen: Das Problem ist,

zugegeben, ziemlich komplex, und alle Teile darin – Ärzte, Wissenschaftler, Industrie, Behörden, Richter und Politiker – sind ineinander verfranst. Aber immer noch entscheiden an jeder Schnittstelle Menschen. Das ist entscheidend.

Meine Geschichte zeigt dies in erschreckendem Maße. Behörden sind nicht gesichtslos. Die Pharmaindustrie ist nicht gesichtslos. Für Außenstehende ist es verdammt schwer, Zutritt zu derartig hermetischen Systemen zu bekommen – man wird bereits von der Empfangsdame abgewiesen. Diese Systeme sind aber nicht herrenlos. Menschen entscheiden dort und Menschen sind nicht nur potentiell korrumpierbar – Korruption kommt vor. Häufiger als Sie zu glauben wagen. Das darf man nicht hinnehmen. Das lässt sich ändern!

Ich war Teil des Systems. Ich habe beschlossen zu handeln. Dieses Buch ist der erste Schritt. Es ist allerdings unmöglich, allein gegen die Pharmariesen anzutreten. Nur zusammen können wir – die Öffentlichkeit – etwas ändern. Indem wir Fragen stellen – auch unbequeme – beim Arzt, in der Apotheke, in den Zeitungen. Indem wir aufhören zu glauben, der Arzt sei ein Halbgott und verdiene bedingungslos unser Vertrauen. Indem wir nicht auf neu geschaffene Krankheiten hereinfallen, die uns die Pharmaindustrie einreden will.

Und hier ist eine Botschaft an all die Ärzte, die Psychopharmaka an Kinder verschreiben:

Würden Sie das Zeug Ihren eigenen Kindern geben?
Denken Sie bitte darüber nach.
Sie sind in einer Schlüsselstellung.

Lebenslauf John Virapen

Internationaler Business Berater

Über 35 Jahre internationale Erfahrung
in der Pharmaindustrie mit Fachwissen in:

- Akquisition
- Management
- Neugründung
- Expandierung
- Mitarbeiterführung
- Marketing und Verkäufe
- Verhandlungen mit Behörden
  und Zulassungsbehörden

Sprachen:
Englisch und Schwedisch fließend
Arbeitswissen in Spanisch, Deutsch, Dänisch und
drei karibischen Dialekten

1990 bis heute:
Aktiver Berater für verschiedene Pharmakonzerne
im Bereich Lateinamerika, Mittelamerika und Karibik
mit den Schwerpunkten: Überwachung von Markterwei-
terungen, Gebietsneuorganisation, Zusammenarbeit mit
den Behörden, Unterstützung von Zulassungsverfahren,
Händlererfassung und -bewertung, Erstellung von Ge-
schäftsplänen und Marketingstrategien, Aufstellen von
Preisrichtlinien und regionales Management.

1989 bis 1990:
Gewinnung von Investoren und Erstellung eines Business-Plans für *Alpha Paper Products,* einen Papierhersteller in Puerto Rico. Organisation und Überwachung aller nötigen Schritte bis zur Produktionsaufnahme.

1979 bis 1989:
Interner Aufstieg bei *Eli Lilly & Co.*
Einstellung nach Abwerbung aus einer Position beim Wettbewerb als internationaler Produktmanager für vier nordische Länder mit den Schwerpunkten Produktforcierung und Marketing.
Beförderung zum Hauptgeschäftsführer *Eli Lilly* Schweden, Erhöhung der Umsätze von 700.000 US-Dollar auf 15 Millionen US-Dollar im ersten Jahr. Beförderung zum Marketingdirektor für *Eli Lilly* Puerto Rico S.A. im Jahr 1988.

Vor 1979:
Zwölf Jahre Erfahrung im Bereich Verkauf, Verkaufsförderung, Produktforcierung und Koordination von klinischen Studien für verschiedene internationale Pharmaunternehmen.

Ausbildung
PhD in Psychologie (Doktorgrad)
Business Administration – Lund, Schweden
Vier Jahre Medizinstudium.

20 Jahre ständige Weiterbildung in allen Bereichen der Pharmaindustrie, darunter Spezialkurse in klinischer Pharmazeutik.

Das kleine ABC der Pharmawelt

Atomoxetin

Ein ursprünglich zur Behandlung von Depressionen entwickelter Arzneistoff, der sich für Depressionen jedoch als unwirksam erwiesen hat und dessen chemische Struktur stark derjenigen von Fluoxetin ähnelt. Atomoxetin wurde im März 2005 in Deutschland für die Indikation ADHS zugelassen und wird unter dem Namen (*Strattera®*) von der *Firma Eli Lilly & Company* vermarktet. Hinsichtlich der Behandlung von Kindern und Jugendlichen sind prinzipiell ähnliche Vorsichtsmaßnahmen wie bei den Serotonin-Wiederaufnahmehemmern zu beachten. Darüber hinaus liegen seit September 2005 Informationen des Herstellers vor, in denen über ein signifikant erhöhtes Risiko der Begünstigung oder Auslösung von aggressivem Verhalten, Suizidalität und Suizidhandlungen unter Atomoxetin im Vergleich zu Placebos bei Kindern, nicht aber bei Erwachsenen informiert wird. Bei Auftreten von Suizidgedanken unter dem Medikament soll die Einnahme beendet werden.

Außergerichtliche Einigung

Klagt ein durch ein Medikament Geschädigter, versucht die Pharmaindustrie oft den Rechtsstreit außerhalb des Gerichtsaals beizulegen. Das ist ihr eine Menge Geld wert, denn so kann sie vermeiden, dass klinische Daten öffentlich werden. In außergerichtlichen Einigungen wird zudem gern das Schweigen der Opfer und der Angehörigen der Opfer gekauft. Siehe auch: Fentress-Verfahren.

Benoxaprofen

Name eines Wirkstoffes. Eingesetzt wird der Wirkstoff z.B. unter folgenden Produktnamen: *Opren®* (USA) oder *Coxi-*

gon® (Deutschland). Benoxaprofen soll ein entzündungs-
hemmendes Medikament sein und wurde als Rheumamit-
tel verschrieben. Es wurde 1981 in Deutschland zugelassen
und 1982, nachdem es viele Todesfälle gab, vom Markt
genommen.

BGA

Das Bundesgesundheitsamt (BGA) wurde 1952 als Nach-
folgeorganisation des Reichsgesundheitsamts gegründet
und war die zentrale staatliche Forschungseinrichtung der
BRD auf dem Gebiet der öffentlichen Gesundheit mit Sitz
in Berlin. Es hatte den Auftrag, Risiken für die Gesundheit von Mensch und Tier früh zu erkennen, diese zu be-
werten und im Rahmen seiner gesetzlichen Kompetenzen
einzudämmen. Es wurde in dieser Form 1994 im Rahmen
einer Umstrukturierung aufgelöst. Daraus gingen sechs ei-
genständige Einrichtungen hervor, zuständig für die Zulassung von Medikamenten ist heute das Bundesinstitut für
Arzneimittel und Medizinprodukte (BfArM).

Coxigon®
Siehe: Benoxaprofen

Eli Lilly & Company
Ein Pharmagigant mit Sitz in Indianapolis, USA. Gegründet 1876 vom pharmazeutischen Chemiker Eli Lilly. Er
begann sein Geschäft ethisch sauber. Heute zählt *Eli Lilly*
mit weltweit 42.600 Mitarbeitern (2005), Niederlassungen
in 138 Ländern und einem Umsatz von 14,6 Milliarden
US-Dollar (2005) zu den größten Pharmaunternehmen
der Welt.

FDA
Die Abkürzung für die amerikanische Zulassungsbehörde
Food and Drug Administration. Siehe: Zulassungsbehörde.

Fluoxetin

Name eines Wirkstoffes. Die Produktnamen sind *Prozac®* (USA, Großbritannien) *Fluctin®* (Deutschland) und *Fluctine®* (Schweiz, Österreich). Fluoxetin gehört zur Familie der SSRIs. Es wird bei Depressionen, Zwangsstörungen und Bulimie eingesetzt. Unter den Nebenwirkungen findet sich auch Selbstmord. Vor allem die Anwendung dieser Antidepressiva bei Kindern und Jugendlichen, außer in den zugelassenen Indikationsgebieten, ist höchst gefährlich. In diesem Zusammenhang wurden in Studien suizidales Verhalten (Selbstmordgedanken und Selbstmordversuche) sowie Feindseligkeit (vorwiegend Aggression, oppositionelles Verhalten und Zorn) beobachtet. Dies gilt für alle Medikamente der SSRI-Gruppe.

Indikation

(v. lat. indicare: „anzeigen", Abkürzung: Ind.) beschreibt den Grund oder Anlass für eine medizinische Maßnahme.

Insulin

Insulin ist ein für Menschen und Tiere lebenswichtiges Hormon, das in den Beta-Zellen der Bauchspeicheldrüse gebildet wird. Diese spezialisierten Zellen befinden sich nur in den so genannten Langerhansschen Inseln. Von diesen Inseln leitet sich auch der Name Insulin ab (lat. insula = Insel). Die Hauptfunktion des Insulins ist die Regulation der Glukosekonzentration im Blut (auch Blutzuckerkonzentration). In der Insulintherapie werden verschiedene Insulinpräperate verwendet (tierisches Insulin, künstliches Insulin). Heute wird fast nur noch das künstliche (auf genetischem Wege erzeugte so genannte Human-Insulin) verordnet. Die Umstellung der Patienten erfolgte teilweise ohne deren Wissen oder Zustimmung und mit beträchtlichen Nebenwirkungen. Die Umstellung von natürlichem Insulin auf gentechnisch produziertes Insulin geschah, weil die neue Insulinherstellung den Herstellern größere Umsätze erlaubte.

Nebenwirkungen

Jeder Stoff, der in den menschlichen Körper gelangt, bewirkt mehr als nur eine Sache. Die Hersteller definieren, was als Wirkung und was als Nebenwirkung eines Medikaments gelten soll. Sie prüfen, für welche Wirkung sie am ehesten die Zulassung bekommen könnten, wo sie am einfachsten dabei tricksen können. Einmal zugelassen, wird es einfacher, den Wirkstoff auch für andere Indikationen registriert zu bekommen.

Off-Label

Off-Label-Marekting, Off-Label-Verkauf. Unter „Off-Label" versteht man die Verordnung eines zugelassenen Fertigarzneimittels außerhalb des in der Zulassung beantragten und von den nationalen oder europäischen Zulassungsbehörden genehmigten Gebrauchs, z.B. hinsichtlich der Anwendungsgebiete (Indikation), der Dosierung oder der Behandlungsdauer. Im Deutschen spricht man vom zulassungsüberschreitenden Einsatz oder der zulassungsüberschreitenden Anwendung von Arzneimitteln. Eine weitverbreitete Praxis. Manche Medikamente werden zu 90 Prozent Off-Label verkauft!

Olanzapin

ist ein zu den atypischen Neuroleptika zählender Arzneistoff, der in der Psychiatrie hauptsächlich zur Behandlung schizophrener Psychosen eingesetzt wird. Handelsname: *Zyprexa®*.

Oraflex®

Produktname für Benoxaprofen in den USA.

Prozac®
Produktname. Siehe: Fluoxetin.

Rofecoxib
Der Wirkstoff in *Vioxx®*.

Serotonin
Ein Botenstoff im Gehirn. Die Serotoninthese lautet: Es gibt eine bestimmte Balance, die „gut" ist, und Ungleichgewichte können zu Depressionen, zu Hyperaktivität und allem möglichen Übel führen. Täglich wird die Liste seitens der Pharmaindustrie verlängert. Aber: Die Serotoninthese ist wissenschaftlich unhaltbar, also falsch. Trotzdem verkauft sich die Idee prächtig. Sie reduziert komplexe Zusammenhänge auf eine einzige Chemikalie.

Seeding Trial
Eine Möglichkeit, ein noch nicht zugelassenes Medikament auf den Markt zu bringen, indem Ärzte eingeladen werden, mit ihren Patienten an Studien teilzunehmen. Zweck ist die Verbreitung und Gewöhnung von Ärzten und Patienten an nicht zugelassene Wirkstoffe zur Erzeugung von Umsatz (kurzfristiges Ziel) und Druck auf die Behörden durch Erzeugung von Bekanntheit und Nachfrage nach diesem Medikament (langfristiges Ziel).

SSRI
Abkürzung für „Selektive Serotonin Re-Uptake Inhibitor". Zu Deutsch: ein Wirkstoff, der die Wiederaufnahme des Botenstoffes Serotonin im Gehirn unterbindet. Für mehr Information siehe: Serotonin.

Strattera®
Wirkstoff: Atomoxetin. Zur Behandlung von Aufmerksamkeitsdefiziten und Hyperaktivitätsstörungen (ADS/ADHS)

seit 2005 auch in Deutschland zur Anwendung sowohl bei Erwachsenen als auch bei Kindern und Jugendlichen zugelassen. Der Wirkstoff ist umstritten (siehe: Atomoxetin und SSRI).

Vertrauen

Das Verhältnis zwischen Arzt und Patient ist ein Vertrauensverhältnis. Jedenfalls seitens des Patienten. Er muss sich öffnen, muss den Oberkörper frei machen, muss sich zeigen. Dafür bedarf es einer Menge Vertrauen. Dieses Vertrauen in den Arzt als Menschen erstreckt sich dann automatisch auch auf das Vertrauen in die Medikamente, die dieser Arzt ihm verschreibt.

Auf diesen Vertrauenstransfer zielen alle Bemühungen der Pharmaindustrie.

Vioxx®

wurde zur Behandlung von Arthrose, Osteoarthritis, rheumatoider Arthritis, akuten Schmerzen bei Erwachsenen und bei Primärer Dysmenorrhoe angewendet und 2004 vom Markt genommen.

Zulassungsbehörde

Die Arzneimittelzulassung ist eine hoheitliche, nationale Aufgabe der staatlichen Gefahrenabwehr und Daseinsvorsorge, da von der Qualität, Wirksamkeit und Unbedenklichkeit von (zugelassenen) Arzneimitteln unmittelbar die Gesundheit der Bevölkerung abhängt.

In Deutschland war das bis 1994 das BGA (Bundesgesundheitsamt), heute ist es das Bundesinstitut für Arzneimittel und Medizinprodukte, in den USA das FDA (Food and Drug Administration).

Zulassung – Stadien

Bevor Ihnen Ihr Arzt oder Apotheker die Schachtel ungewissen Inhalts überreicht, hat sie einige formale Prüfungsstadien durchlaufen. Zuerst wird ein Medikament in Labors geprüft. Dann in Tierversuchen. Danach wagt man sich an den Menschen heran. Nach Abschluss der klinischen Studien werden die gesammelten Daten der Zulassungsbehörde übergeben. Diese beurteilt, ob die Substanz wirksam ist und ob sie ungefährlich ist. An jeder einzelnen Stelle kommt es immer wieder zu massiven Betrügereien. Ansonsten hätten viele der bekanntesten Medikamente der letzten 30 Jahre vermutlich nie den Weg in die Apotheken, in die Kliniken und nicht zu Ihnen gefunden. Treten in den klinischen Versuchen beispielsweise Probleme auf, kann der Versuch abgebrochen werden und die Daten über das Scheitern des Wirkstoffes gelangen nicht an die Zulassungsbehörden. Diejenigen, die die Daten im Auftrag der Behörden überprüfen (Wissenschaftler) haben oft selbst ein finanzielles Interesse daran, dass der Stoff zugelassen wird, weil sie dann zum Beispiel Studien damit treiben können und Arbeit für die nächsten paar Jahre haben. Zur Zulassung eines Medikamentes genügen oft Studien, die über kurze Zeiträume durchgeführt wurden, über Langzeitwirkungen weiß man nichts. Die Patienten, denen die Medikamente verschrieben werden, nehmen unfreiwillig an einem Großversuch teil. Die meisten Ergebnisse dieses Versuches verschwinden zusammen mit den Patienten.

Zyprexa®

Name des Olanzapin-Originalpräparats. Zugelassen für Schizophrenie, spielt es jährlich Verkäufe in Milliardenhöhe ein, z.B. 4,2 Milliarden 2006. *Zyprexa®* ist die logisch konsequente Zuspitzung aller von mir beschriebenen manipulativen und betrügerischen Vorgänge in der Pharmaindustrie. Und vielleicht das Ende von *Eli Lilly & Company*.

Adressen

Hier einige Adressen, bei denen Sie interessante Information zu verschiedenen Themen des Buches bekommen:

Thema Korruption und Gesundheitswesen, Deutschland
und weltweit: www.transparency.de.

Empfehlenswert für aktuelle Informationen zur Pharmaindustrie: www.arznei-telegramm.de

Zum Thema *Prozac®*, *SSRI*, Psychopharmaka (englischsprachige Seiten) von Peter Breggin: www.breggin.com und
David Healy: www.healyprozac.com und www.ahrp.com

Bücher zum Thema:
Heide Neukirchen: *Pharma Report*, Droemer 2005.
Bernhard M. Lasotta: *Beschreibung und Vergleich der
Spontanerfassungssysteme für unerwünschte Arzneimittelwir-
kungen*, Dissertation 1999.

1   Aus: „Analyse und Bewertung der Unabhängigkeit von Selbsthilfegruppen/-organisationen bzw. Patienten und Patientinnengruppen/-organisationen am Beispiel ausgesuchter Krankheitsbereiche", Studie von K. Schubert, G. Glaeske, Bremen 2005; zitiert in: Magnus Heier, „Wer soll das bezahlen, wer hat so viel Geld?", Frankfurter Allgemeine Sonntagszeitung, Nr. 48, 03.12.2006, S. 75; im Internet: http://www.faz.net/s/Rub8E1390D3396F 422B869A49268EE3F15C/Doc~E3EC7A0F2E2724EFAAB C18DB81A452961~ATpl~Ecommon~Scontent.html

2   Siehe z.B.: http://www.handelsblatt.com/news/Default. aspx?_p=200038&_t=ft&_b=1052286

3   Siehe: Guardian Unlimited, 17.9.2000; im Internet: http://www.guardian.co.uk/Archive/ Article/0,4273,4064664,00.html

4   Der Fall wurde publik und in den Medien behandelt. Siehe z.B.: http://www.rense.com/general66/tradesecret.htm

5   „Analyse und Bewertung der Unabhängigkeit von Selbsthilfegruppen/-organisationen bzw. Patienten und Patientinnengruppen/-organisationen am Beispiel ausgesuchter Krankheitsbereiche", Studie von K. Schubert, G. Glaeske, Bremen 2005; zitiert in: Magnus Heier, „Wer soll das bezahlen, wer hat soviel Geld?", Frankfurter Allgemeine Sonntagszeitung, Nr. 48, 03.12.2006, S. 75; im Internet: http://www.faz.net/s/Rub8E1390D3396F422B869A49268 EE3F15C/Doc~E3EC7A0F2E2724EFAABC18DB81 A452961~ATpl~Ecommon~Scontent.html

6   PANORAMA Nr. 647 vom 25.11.2004; im Internet: http:// daserste.ndr.de/container/file/t_cid-2856592_.pdf

7   „Rebellion im Krankenzimmer", Deutschlandfunk 28.04.2006; im Internet: http://www.dradio.de/dlf/ sendungen/dossier/479955/

8   Richard Smith, „Medical journals and pharmaceutical companies: uneasy bedfellows", British Medical Journal, 31.05.2003; im Internet: http://www.bmj.com/cgi/content/full/326/7400/ 1202?maxtoshow=&HITS=10&hits=10&RESULTFORMAT=&fulltext=benoxaprofen&searchid=1&FIRSTINDEX=0&resourcetype=HWCIT

9   Ebd.

10   Ebd.

11   Ebd.

12   Dieser Ablauf der *Lilly*-internen Kommunikation ist zitiert nach C. Joyce, F. Lesser, „Opren deaths kept secret, admits Lilly", New Scientist, 29.08.1985

13   Ebd.

14   Lasotta, Bernhard M., Beschreibung und Vergleich der Spontanerfassungssysteme für unerwünschte Arznei-mittelwirkungen (Dissertation 1999); im Internet: http://www.lasotta.de/Dissertation.pdf

15   C. Joyce, F. Lesser, „Opren deaths kept secret, admits Lilly", New Scientist, 29.08.1985

16   Ebd.

17   Ebd.

18   Ebd.

19   Ebd.

20   Ebd.

21   Ebd.

22   Ebd.

23   C. Bombardier, L. Laine, A. Reicin, D. Shapiro, R. Burgos-Vargas, B. Davis et al. (VIGOR Study Group), „Comparison of upper gastrointestinal toxicity of rofecoxib and naproxen in patients with rheumatoid arthritis", New England Journal of Medicine 2000, 343, S. 1520 - 1528

24   Paul A. Dieppe, Shah Ebrahim, Richard M. Martin, Peter Jüni, „Lessons from the withdrawal of rofecoxib", British

Medical Journal, 16.10.2004; im Internet: http://www.bmj.
com/cgi/content/full/329/7471/867

25   Ebd.

26   Prof. Dr. med. Bruno Müller-Oerlinghausen, Vorsitzender
      der Arzneimittelkommission der deutschen Ärzteschaft
      (AkdÄ) und Herausgeber der „Arzneiverordnung in der
      Praxis" am 21. Januar 2005 in Berlin; zitiert in: Eva A.
      Richter-Kuhlmann, „Arzneimittelsicherheit: Vernachlässigtes
      Waisenkind", Deutsches Ärzteblatt 102, 5, 04.02.2005, S. A-
      252 / B-208 / C-195

27   Ebd.

28   http://www.tga.gov.au/media/2007/070811-lumiracoxib.htm

29   Paul A. Dieppe, Shah Ebrahim, Richard M. Martin, Peter
      Jüni, „Lessons from the withdrawal of rofecoxib", British
      Medical Journal, 16.10.2004; im Internet: http://www.bmj.
      com/cgi/content/full/329/7471/867

30   Zitiert in: Eva A. Richter-Kuhlmann, „Arzneimittelsicherheit:
      Vernachlässigtes Waisenkind", Deutsches Ärzteblatt 102, 5,
      04.02.2005, Seite A-252 / B-208 / C-195

31   Siehe z.B.: „Pharmabosse jammern beim Kanzler";
      http://www.taz.de/pt/2004/07/07/a0115.1/text.ges,1

32   Siehe: http://www.interbrand.com/portfolio_details.asp?portfo
      lio=1670&language=ID=

33   Klaus Koch, „Pharmamarketing: Millionen für die Meinungs-
      bildner", Deutsches Ärzteblatt 98, 39, 28.09.2001, S. A-2484
      / B-2122 / C-1987 (POLITIK: Medizinreport)

34   Martin Lindner, „Versuchskaninchen", DIE ZEIT, 36,
      31.08.2006

35   Sarah Boseley, „They said it was safe", Guardian, 30.10.1999;
      im Internet: www.guardian.co.uk/weekend/
      story/0,,258000,00.html

36   Siehe: Heide Neukirchen, Der Pharma-Report, Droemer 2005

37   http://www.drugtopics.com/drugtopics/article/articleDetail.
      jsp?id=407652

38   Inzwischen wurde Fluoxetin in brasilianischen Diätpillen gefunden. Sie heißen Emagrece Sim und Herbathin. Das FDA warnte vor dem Gebrauch im Januar 2006.

39   Lisa Cosgrovea, Sheldon Krimskyb, Manisha Vijayaraghavana, Lisa Schneidera, „Financial Ties between DSM-IV Panel Members and the Pharmaceutical Industry", Psychotherapy and Psychosomatics 2006, 75, S. 154 - 160 (DOI: 10.1159/000091772)

40   http://www.bukopharma.de/Pharma-Brief/PB-Archiv/1998/phbf9802.html

41   Ebd.

42   Ebd.

43   Ebd.

44   http://www.bukopharma.de/Pharma-Brief/PB-Archiv/1998/phbf9802.html

45   Sara Hoffman Jurand, „Lawsuits over antidepressants claim the drug is worse than the disease"; im Internet: http://www.baumhedlundlaw.com/SSRIs/Lawsuits%20over%20antidepressants.htm

46   Sarah Boseley, „They said it was safe", Guardian, 30.10.1999; im Internet: http://www.guardian.co.uk/weekend/story/0,,258000,00.html

47   Für Falschangaben auf dem Beipackzettel zu Benoxaprofen wurde *Lilly* beispielsweise verurteilt. Siehe: http://www.zmagsite.zmag.org/May2004/levine0504.html

48   Sarah Boseley, „They said it was safe", Guardian, 30.10.1999; im Internet: www.guardian.co.uk/weekend/story/0,,258000,00.html

49   Ebd.

50   Ebd.

51   Peter R. Breggin, Ginger Ross Breggin, Talking back to Prozac, St Martins Press 1994; zitiert nach: http://www.sntp.net/prozac/breggin_prozac_2.htm

52   Ebd.

53 Ebd.

54 Ebd.

55 Ebd.

56 Ebd.

57 Ebd.

58 Ebd.

59 Artikel vom 14.02.06 in „Ärztliche Praxis"; im Internet:
http://www.aerztliche-praxis.de/artikel_gynaekologie_
schwangerschaft_ssri_1139935991.htm

60 Ebd.

61 Quelle: ein internes *Lilly*-Memo, das mir vorliegt

62 Peter R. Breggin, Ginger Ross Breggin, Talking back to Prozac,
St Martins Press 1994

63 Siehe z.B.: arznei-telegramm I/2005

64 Siehe: www.lilly.co.uk

65 J.R. Lacasse, J. Leo, „Serotonin und Depression – die
Loslösung von Werbung und wissenschaftlichen Veröffentlichungen", PLoS Medicine 2, 12, 08.11.2005; im Internet:
http://www.plosmedicine.org

66 Ebd.

67 Die Zahl und das Zitat stammen aus seiner Rede in Talla-
hassee, Florida, am 08.09.2006; im Internet: http://www.
phrma.org/about_phrma/ceo_voices/the_next_small_thing:_
an_update_on_the_biomedical_revolution/

68 http://www.de.wikipedia.org/wiki/Fluoxetin

69 Die Details des Wesbecker-Falls sind nachzulesen unter
http://www.lectlaw.com/filesh/zbk03.htm und http://zmagsite.
zmag.org/May2004/levine0504.html

70 Sarah Boseley, „They said it was safe", Guardian, 30.10.1999;
im Internet: www.guardian.co.uk/weekend/
story/0,,258000,00.html

71 Peter Breggin, FDA Pressekonferenz September 2004

72 David Healy, der sich auf die Zeugenaussagen von Nick Schulz-Solce und Hans Weber im Verfahren *Lilly* gegen Fentress beruft; im Internet: http://www.ahrp.org/risks/healy/SSRIrisks0803.php

73 http://www.emea.europa.eu/pdfs/human/press/pr/20255406en.pdf

74 Ebd.

75 http://www.transparency.de/2006-01-19Gesundheit.861.0.html?&contUid=1576

76 BGA vom 26. Juli, Geschäftszeichen GV 7-7251-01-18857/8 – zitiert mit Erlaubnis nach Dr. Ernst v. Kriegstein

77 Lancet, 1980; ii, S. 398 - 401; zitiert aus: „Diabetes - The scandal of human insulin", What Doctors Don't Tell You; im Internet: http://www.healthy.net/scr/article.asp?Id=2826

78 Ebd.

79 Ebd.

80 http://www.healthy.net/scr/Article.asp?Id=2826&xcntr=2

81 Brendan Coyne, 2005, „Drug Co. Admits Guilt in Off-label Marketing Case",The New Standard; im Internet   : http://www.newstandardnews.net/content/index.cfm/items/2699

82 Ebd.

83 Ebd.

84 Bernadette Tansey, 2005, „HARD SELL: How Marketing Drives the Pharmaceutical Industry"; im Internet: http://sfgate.com/cgi-bin/article.cgi?file=/c/a/2005/05/01/MNG4TCID0J1.DTL

85 Erika Kelton, „Sales tactics, whistleblowers and qui tam lawsuits in the pharmaceutical industry"; im Internet: http://www.cafepharma.com/quitam.asp

86 „Suit: Pfizer bribed doctors to prescribe drug for unapproved uses", The New Standard, 13.05.2004; im Internet: http://www.newstandardnews.net/content/index.cfm/items/352

87   http://www.nytimes.com/2006/08/30/business/30drug.html?e
x=1314590400&en=a9304d7a40352394&ei=5088&partner=
rssnyt&emc=rss

88   Zitiert nach: http://www.zdf.de/ZDFde/
inhalt/26/0,1872,2083034,00.html

89   J.R. Lacasse, J. Leo, „Serotonin und Depression – die
Loslösung von Werbung und wissenschaftlichen Veröffentlichungen", PLoS Medicine 2, 12, 08.11.2005; im Internet:
http://www.plosmedicine.org

90   Siehe z.B.: arznei-telegramm I/2005

91   http://www.24-7pressrelease.com/view_press_release.
php?rID=11216 und http://www.24-7pressrelease.com/view_
press_release.php?rID=21052&tf7sid=af63601bf350e2d39c5
1e62a23c63087

92   Ebd.

93   http://www.drgreene.org/body.cfm?id=21&action=detail&ref=
1246

94   http://www.atomoxetine.info/

95   http://www.dradio.de/dlf/sendungen/
sprechstunde/431640/%20

96   http://www.adders.org/news109.htm

97   J.R. Lacasse, J. Leo, „Serotonin und Depression – die
Loslösung von Werbung und wissenschaftlichen Veröffentlichungen", PLoS Medicine 2, 12, 08.11.2005; im Internet:
http://www.plosmedicine.org

98   Informationen rund um das Texas-Projekt und Allen Jones:
http://www.bmj.com/cgi/content/full/328/7454/1458 sowie
http://psychrights.org/Drugs/AllenJonesTMAPJanuary20.pdf

99   BMJ 2005, 331, S. 592, 17.09. 2005

100   http://www.psychsearch.net/teenscreen.html

101   Peter R. Breggin, Ginger Ross Breggin, Talking back to
Prozac, St Martins Press 1994; zitiert nach:
http://www.sntp.net/prozac/breggin_prozac_2.htm

John Virapen

102   Ebd.

103   Journal of the American Academy of Child Adolescent
Psychiatry 2002

104   http://www.bmj.com/cgi/content/full/331/7521/ 906?maxtos
how=&HITS=10&hits=10&RESULTFORMAT=&fulltext=
TeenScreen&searchid=1&FIRSTINDEX=0&resourcetype=
HWCIT

105   Spiegel Online, 06.01.2006; im Internet: http://www.spiegel.
de/wissenschaft/mensch/0,1518,393609,00.html

106   http://ahrp.blogspot.com/2007/01/zyprexa-cat-out-bag-new-
legalmotion.html

107   Artikel von Gardiner Harris in der New York Times,
18.12.2003; im Internet: http://query.nytimes.com/gst/
fullpage.html?sec=health&res=9C02E1D7163FF93BA25751
C1A9659C8B63

108   http://www.mindfreedom.org/affspo/act/us/psychrights/
nytimes-vs-eli-lilly/states-study-marketing-of-lilly-pill

109   http://www.opednews.com/articles/genera_evelyn_p_
070205_nobody_buys_lilly_s_.htm

110   Diese und alle weiteren Informationen zu Zyprexa sind, falls
nicht anders notiert, hier entnommen: http://www.opednews.
com/articles/genera_evelyn_p_070205_nobody_buys_lilly_s_
.htm

111   arznei-telegramm vom 13. Februar 2004; englischsprachige
Website: http://www.newstarget.com/001895.html

112   http://www.transparency.de/2006-05-16_
Gesundheit.911.0.html

113   Läkemedelsvärlden („Welt derArzneimittel"), Dezember, 2006

114   www.transparency.de/2006-01-19-Gesundheit.861.0.html?&c
ontUid=1576

115   http://newroom.lilly.com/ReleaseDeatil.
cfm?ReleaseID=224345

Wie der NS-Staat einen Judenmörder hinrichtete

Michael Klein
Vera und der braune
Glücksmann
Eine wahre Geschichte

240 Seiten
13,5 cm x 21,5 cm
gebunden mit Schutzumschlag
€ 19,90 [D]/€ 20,50 [A]/SFr 34,90
ISBN: 978-3-86695-480-9

Winter 1943: Die Berliner Kriminalpolizei entdeckt ein
schauriges Verbrechen. Überall in der Stadt werden in
Pakete verschnürte Leichenteile einer Frau und eines
kleinen Mädchens gefunden. Niemand kennt die Opfer,
die Ermittlungen laufen auf Hochtouren. Doch dann
findet Kommissar und SS-Hauptsturmführer Rolf Holle
heraus: Die Opfer waren Juden...

Jeder Mensch hat einen Namen, nur was bedeutet er?

Hans M. Thomsen
Was sagt der Name?

256 Seiten
13,5 cm x 21,5 cm
gebunden mit Schutzumschlag
€ 17,90 [D]/€ 18,40 [A]/SFr 31,70
ISBN: 978-3-86695-901-9

Der Name ist ein lebenslanger Begleiter. Aber für viele bleibt er stumm. Bringen Sie ihn zum Sprechen.
Ihr Name kann Ihnen sagen, warum Sie so heißen, wie Sie heißen.
Die beliebten Kolumnen in der WELT sind die Grundlage für diese sachkundigen, unterhaltsamen und immer wieder überraschenden Namengeschichten.

Liebe und Verrat im mittelalterlichen Venedig

Alessandra Bernardi
Die Tochter des Dogen
Historischer Roman

432 Seiten
13,5 cm x 21,5 cm
gebunden mit Schutzumschlag
€ 22,90 [D]/€ 23,60 [A]/SFr 40,10
ISBN: 978-3-86695-063-4

Die große Zeit der Seerepublik Venedig im 14. Jahrhun-dert. Isabella di Conti steht vor der bislang schwersten Entscheidung ihres Lebens: Loyalität zu ihrem Vater – dem Dogen – oder ihre Liebe zu Giovanni, einem aufrührerischen Glasbläser aus Murano. Isabella versucht die Katastrophe, den Sturz des Vaters, zu verhindern und dennoch ihr Glück zu finden...

Der mutige Kampf einer jungen Frau für ihr Land

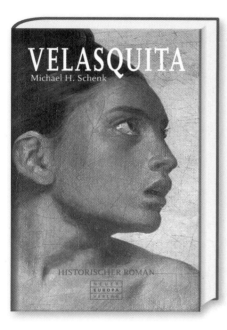

Michael H. Schenk
Velasquita
Historischer Roman

448 Seiten
13,5 cm x 21,5 cm
gebunden mit Schutzumschlag
€ 19,90 [D]/€ 20,50 [A]/SFr 34,90
ISBN: 978-3-86695-841-8

Spanien im Jahr 1809. Napoleonische Truppen haben weite Teile des Landes besetzt. Velasquita, als Waise bei einem katholischen Priester aufgewachsen, ist eine lebenslustige junge Frau. Als französiche Truppen ein Massaker an den Bewohnern ihres Dorfes verüben und sie auch ihre erste Liebe verliert, schließt sie sich der Guerilla an, um für die Freiheit ihres Landes zu kämpfen.

John Virapen
wurde 1943 in Britisch-Guyana als Kind indischer Einwanderer geboren. Nach seinem Schulabschluss in England studierte er Medizin. 1968 begann seine Karriere als Außendienstmitarbeiter für verschiedene Pharmaunternehmen. 1979 wurde er von *Eli & Lilly & Company* in Schweden angeworben, deren Geschäftsführer er schließlich wurde.

John Virapen lebt mit seiner Frau und dem 4-jährigen Sohn in Deutschland. Nebenwirkung Tod ist sein zweites Buch.